註釋刑事記錄

潮道佐編著

昭和十年發行

註釋刑事記錄

日本立法資料全集 別巻 1207

信山社

東京地方裁判所部長
法學士　潮道佐編著

註釋刑事記錄

東京
立興社發行

はしがき

條文と解釋書との傍に實際の訴訟と謂ふものがどんな形で爲されどんな經路を辿り行くものかを知り度いと望んで居らるる刑事訴訟法の初歩を學ばれる人々に幾分の理解を助け興味を起す資けにもならばと謂ふ心持から本書を編みだしたのであります。

元來淺學非才、且つ公務の餘暇を以ての仕事でありますから註釋は粗雜不充分で遺憾な點が尠くないのでありますが、若し參考として多少なりとも裨益することあらば望外の幸とするところであります。

昭和十年　政治始めの日

潮　道　佐

凡例

○本書ニ編綴シタ二件ハ孰レモ實際ニアッタ事件ノ記錄其ノ儘デアルガ、唯被告人始メ關係人、係官ナド凡ソ人名ハ總テ假名デ表ハシテ居リマス。

○二件ノ内重罪事件ノ記錄ニ付テ主トシテ註釋シ、違警罪即決例ニ對スル正式裁判ノ申立ニヨリ裁判所ニ繫屬シタル事件ノ註ニ付テハ其ノ說明ノ重復スル點ハ別件〔註何〕ヲ參照ト謂フ樣ニ畧シマシタガ、別件トハ相互ニ他ノ事件ヲ指シテ謂フタノデアリマス。

○註釋ノ便宜上警察、檢事、豫審、第一審公判、控訴審、上告審ノ各部ニ分ケ其ノ各部毎ニ註釋ノ番號ヲ〔註一〕ヨリ追ッテ往ク樣ニシマシタ。モトヨリ其ノ限界ハ大體カラ分ケテ見ル丈ノ事デ例ヘバ豫審請求ト謂フガ如キ檢事ノ部ニモ豫審ノ部ニモドチラニモ關係スル事柄デアルガ、只說明ノ便宜ノ爲ニ適當ニ註ノ番號ヲ新ニシテ往ッタ丈ノ事デアリマス。

○註釋ノ括孤內ニ引用スル場合ニハ刑事訴訟法ハ刑訴法、民事訴訟法ハ民訴法、裁判所構成法ハ裁構法ト省畧シマシタ。

以上

註釋刑事記錄目次 並 註釋索引

一、殺人事件記錄

二、警察犯處罰令違反事件

〔表紙註〕

東京地方裁判所檢事局

記錄號
昭和七年第七三六號
昭和七年第一八四號
昭和八年(と)第一四七號

件名
殺人

主任
檢事　羽田檢事
豫審　遠山判事　冬木書記
公判　刑事一部　判事　書記

押收番號
昭和七年押第四〇七號

保存始期
昭和　年　月　日

保存終期
昭和　年　月　日

勾留又ハ釋放
勾留

被告人
富田次郎

私訴原告

辯護人

開廷日
月　日
月　日
月　日
月　日
月　日
月　日

第一審

事件簿 ㊞

體刑執行 ㊞

徵收金

- 罰金科料 ㊞
- 追徵金 ㊞
- 訴訟費用 ㊞

逮捕狀 ㊞

押收物 ㊞

犯罪票 ㊞

保存 ㊞

上訴審

事件簿 ㊞

體刑執行 ㊞

徵收金

- 罰金科料 ㊞
- 追徵金 ㊞
- 訴訟費用 ㊞

逮捕狀 ㊞

押收物 ㊞

犯罪票 ㊞

保存 ㊞

〔表紙註〕　斯様ナ表紙ハ既ニ裁判所構成法實施以來行ハレテ居タモノデアルガ、現行法施行當時全部ノ書式用式ガ一定セラレソレニ從ツテ居ル次第デアル。尚刑事手續ノ全部ノ書式用式モ同時ニ改メラレ、ソシテコノ用式ハ全部司法省デ印刷シテ全國裁判所、檢事局ニ配布セラレテ居ルノデアル。

參　考

裁判所構成法第百二十五條

刑事訴訟用紙書式送付ノ件（大正十一年一月八日刑事第一五七號通牒　大審院長、檢事總長、控訴院長、檢事長、地方裁判所長、檢事正宛）

今般刑事訴訟用紙書式別冊ノ通改定相成候條別途小包便ニ付シ及送付候（別冊畧）

大審院檢事局

大審院

（註一）
（註二）

第参號

昭和七年第七三六號

事件㊞	統計㊞
證據品㊞	犯罪票㊞

東京地方裁判所
檢事局 事件係
7. 3. 23

送致書

左記非現行犯事件及送致候也

昭和七年三月二十八日

警視廳刑事部捜査第一課長
司法警察官警視廳警視 山崎敏夫㊞

東京地方裁判所檢事正 宮木壽郎殿

件名	身上調査	前科調書	被疑者同行ノ時ハ赤印ヲ附ス	被疑者氏名
殺人被疑事件	添付 三月十日照會	添付 三月十日照會	○	富田次郎

（青色紙ヲ用フ）

證據金品總目錄

被疑者氏名　富田次郎

昭和七年押第四〇七號

符號	品目	員數	被差押人又ハ差出人住所氏名	所有者ノ住居氏名	備考
一	補助箋（遺書）	一冊表紙共七枚續	東京市品川區北品川町二ノ九六三 富田次郎	東京市品川區北品川町二ノ九六三 富田はる	
二	木綿絣男物袷	壹枚	同	富田次郎	
三	木綿絣男羽織	壹枚	同	同	
四	被害者寫眞（富田はる）	壹枚	同	富田はる	
五	壹錢銅貨	參枚	同	同	
六	切手（參錢二、壹錢一 五厘一）	四枚	同	同	
七	收入印紙（參錢）	貳枚	同	同	
八	杵屋女塾ト記セル紙片	壹枚	同	同	
九	品川市場其他ヲ記セル紙片	壹枚	同	同	
一〇	大井工場其他ヲ記セル紙片	壹枚	同	同	

東京地方裁判所檢事局

證據金品總目錄

被疑者氏名　富田次郎

昭和七年押第四〇七號

符號	品目	員數	被差押人又ハ差出人住所氏名	所有者ノ住居氏名	備考
一一	衛生問答ノ紙片	壹	同	同	
一二	ピン	壹	同	同	
一三	珠數	壹	同	同	
一四	肉切庖丁	壹	同	富田平助	
一五	小鋏	壹	同	同	
一六	茶革製蟇口	壹	被疑者 富田次郎	被害者 富田はる	
一七	拾圓紙幣	壹枚	同	同	
	五拾錢銀貨	貳個	同	同	
	拾錢銅貨	壹個	同	同	
	壹錢銅貨	參個	同	同	

東京地方裁判所檢事局

證據金品總目錄

被疑者氏名　富田次郎

昭和七年押第四〇七號

符號	品目	員數	被差押人又ハ差出人住所氏名	所有者ノ住所氏名	備考
一八	二ッ折口金付空財布	壹個	同	同	
一九	黃金色空財布	壹個	同	同	
二〇	黑表紙出納調	壹	富田平助	同	
二一	要書	壹	同	同	
二二	第四回富田ハル日々出金買物名簿	壹	同	同	
二三	雜書綴	壹	同	同	
二四	廢家許可申請書	壹	同	同	
二五	醫師帳	壹	同	同	
二六	富田次郎入營在隊記帳	壹	同	同	
二七	親戚間香奠送り控	壹	同	同	
二八	旅行日記	壹	同	同	

東京地方裁判所檢事局

〔註　一〕　司法警察官ガ一應捜査ヲ終リタルトキハ如何ニ爲スベキカニ付テハ（一）現行犯人ヲ逮捕シ若ハ之ヲ受取リタルトキ（刑訴法第一二七條）（二）司法警察官ガ檢事ノ命令ニ因リ勾引狀ヲ發シタルトキ又ハ司法警察官吏ガ檢事又ハ司法警察官ノ命令ニ因リ現行犯人ヲ逮捕シタルトキ（刑訴法第一二八條）（三）司法警察官第百二十三條各號ノ場合又ハ現行犯人ノ逮捕ノ場合ニ押收ヲ爲シ之ヲ留置スル必要アリト思料スルトキ（刑訴法第一七〇條第三項）（尙押收物ノミニ關スル規定トシテハ刑訴法第一六四條ノ如キ規定アリ）（四）司法警察官告訴告發又ハ自首ヲ受ケタルトキ（刑訴法第二七四條、第二七六條）ニハ法律ニ明文ヲ以テ檢事ニ書類及證據物ヲ送致但第一二八條ノ場合ハ引渡スベキ旨定メラレテ居ルガ其ノ他ノ場合ニハ法律ニハ一般的ノ規定ハナイガ、モトヨリ捜査ノ書類及證據物ヲ管轄裁判所ノ檢事ニ送致スベキモノナルコトハ司法警察官ハ檢事ノ補佐トシテ其ノ指揮ヲ受ケ犯罪ヲ捜査スベキ職務ヲ有スル（刑訴法第二四八條）コトヨリ理ノ當然ト云ハナケレバナラナイ。

司法警察職務規範（大正十二年十二月司法省訓令）第百十一條ニ「司法警察官又ハ其ノ職務ヲ行フ者被疑事件ニ付捜査ヲ終ヘタルトキハ捜査ノ端緒如何ヲ問ハズ速ニ檢事ニ送致スベシ但シ卽決スベキ事件ニシテ告訴告發又ハ自首ニ係ラザルモノニ付テハ此ノ限ニ在ラズ」「被疑事件ヲ檢事ニ送致スルトキハ意見ヲ付シ且參考ト爲ルベキ事項ヲ報告スベシ捜査書類及差押ヘ又ハ領置シタル物ハ意見書ト共ニ檢事ニ送付スベシ」トアルハコレガ爲メデアル。

〔註　二〕　非現行犯事件ト謂フハ現行犯事件ニアラズトノ意味デアッテ、法律ハ現行犯トハ何ゾヤノ規定ヲ爲シ居ルガ故ニコノ法律ノ規定スル現行犯ニ該當セザルモノハ總テ非現行犯事件ト謂ハザルヲ得ナイ。

現行犯トハ何ゾヤノ規定ハ刑訴法第百三十條ニ在ル。

ココデ序ニ述ベテ置ク事ガアル、ソレハ司法警察官又ハ檢事ハ犯罪アリト思料シタルトキハ其ノ犯人及證據ヲ捜査スベキ權限ヲ有スルノデアルガ（刑訴法第二四六條、第二四八條）一體捜査ハドコ迄強制力ヲ用ヒルコトガ出來ルノデアルカト云フ問題デアル。捜査ニハ強制力ヲ用ユルコトガ出來ナイト云フノガ（イ）原則デアッテ（ロ）例外ノ場合ニ強制力ヲ用ユルコトガ出來ルノデアル。（刑訴法第二五四條）

（イ）強制力ヲ用ユルコトノ出來ナイ普通ノ捜査ニ在ッテハ司法警察官、檢事ハ畢竟各關係人ノ任意又ハ承諾ニ基キテ之ヲ行フノ外ナイノデアル、卽チ（い）任意ノ供述ノ聽取、（ろ）任意ノ出頭又ハ同行、（は）承諾ニ基ク物件ノ領置、（に）承諾ニヨル捜索、（ほ）承諾ニ基ク檢證的ノ實況見分、（へ）任意ノ鑑定或ハ檢證等之レデアル。尤モ（1）公務所ニ照會シテ必要ナル事項ノ報告ヲ求ムルコトヲ得ルコト（刑訴法第二五四條第二項）、（2）口頭ノ告訴、告發又ハ自首ヲ受ケタルトキ其ノ調書ヲ作成スルコトハ特ニ法律ノ規定スル所デアル。（刑訴法第二七三條第二七六條）

（ロ）強制力ヲ用ヒルコトノ出來ル場合ハ法律ガ嚴ニ規定スルトコロデアッテソレハ現行犯又ハ此ニ類似ノ場合（通例緊急狀態ノ場合ト云フテ居ル）其ノ場合ハ（い）刑訴法第百二十三條ノ各號ノ場合ニ急速ヲ要シ判事ノ勾引狀ヲ求ムルコト能ハサルトキハ檢事ハ勾引狀ヲ發布シ得ベク、（ろ）現行犯ノ場合ニハ犯人逮捕ノ手續ヲ爲ス事ヲ得ベク、（刑訴法第一二四條）（は）現行犯人又ハ勾引狀ノ執行ヲ受ケタル被疑者ニ對シテハ遲クトモ二十四時間內ニ之ヲ訊問シ留置ノ必要アリト思料シ急速ヲ要シ判事ノ勾留狀ヲ求ムルコト能ハザルトキハ檢事ハ勾留狀ヲ發スルコトヲ得ベク（刑訴法第一二九條）（に）第百二十三條各號ノ場合又ハ現行犯人ノ逮捕ニ關シ急速ヲ要スルトキハ押收又ハ捜索ヲ爲スコトヲ得ベク又司法警察官ハ勾引狀又ハ勾留狀ノ執行ノ爲ニ捜索ヲ爲スコトヲ得ベク、（刑訴法第一七〇條乃至第一七三條）（ほ）第百二十三條各號ノ場合又ハ現行犯人ノ逮捕ノ場合ニ急速ヲ要スルトキハ檢證ヲ爲スコトヲ得ベク、（刑訴法第一八〇條）（へ）變死者又ハ變死ノ疑アル死體ノアルトキハ管轄裁判所ノ檢事ハ檢視ヲ爲スベク、檢視ノ結果犯罪アルコトヲ發見シ急速ヲ要スルトキハ引續キ檢證ヲ爲スコトヲ得ベク場合ニヨリ檢事ハ司法警察官ヲシテ之ヲ行ハシムルコトヲ得ベク、(刑訴法第一八二條)而テ檢證ニ關シテハ必要ニ應シ諸種ノ處分ヲ爲スコトヲ得ベク、(刑訴法第一八三條)(と)第百二十三條各號又ハ現行犯人逮捕ノ場合ニ急速ヲ要スルトキハ宣誓ヲ爲サシメズシテ證人ノ訊問ヲ爲スコトヲ得ベク、(刑訴法第二一四條)又鑑定ヲ命ズルコトヲ得ルノデアル。(刑訴法第二二八條)

右ノ如キ法律上當然强制力ヲ用ヒルコトノ出來ル場合ハ格別前ニ說明シタ普通ノ場合ニ於テハ原則トシテ强制力ヲ用ヒルコトガ出來ナイノデアルガ、然シ檢事ニ於テドウシテモ捜査上强制力ヲ用ヒテ處分スルノ必要アリト認メタトキニハ判事ニ强制ノ處分ヲ請求スルコトガ出來ルノデアル。(刑訴法第二五五條乃至第二五七條)

〔註 三〕

意見書

住居 東京市品川區北品川町二丁目九百六十三番地

無職 富田次郎

當二十五年

第一 犯罪發覺ノ原因

昭和七年三月五日品川警察署管内ニ殺人事件アリ被疑者トシテ捜査中同月九日東京市本所區厩橋警察署勤務司法警察吏巡査村岡覺外二名ガ不審者トシテ逮捕取調ノ結果ニ因ル

第二 前科ノ有無

被疑者ハ

(一) 大正十三年十月竊盗罪ニヨリ檢擧セラレ

(二) 大正十四年十一月竊盗罪ニヨリ檢擧セラレ

(三) 大正十五年二月竊盗罪ニヨリ檢擧セラレ少年審判所ヘ送致セラレタリ

第三 位勳ノ有無

ナシ

第四 犯罪事實

被疑者ハ昭和八年三月五日午後二時頃東京市品川區北品川町二丁目九百三十六番地自宅六疊ノ座敷ニ於テ繼母はる當四十九年ヲ殺害シタルモノナルガ遠因近因ハ

（イ）被疑者ハ十歳ノ時ニ實母ガ病死シ十一歳ノ時ニ實父平助ガ繼母はるヲ迎ヘ同人ノ手ニヨリテ育テラレタルモノナルガ「はる」ガ嫁ギタル翌年頃（大正七年頃）はるガ宗教ノ異ナル所ヨリ實母ノ位牌ヲ燒キタルコトアリ

（ロ）被疑者ガ生長スルニ及ビテ繼母トノ折合惡ク親シク談話ヲ交スコト尠ク從テ家庭愛ニ惠マレズ

（ハ）被害者はるハ近年被疑者ヲ厄介者扱ニスルニ至リ昭和五年一月被疑者ガ赤坂歩兵第一聯隊ニ入營後被疑者ニ無斷ニテ被疑者ノ戸籍ヨリ除籍又ハ被疑者ノ欲セザルニ不拘戸主トナス等案リニ戸籍間ノ異動ヲ爲シタルコトヲ被疑者カ入營中ニ聞知シ　昭和六年十一月二十三日除隊スルニ際シ其ノ除隊前ニ都合デ迎ヒニ行カヌト云フ意味ノ手紙ヲ出シタルコトアリ

（ニ）被害者はるハ女學校出身ノ相當教養アルヲ鼻ニ掛ケ夫平助ヲ無教育者扱ニ爲シ居ル事實ヲ最近意識シ

（ホ）昭和七年一月十六日夜其ノ戸籍ノコトニテ被疑者トはるトノ間ニ口論アリ其ノ際父平助ガ仲裁セル處二人デ私ヲ追出スナラ自分ガ出テ行クト爭ヒタルコトアリ

以上ノ如ク被疑者ノ家庭ニハ複雜セル事情アリテ常ニ風波ノ絕エ間ナク昭和七年三月五日午後零時三十分頃ヨリ被疑者ハ自宅六疊ノ間ニ於テ炬燵ニ入リ乍ラ傍ニ針仕事ヲ爲シ居リタル被害者はるニ向ツテ戸籍ノコトヲドウシテ呉レルカト問ヒ　はるハ其ノ事ナラ父ニ話ガシテアルト答ヘ　被疑者ハ更ニ何遍賴ンデモ何故早クシナイカト問ヒ被害者ハ生意氣ナコトヲ云フナソンナ事勝手ダト放言シ其ノ件ニツキ暫ク同樣ノ問答アリタル後被害者ガ立上ツテ簞笥ノ中ヨリ戸籍謄本樣ノモノヲ取出シ披見シ居ルヨリ被疑者ハ戸籍謄本ナラ私ニモ見セテ下サイト云ヒタルニ戻

ツテ再ビ針仕事ヲ始メタルガ　其ノ際傍ニ黒表紙ノ中形ノ手帳アリタルヲ以テ之ヲ披見セントスルヤ被害者ハ夫レハ御前ノ見ルモノデハナイト取返サレ　被疑者ハ更ニ取返サントシテ兩名ハ激シク爭ヒタル後　被疑者ガはるノ右肩ヲ突キ飛シタルニ稍後ニ斜ニ倒レ掛リ　其ノ起キ上ル際ニ傍ニ在リタル鋏ヲ被疑者ニ投ゲタルモ手ニ當ラズ　爲メニ被害者ハ憤激ノ餘リ私ニ逆フナラ出テ行ケト被疑者ノ前ニ立上ツテ來タル爲メ　被疑者ハ「オ母サンガ出ス權利ハナイ」ト怒鳴兩手ヲ以テ突飛シタルニ被害者ハ尻餅ヲ搗キ　其ノ立上ル際ニ被疑者ノ右手胛ニ嚙ミ付キタルニヨリ　兩手ヲ以テ仰向ニ倒シ拳ニテ毆打セル處　被害者ハ人殺シ〳〵ト悲鳴ヲ上ゲ折柄同家南脇ヲ二三人通行スル氣配アリタルヲ以テ一時手ヲユルメタルモ　被害者ハ更ニ抵抗シ來リタルヲ以テ再ビ格鬪トナリ　被疑者ハ更ニ拳ヲ以テ眼瞼附近ヲ亂打シ被害者ハ其ノ際痛イ〳〵ト云ヒ乍ラ兩手ヲ以テ顏ヲ覆ヒ唸リ居リタルニ　被疑者ハ「モウ斯フナツテハ殺スヨリ外ニナイ」ト殺意ヲ起シ戸棚ノ上ヨリ二段目ニアリタル長サ九寸五分刄渡四寸八分ノ肉切庖丁ヲ持チ來リ之ヲ右手ニシ右手ニ下ル稍斜ニ倒レ居リタル繼母はるノ左頸部ヲ一突ニ刺シ頸動脈切斷ノ重傷ヲ與ヘタル爲メ被害者ハ微ニ「アー」ト一言ヲ殘シテ卽死セシメタルモノナリ

更ニ被疑者ハはるガ携帶シ居リタル現金二圓餘在中ノ蟇口一個ヲ强奪シタル外父平助ノ現金三十五圓ヲ窃取シ現場ヲ逃走該金二十六圓餘ハ遊興費其ノ他ニ費消シタルモノナリ

第五　證　據

檢證調書

被疑者聽取書

證人訊問調書

證據品目錄記載ノ通リ

第六　法律適用

刑法第二百條

第七　犯罪ノ情狀

被疑者ハ前科ナキモ窃盗罪ニヨリ檢擧セラレタルコト三回アリ性行不良ノモノニシテ加フルニ前記犯罪事實記載ノ如キ複雜セル事情ニ基キ幾分自暴自棄ニ陷リタル結果犯スニ至リタルモノト思料セラルルモ其ノ事由ノ如何ニ不拘苟モ直系親ヲ殺害シタルハ毫モ酌量ノ餘地ナキモノニ付キ嚴重處分相成度候也

昭和七年三月二十六日

於警視廳刑事部捜査第一課

司法警察官警部補　田　村　三　郎㊞

〔註　三〕〔註一〕ニ於テ説明シタル司法警察官職務規範第百十二條ヲ參照ノコト。

〔註 四〕

刑事部長	課長	主任
㊞	㊞	㊞

品川署第　號電話三月五日午後六時受付　取扱者㊞

警視廳刑事部

件名　殺人事件

管内北品川町二丁目九百六十三番地富田平助妻はる當四十九年ハ本日何者ニカ殺害サレ居リタルヲ午後五時三十分頃夫ガ歸宅シテ發見同時ニ屆出目下現場臨檢中

〔註 四〕 實ハ本件殺人事件ノ發端ハココカラ始マル次第デアル。昭和七年三月五日午後五時三十分頃富田平助ナル者ガ歸宅シテ見ルト、自分ノ家デ其ノ妻ガ何者ニカ殺サレテ居ルト云フコトヲ發見シタモノト見ヘ直グ所轄ノ警察ニ屆出テ所轄警察ハ本廳タル警視廳ニ電話ヲ以テ知ラセタモノデアル。

ソコデ搜査機關タル司法警察官ニ於テハ品川署ト本廳トニ於テ共同シテ搜査ニ該リ一方直ニ檢事ニ報告シ（檢事ノ部ニ於ケル〔註三〕）檢事モ亦直ニ豫審判事ニ對シテ强制處分ヲ請求スルガ如ク（檢事ノ部ニ於ケル〔註二〕參照）搜査機關ハココニ補佐、補助、指揮命令（刑訴法第二四八條、第二四九條）ノ關係ヲ通ジテ一體トナリ搜査ノ活動ヲ開始シタ譯デアル。

〔註五〕

檢證調書

被疑者不明殺人事件ニ付昭和七年三月五日北品川町二丁目九百六十三番地富田平助宅ニ於テ司法警察官警部補川上藤次郎ハ司法警察吏巡査部長巡査伊藤豊之助ノ立會ヲ得テ檢證ヲ爲スコト左ノ如シ

一　場　所

東京市品川區北品川町二丁目九百六十三番地富田平助方ハ幅員三間道路ニ面スル寄席好春館ヲ距ル略南方約二十間餘ノ地點ニシテ交通頻繁ノ場所ナリ

二　現場ノ狀況

（一）　家屋ハ西北向木造平家二戸建長屋向ノ右側ニシテ玄關、土間ニ同二疊ノ間續キ其ノ西南方ニ臺所續キ該臺所ヨリ東南方ニ茶ノ間六疊アリ此ノ六疊間ヲ檢スルニ西北方隅ニ簞笥及茶簞笥各一個アリ　南西方寄ニ佛壇及籐椅子各一個アリ　中央ニ切炬燵アリテ臺ヲ据ベ其ノ上ニ毛布ヲ延ヘアリテ布團一枚掛カレリ　被害者はるハ該炬燵ヨリ略西北方ニ頭ヲ置キ顏面ハ略東方ニ向ケ前額部局部ヲ毆打セラレタル痕跡アリ尙左頸部ニ於テ幅七分五厘位ノ骨部ニ達スル切創傷ヲ受ケ體ハ仰臥シ兩足ハ略併行ニ延シ兩手ハ體ニ併行シ付ケタル儘死亡シ居レリ　同家主人富田平助ヲ取調フルニ此ノ死體ハ同人妻はる當四十九年ナリ

尙被害者ノ頭部ト炬燵ノ中間邊ニ針箱一個アリ

同茶ノ間六疊續キニ座敷六疊ノ間アリ各室共何レモ障子ニテ閉鎖セラレ同宗緣側雨戸ハ開放シアリタリ

主人平助ヲ取調タルニ長男次郎ト妻はるハ平素仲惡ク或ハ長男次郎ガはるヲ殺害シタル殺人事件ナリト思料ス　檢

事メ檢證ヲ要スル事件ト認メ東京地方裁判所檢事局ニ電話報告シ其ノ臨場ヲ待チタリ、

此ノ檢證ハ本日午後五時三十分ニ始メ同午後六時三十分終了

昭和七年三月五日此檢證調書ヲ作成シ立會人ニ讀聞ケ共ニ署名捺印ス

品川警察署勤務

司法警察官警部補　上川藤次郎㊞

立會人

司法警察吏巡査部長　井上豊之助㊞

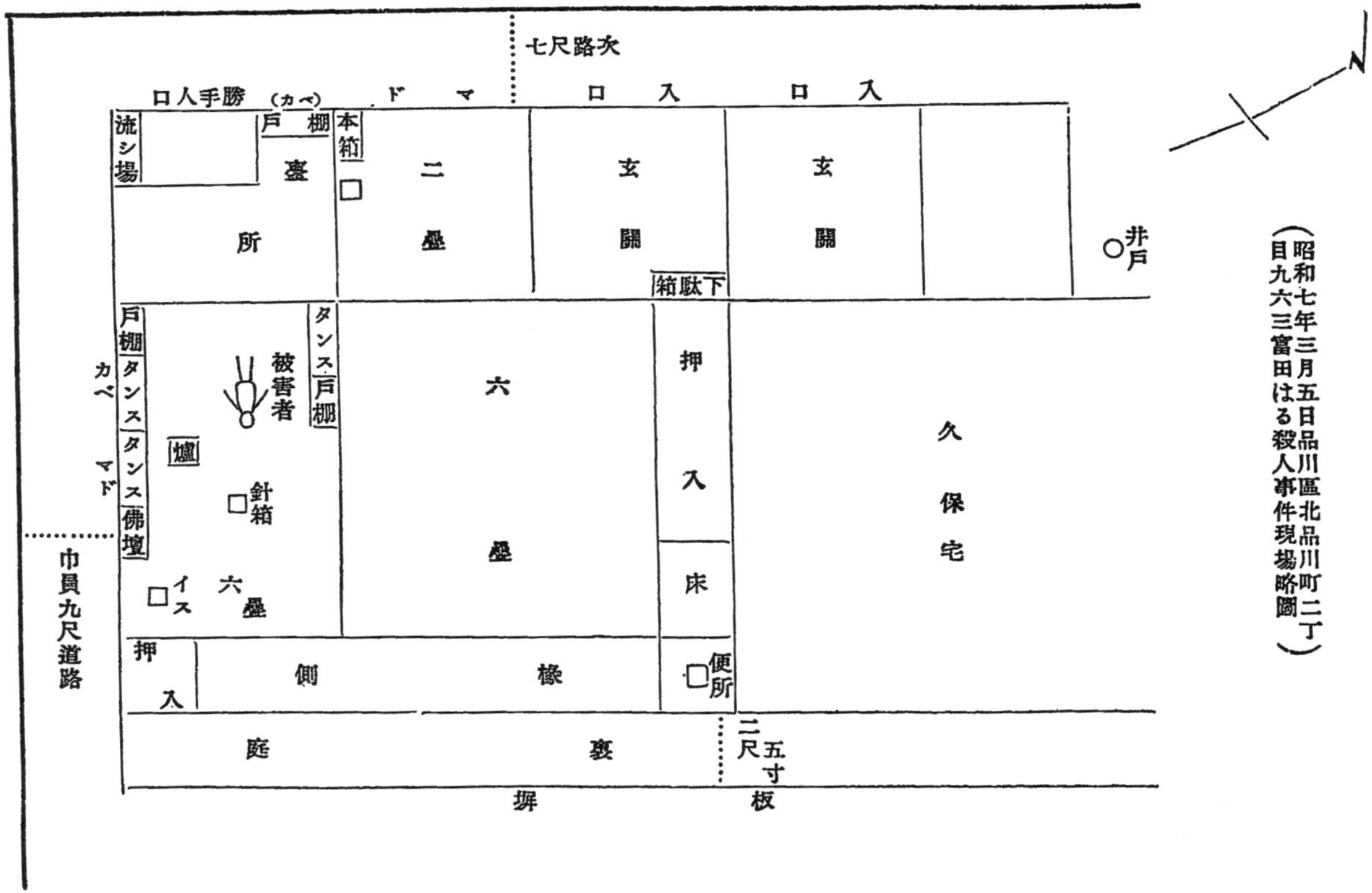

（昭和七年三月五日品川區北品川町二丁目九六三富田はる殺人事件現場略圖）

〔註　五〕　司法警察官ガ刑訴法第百二十三條ノ第二號ノ場合ニ該當スルモノト思料シテ檢證ヲ爲シタノデアル。即チ普通搜査ナラバ實況見分書ト謂フベキ所デアルガ、法律上强制力ヲ用ヒテ檢證ヲ爲シタ場合デアルカラ檢證調書ヲ作成シタ次第デアル。（刑訴法第一八〇條）檢證ヲ爲シタ場合ニ調書ヲ作成スベキコトハ刑訴法第五十七條ニ規定セラレ尚刑訴法第五十八條第五十九條ヲモ參照セラレ度ク更ニ第七十一條、第七十二條ヲモ參照セラレ度イ。

〔註 六〕

押收調書

被疑者氏名不詳殺人被疑事件ニ付昭和七年三月五日犯罪現場ニ於テ司法警察官警部補川上藤太郎ハ司法警察吏巡査部長伊藤豊之助ノ立會ヲ求メ押收ヲ爲スコト左ノ如シ

一、押收物ノ品目

前紙目錄記載ノ通リ

二、押收ノ時 午後六時

昭和七年三月五日

品川警察署勤務

司法警察官警部補 上川藤次郎 印

立會人

司法警察吏巡査部長 井上豊之助 印

〔註 七〕

押收目錄

番號	品目	員數	差出人住所氏名	備考

一	補助箋	一冊表紙共七枚	品川區北品川町二丁目九六三 富田平助	遺書ト認メラル
二	木綿絣男物袷	壹枚	同	富田次郎ノ衣類
三	木綿絣男物羽織	壹枚	同	同
四	被害者寫眞	壹枚	同	被害者カ平素蟇口ニ入レ置キタルモノ
五	壹錢銅貨	參枚	同	同
六	切手（參錢參、壹錢壹、五厘壹）	四枚	同	同
七	收入印紙（參錢）	貳枚	同	同
八	杵屋彌七女塾ト記セル紙片	壹	同	同
九	品川市場其他ヲ記セル紙片	壹	同	同
一〇	衛生問答ノ紙片	壹	同	同
一一	ピン	壹	同	同

〔註六〕 コレ亦〔註四〕ニ説明シタルト同樣司法警察官ガ刑訴法第百二十三條第二號ニ該當スル場合トシテ押收ヲ爲シ

タノデアル（刑訴法第一七〇條）。押收ヲ爲シタ場合ニ調書ヲ作成スベキコトモ亦刑訴法第五十七條ニ規定セラレ殊ニ押收ノ場合ハ其ノ品目ヲ調書ニ記載シ又ハ別ニ目錄ヲ作リ之ヲ調書ニ添附スベシト規定セラレテ居ル。其ノ他調書ノ作成要件方式等〔註四〕ノ場合ニ列擧セル條文ニ付テ見ラレ度イ。

〔註　七〕〔註六〕ニ述ベタ刑訴法第五十七條第二項ニ規定セラルル所ノモノデアル。

尚押收ヲ爲シタル場合ニ於テ所有者等カラ請求ガアレバ品目ヲ記載シタ調書又ハ目錄ノ謄本又ハ抄本ヲ交付スルコトトナツテ居ル（刑訴法第一六三條）。

〔註　八〕

證人訊問調書

被疑者　不　明

〔註　九〕殺人被疑事件ニ付昭和七年三月五日品川警察署ニ於テ司法警察官警部補上川藤次郎ハ司法警察吏巡査部長井上豐之助立會ノ上證人ニ對シ訊問スルコト左ノ如シ

一、問　氏名、年齢、職業、住所、本籍及出生地ハ如何

答　氏名ハ　富田平助

年齢ハ　十二月生當五十一年

職業ハ　職工

住居ハ　東京市品川區北品川町二丁目九百六十三番地

本籍ハ　東京市品川區南品川町千二百二十番地

出生地ハ　新潟縣中蒲原郡小須戸町字山王町以下不明

一、問　其ノ許ノ妻はるノ殺害サレテ居タルヲ見タ狀況ニ就テ述ベヨ

答　私ハ本日午前六時四十分頃自宅ヲ出テ大井ニアル工場ニ仕事ニ參リマシタ

私ガ自宅ヲ出ル際ニ私ノ長男次郎ハ座敷六疊間ニ未ダ寢テ居リマシタ

私ハ工場ノ方ハ午後五時ニ引ケマスノデ五時五分頃自宅ニ歸ツテ自宅玄關ノ硝子戸ヲ開ケテ入リマシタ

平常ナラ妻はるガ御歸リナサイト云ツテ出テ來ルノデスガ　本日ニ限ツテ何トモ聲モ無ク靜カデアリマスノデ私

モ不審ニ思ヒマシテ玄關二疊ノ障子ヲ開ケテ臺所ニ行キ臺所ノ障子ヲ開ケテ茶ノ間六疊ノ障子ヲ開ケマシタ處ロ妻はるガ六疊間ノ臺所ニ寄ツタ方ニ仰臥シテ頭ハ略々東南方ニ向ケテ首ノ處ヲ切ラレテ血ニ染ツテ死ンテ居リマシタノデ、私ハ驚イテ私宅ノ家主デアリマス福田サンノ奥サンニ家内ガ大變デスカラ醫者ニ行ツテ下サイト頼ミマシタラ　間モナク近所ノ大森サント云フ御醫者ガ來テ見マシタガ　モウ駄目ダカラ交番へ屆出デナサイト申シマシタ　ソシテ醫者ガ歸ルト直グ巡査ノ方ガ見ヘタ次第デス

一、問　其ノ許ハ妻はるト何年前ニ結婚シタノカ

答　私ハ大正六年四月先妻ガ死亡シマシタノデ長男次郎ヲ連レテ富田はるノ處ニ大正六年十二月十六日養子ニ行キマシタ　前ハ川村ト云フ姓デアリマシタ　次郎ハ十歲位デアツタト思ヒマス現住所ニハ本年一月十四日頃移轉シテ來マシタ　ソレハ次郎ガ除隊ニナツテ歸ツテ來マシタノデ家ノ中ガ狹イノデ現住所ニ引越シタノデアリマス

一、問　其ノ許ノ妻はるハ誰ガ殺シタト思フカ

答　ソレハ私ノ長男次郎ト妻はるハ平素仲ガ惡ク次郎ガ殺シタト云フ遺書迄アリ　次郎ガ歸ツテ來ナイ點カラ考ヘマスト次郎ガ殺シタノデハ無イカト思ヒマス

右錄取シ讀聞ケタルニ相違ナキ旨申立署名捺印セリ

陳述人　富田平助㊞

昭和七年三月五日

於品川警察署

司法警察官警部補　上川藤次郎㊞

立會人

司法警察吏巡査部長　井上豊之助㊞

〔註八〕コレモ亦司法警察官ガ刑訴法第百二十三條第二號ニ該ル場合トシテ第三者ヲ證人トシテ訊問ヲ爲シタノデアル。（刑訴法第二一四條）

〔註九〕司法警察官デモ苟モ證人ヲ訊問シ得ル場合ナラバ其方式ハ總テ裁判所ノ爲ス所ノ規定ニ準シテ爲スベキモノデアルコトハ云フマデモナイガ裁判所ニハ裁判所書記ノ立會アレドモ（刑訴法第二一四條第二〇七條第一三六條）司法警察官ニハコレナキ爲メ法律ハ司法警察官證人ヲ訊問スル場合ニ於テハ司法警察吏ヲシテ立會ハシムベシ（刑訴法第二一六條）ト規定シテ居ル。

然シ何モコノ規定ハ司法警察吏ヲシテ裁判所書記ノ代リヲ爲サシムルト謂フ譯デハナク、訊問者以外ノ者ヲ立會ハサシメテ事ノ公正ヲ期シ信憑ノ保障タラシムルノ趣旨ニ出デタモノニ外ナラナイ。書類ハ司法警察官自ラ作ルコトヲ要スベク、立會ヒタル司法警察吏ハ其ノ立會ヒタルコトヲ證スル爲メニ調書ノ末尾ニ其ノ旨ヲ附記シテ署名捺印スルコトトナツテ居ル。（司法警察職務規範第七七條參照）

云フ迄モナク檢事局ニハ裁判所書記ガ置カレテアルカラ檢事ノ訊問調書ハ裁判所書記ガ作成スル。

尙司法警察官ヤ檢事ガ證人ヲ訊問スル場合ニ於テ裁判所ト著シク異ナル一ツノ例外的ノコトハ宣誓ヲ爲サシムルコトガ出來ナイ事デアル。（刑訴法第二一五條）

〔註一〇〕

昭和七年三月九日

本所厩橋警察署勤務

巡査　村岡　覺㊞

同　北村　勇㊞

同　佐川　二郎㊞

本所厩橋警察署長

警視　長田太郎殿

殺人容疑者同行ノ件報告

昭和七年三月九日午前零時ヨリ午前六時迄非常警戒勤務トシテ本所區吾妻橋三丁目一番地先交叉點ニ張込ミ主トシテ通行自動車ノ乘客ニ對スル不審訊問勵行中同日午前一時三十分頃吾妻橋方面ヨリ業平橋方面ニ向テ該地點ヲ通過セントスル自動車ニ對シ村岡巡査ハ訊問ノ目的ヲ以テ停車ヲ命ジタルモ運轉手ハ今晩ハ既ニ五、六回取調濟ノモノニツキ大丈夫ナリト稱シ直ニ通過ヲ乞ヒタルモ同巡査ハ假令五六回ノ取調ヲ受クル共今一應訊問スルニ付キ片側ニ停車セヨト命ジ折柄張込中ノ北村、佐川巡査ニ乘客一名ノ取調方ヲ托セリ

依而兩巡査ハ直ニ乘客ノ不審訊問ヲ爲スベク車内ニ入リ先ヅ出發地、行先等ヲ訊問スルニ「私ハ今晩三回取調ヲ受ケタルモノダ」トテ之ヲ回避セントセシモ尚追及セルニ上野ヨリ本所區吾妻橋二丁目ニ行ク旨陳述セルモ既ニ同所ハ二丁目

ヲ過ギアルヨリ愈々不審ト認メ追及訊問スルニ言語曖昧ニシテ要領ヲ得ズ依テ任意所持品ヲ取調ベタル所所持品中ニ軍隊手帳ガ有リ該軍隊手帳ニ富田次郎ト記シアリタルヨリ兼テ御訓示アリタル品川警察署管内殺人犯人ノ氏名ト同様ニシテ且人相年齢等モ酷似セルヲ以テ殺人容疑者トシテ同行候條比段及報告候也

被同行者　住所　品川區北品川町二丁目九六三番地

氏名　富田次郎

當二十五年

以上

〔註一〇〕本件ニ付テハ司法警察官ハ此處迄ニ至ル處分ハ刑訴法第百二十三條第二號ノ現行犯人其ノ場所ニ在ラザルトキニ該當スルモノトノ認定ノモトニ捜査ヲシテ來タモノデアルガ、犯罪其ノモノハ現行犯ト認定セラレテモ愈々犯人ト疑ハシキ者ヲ發見シタル場合ニ於テ、其ノ犯人ガ其ノ場所ニ在ラザルトキニハ之ヲ逮捕スルコトハ出來ナイ（尤モ刑訴法第一三〇條二項ニ所謂準現行犯ノ場合ナレバ現行犯人其ノ場所ニ在リタルモノト看做サレルカラ、現行犯人ガ其ノ場所ニ在リタル場合ト同一ノ取扱ヲ受ケ逮捕セラルルコトガアルノデアル）逮捕ガ出來ナイ以上其ノ者ノ承諾ノ上デ任意ニ同行シテ來ルヨリ途ガナイ。

尚現行犯人ガ其ノ場所ニ在リタルトキハ何人デモ之ヲ逮捕スルコトガ出來ルノデアル。（刑訴法第一二五條）

〔註一一〕

〔註一二〕

第一回聽取書

住居　東京市品川區北品川町二丁目九六三番地　父　平助方

被疑者　富田次郎

十二月生當二十五年

右ノ者昭和七年三月九日本職ニ對シ左ノ通リ陳述ヲ爲シタリ

一、私ノ住所ハ只今申上タ處デ姓名モ只今申上マシタノニ相違アリマセヌ。

一、今回ハ皆様ニ大變御手數ヲ掛ケテ誠ニ申譯アリマセヌ

一、私ハ本年三月五日午後二時頃自宅ニ於キマシテ繼母はる當四十九年ト私ノ戸籍ノコトカラ喧嘩ヲシテ私ハ肉切庖丁デ繼母ヲ殺害シ　繼母ノ卽死シタノヲ見テ繼母ノ持ツテ居リマシタ現金三十七、八圓位ヲ取ツテ逃走シマシタ

私ガ繼母ヲ殺スニ至リマシタ事ヤ本籍生立等ノ事ハ明日詳シク申上マスカラ今日ハ之デ御勘辨願ヒマス

一、問　其ノ許ノ右手胛小指第一關節際ト同拇指ト示指ノ中間ト中指第一關節際ノ疵ハ如何シテ負ヒタルヤ

此時本職ハ被疑者富田次郎ノ右手胛部ニアリタル掻傷部位ヲ被疑者ニ指示シタリ

一、答　此小指ノ根元ノ所ノ傷ハ只今申シタ通リ私ガ繼母ヲ殺害スル時繼母ニ咬付カレテ出來　他ノ二ケ所モ矢張其ノ時出來タノデアリマス

右錄取シ讀聞カセタルニ相違無旨申立署名捺印シタリ

陳述人　富田次郎（拇印）

前同日於警視廳

司法警察官警部　三井元一㊞

立會人　刑事部捜査課第一課勤務

司法警察吏巡査部長　須藤愛㊞

〔註一一〕若シ現行犯人トシテ之ヲ逮捕シ又ハ受取リタルモノデアツタナラバ司法警察官ガ訊問スルノデアルカラ、モトヨリ訊問調書ヲ作成スルトコロデアルガ、（刑訴法第一二七條、第一三九條、第五六條）既ニ任意同行サレタルガ如キ次第ニシテ法律上强制力ヲ以テ訊問スベキ限デナイカラ、コレ亦任意ニ自供スルトコロヲ單ニ聽取ルダケデアツテ之ヲ書面ニ作成スルノデアル。

之ヲ通常聽取書ト謂フテ居ル。（司法警察職務規範第六五條）然シ其ノ書類ノ方式等ハ訊問調書ノ作成ノ場合ニ準シテ先ヅ人違ヒナキヤ否ヤ等ニ付テ聽取シ、次デ犯罪事實其他ノ事實ニ付テ聽取シ、最後ニ之ヲ讀聞カセテ記載ノ相違ナキヤ否ヤヲ問ヒ、供述者ニ署名捺印セシメテ毎葉ニ契印シ、其他刑事訴訟法ガ官吏又ハ公吏ノ作ルベキ書類ニ要求シテ居ル所ノ形式ニ準ジテ作成セラルルノガ通例デアル。然シ何モ刑事訴訟法上ノ式ニ從テ作成スルコトヲ要スル書類デハナイノデアルカラ、此等ノ方式ニ缺クル所ガアツタカラトテ直ニ違法ノ書類デアルトカ證據ト爲スニ足ラヌモノデアルトカ謂フ事ニハナラナイノデアル。其ノ缺クル所ノ輕重如何ニヨツテ其書類ノ信憑力ヲ按シ延テ證據ト爲スコトヲ得ルカ否カヲ考慮シナケレバナラナイ。尤モ此事ハ法規ニ準據シテ作成スベキ書類デアツテモ（單ニ訊問調書ニ限ラズヒロク書類ト謂フモノニ付テ）同樣ニ論ズルコトガ出來ルノデアツテ、僅カノ方式ノ違ヒアルヲ以テ直ニ書類全部ヲ無效ト爲スト云フ譯ノモノデハアルマイ。舊刑訴法ノ第二十條ヤ第二十一條ニハ「云々此規定ニ背キタルトキハ其ノ效ナカルベシ」ト云フ樣ナ規定ガアツタガ現行法ニハ斯ル規定ハ設ケナカツタ。

要ハ具體的ニ場合場合ニ付テ其ノ缺クル所ノ重要サノ程度カラ書類全體ノ效力ヲ判斷スレバヨイノデアル。

サテ司法警察官、檢事ノ聽取書ニ付テ今一點大切ナ事ガアル。ソレハ一言デ云フト聽取書ハ地方裁判所ノ事件ニハ證據ト爲スコトガ出來ナイト云フコトデアツテ、區裁判所ノ事件ニ限ツテ之ヲ證據ト爲スコトガ出來ルノデアル（刑訴法第三四三條二項）。ココニ區裁判所ノ事件ト謂フハ區裁判所ニ事件トシテ繋屬シタルモノト謂フ意味デアルカラ、此事件ガ區裁判所カラ地方裁判所ニ控訴サレテモ又地方裁判所カラ大審院ニ上告サレテモドコ迄デモココニ謂フ所ノ區裁判所ノ事件トナルノデアルカラ、此種ノ事件ニ付テハ上級裁判所ニ於テモ聽取書ヲ證據ト爲スコトガ出來ルノデアル。トコロガ茲ニ注意スベキコトハ事件ガ始メカラ地方裁判所ノ事件ト爲ツタモノニ付テモ（一審ガタトヘ大審院デアラウト、又ドノ裁判所ニ於テタルヲ問ハナイ）或ル例外的ノ場合ニハ聽取書ヲ證據ト爲スコトガ出來ルノデアル。其レハ刑訴法第三百四十三條第一項ニ第一號カラ第三號迄列擧シテアル場合デアル。

〔註一二〕 被疑者ト云フ用語ハ被告人ナル用語ニ對シテ用ヒラルルノデアツテ、公訴提起前ト其ノ後ナルトニ於ケル區別デアル。卽事件トシテ窃盜被疑事件トカ殺人被疑事作トカ云ヒ、コレガ訴ヘラレタル後ニ於テハ窃盜被告事件トカ殺人被告事件ト謂フ如キデアル。

第二回聽取書

住所　東京市品川區北品川町二丁目九六三番地　富田平助方　無職

富田次郎

十二月生　當二十五年

右ノ者昭和七年三月十日本職ニ對シ左ノ通リ陳述ヲ爲シタリ

一、本籍

東京市品川區南品川町千二百二十番地　平民　戸主

一、出生地

新潟縣中蒲原郡金澤村字浦ケ澤番地不詳實母マサ子生家中村兼三郎方

一、學歴

東京市品川區東海尋常小學校高等科一學年修業後正則豫備校二年修業

一、兵役

昭和五年一月十日赤坂歩兵第一聯隊ニ入隊同年十二月二十六日一等兵トナリ同六年十一月二十三日歸休除隊トナリ目下豫備役

一、位勳ノ有無

ナシ

一、前　科

前科トシテハアリマセンガ

一、大正十三年十月蒲田警察署ニ於テ窃盗、詐欺罪ニテ取調ヲ受ケ少年審判所ニ送ラレテ不起訴トナリマシタ

二、大正十四年十一月目黒警察署ニ於テ窃盗罪デ取調ヲ受ケマシタガ警察丈デ濟ミマシタ

三、大正十五年二月品川警察署ニ於テ窃盗、强姦罪デ取調ヲ受ケ少年審判所ニ送ラレ其處カラ施無農學園ニ送ラレ昭和五年一月十日其處カラ軍隊ニ入隊シタノデアリマス

一、經　歴

私ハ四歳ノ時兩親ニ連レラレテ出生地ノ新潟縣カラ上京シ先ニ申上タ品川町ノ東海小學校ニ入學シマシタガ　尋常三年ヲ終ツタ十歳ノ時大正六年四月二日實母マサ子ガ死亡シマシタ其ノ翌年只今ノ繼母はるガ來マシテ繼母ノ手デ育テラレマシタガ　繼母ハ子供ガ無イ爲私ハ我儘デアリマシタ　小學校モ尋常科ヲ終ル頃ニ成ツタ時多少家庭ノ事情モ判リ實母ガ死亡シテツマラナイト云フ樣ナ感ジモ起リマシタ　十五歳ノ春高等科一年ヲ修業シテ家庭ノ都合デ小學校ヲ退學シ其ノ年ハ自分ノ家デブラ々々遊ンデ居リマシタ

大正十一年ノ春私ハ餘リ奬ミマセンデシタガ　父親ガ心配シテ呉レタノデ先ニ申シマシタ神田ノ正則豫備校ニ入學シテ二年ヲ修メマシタガ其頃學科モ思フ樣ニ出來ナカツタノデ二年修業ト同時ニ之モ退メマシタ　ソシテ其年（大正十三年）ノ八月大森區入新井町ノ松屋呉服店ニ店員トシテ住込ミマシタガ、三月許リシテ主人ノ反物ト釣錢三圓餘リヲ持逃ゲシマシタノデ蒲田警察署ニ檢擧サレマシタ　其ノ後自宅ニ居リマシタガ大正十四年ノ四月ニ京橋區南鍋

町ノカフエーパウリスターノ給仕人トナリ六ケ月勤メマシタガ病氣ニ罹リマシタノデ暇ヲ取ツテ自宅ニ歸リマシタ

其年ノ月日ハ忘レマシタガ五反田デ自轉車一臺ヲ窃ンデ目黑警察署ニ擧ゲラレマシタ此時ハ警察丈デ歸サレマシタ

ソレカラ一ケ月シテカラ上野青森間ノ列車乘込ノピーエル會社ノボーイニナリマシタガソレモ三月位デ止メマシタ

大正十五年二月窃盜ト女ノ兒ニ惡戲ヲシテ品川警察署ニ擧ゲラレテ警察カラ少年審判所ニ送ラレ其處カラ施無農學園ト云フ所ニ入レラレテ其處ニ約四ケ月許リ居リマシタ

施無農學園デハ小林サント云フ方ガ主任デ此方ハ昨年ノ暮死亡サレマシタガ私ノ面倒ヲヨク見テ呉レタ方デアリマシタ

施無農學園ニ居タ時月日ハ忘レマシタガ急ニ生地ノ方ガ戀シクナツテ逃ゲ出シタ事モ二回位アリマシタガ　何時モ田舍ノ警察ニ捕ツテ送リ返サレテ居リマシタ

昭和四年六月頃私ノ徴兵檢査ノ通知ガ自宅ヨリ施無農學園ノ小林サンノ宅ニアリマシタ　其ノ時其通知書ハ見マシタ小林サンノ云フノニハ私ノ戸籍ガ變ダカラ繼母ニ話シテ遣ルトノ事デアリマシタ

其後昭和四年十二月中旬頃（入營通知ノアツタ少シ前）繼母カラ私ニトテ小林ニ宛テ手紙ガ來テ小林サンハ其ノ手紙ヲ私ニ見セテ呉レマシタ　内容ハ詳シク覺エテ居リマセンガ私ノ籍ヲ平助ノ籍カラ脫カシタ樣ナ意味デアリマシタ　私ハ不思議ニ思ツテ居リマシタ　其ノ時小林サンハ宜ク繼母ニ話ヲシテヤルトノ事デアリマシタカラ私ハ宜シク御願シマスト御頼ミシ其ノ後小林サンカラハ其事ニ就テ何ノ話モ聞キマセンデシタカラ　仕方ガナイト思ツテ入營シ二ケ年間軍隊生活ヲシテ昨年暮ニ除隊シタノデアリマス

除隊ノ時ハ軍隊カラ本籍地ノ實家ニ歸リマシタガ　本年一月十四日ニ父母ト一緒ニ只今ノ住所ニ轉居シ現在ニ至ツ

タノデアリマス

一、事　實

一、私ハ今度繼母はるヲ殺害逃走シタ爲メ皆樣ラ大變迷惑ヲ掛ケマシテ誠ニ申譯ガアリマセン　今日ハ斯ル大罪ヲ犯スニ至リマシタ事情ヲ詳シク申述ベルコトニ致シマス

二、私ハ前ニ申シマシタ樣ニ十歳ノ時ニ實母ニ死別シテ十一歳ノ時カラ今回ノ事件ヲ引越シマシタ繼母ノ手デ十八歳迄育テラレマシタ　私ガマダ十一歳ノ頃デ其ノ當時ハ判然タル記憶モアリマセンデシタガ只今ノ繼母ガ父親ト一緒ニナルト間モナク繼母ハ私ノ生母ノ位牌ヲ燒キ捨テタトノ事デアリマシタ

其ノ事ハ私ガ未ダ十二歳ノ頃只今デモ父親ト一緒ニ働イテ居ル住居ハヨク知リマセンガ永田金次郎サンノ御主婦サンカラト私ノ御婆サン（生母ノ母親中村粂三郎妻）トカラ當時聞カサレマシタ　其ノ頃私ハ其ノ位牌ヲ燒イタ事ニ就テハ深ク氣ニモ止メマセンデシタガ大キクナツテカラ生地ノ方ヘ二、三回行ツタ時ニ中村ノ家デ其ノ事ヤ又中村粂三郎ノ妻ガ自分等ノ處ニ上京シタ時繼母ト宜イ話シノ出來ナカツタ事柄ナドヲ聞カサレタリシテ繼母ニ對シテ私ハ宜イ感ジヲ持タナイ樣ニナリマシタ　其ノ後ハ施無畏學園ヤ軍隊等ニ居ツテ六年許リ父母ノ許カラ離レテ居リマシタ爲メ繼母ニ對シテ別ニ大シタ惡イ感ジヤ又不平モ起リマセンデシタガ　何トナク自分ノ戸籍ノ事ガ氣掛リデアリマシタ

三、軍隊ニ入營シテ初年兵ノ時デシタ月日ハ詳シク覺エテ居リマセンガ日曜デ外出シ自分ノ宅ニ行ツタ時繼母ハ戸籍謄本ナド入レテアル袋ヲ出シ入レシテ居リマシタノデ　私ハ何氣ナシニ夫レヲ見ルト　其ノ紙ニ次郎入營後戸主ト云フ事ガ書イテアリマシタノデ　變ニ思ツテ其ノ時繼母ガ便所ニ行ツタ後デ父ニ自分ノ戸籍ノ事ヲ聞イタ所ガ父親

ハ知ラナイト云ヒマシタガ　自分ハ父親ノ籍カラ出サレタ事ト思ツテ繼母ニハ聞ク氣モナク其ノ日ハ其ノ儘軍隊ニ歸リマシタ

其ノ後昭和六年七月頃私ガ富士ノ裾野デ演習中ニ繼母カラ手紙ガ來マシタ　其ノ文面ハ時候見舞ト其ノ次ニオ前ガ除隊ノ時ハ迎ニ行カナイ父親ノ心ハ知ラナイガ何處カヘ勝手ニ行ツテ身ノ振方ヲ付ケタガ宜イト云フ樣ナ意味デアリマシタ

私ハ此手紙ヲ見テ自分ハ自宅カラ入營シタノデナイカラ斯樣ナ事ヲ云ツテ寄越シタノダト思ヒマシタガ　ヨク考ヘテ見ルト實ノ親ナラ喜ンデ呉レルノニ斯樣ナ事ヲ云ハレテハ何共云ヒ樣ガナイ實ニ情ケナクナリマシタ　ソレデ私ハ其ノ手紙ヲ中隊デ一番面倒ヲ見テ下サル教官野村重藏中尉殿ニ見テ載キマシタ　スルト中尉殿ハ繼母ト私トノ折合ノ宜クナイ事ヲ知ツタ樣デアリマシタガ之ハ母親ガヒステリーヲ起シタノダラウト言ツテ慰メテ呉レマシタ、富士裾野カラ歸ツテ七月三日（昨年）慰勞休暇ガ一日出マシタノデ其ノ日自宅ニ歸リマシタ　其ノ時繼母ハマタ手紙ト同樣ナ事ヲ繰返シテ云ヒマシタ私ハ其ノ事ヲ父親ニ話シマシタラ父親ハ俺ハ迎ニ行テヤルガ手紙ノ事ハ知ラナイトノ事デアリマシタ

昨年暮除隊ノ時ハ二親共迎ヒニ來テ呉レマシタガ其ノ時父親ハ教官ニ會ツテ禮ヲ言ツテ呉レマシタノニ　繼母ハ營門ノ處迄來テ營内ニハ這入ラズ夫レデ三人揃ツテ除隊ハシマシタガ其ノ時私ハ在營中カラ心配シテ居タ戸籍ノ事ガ一層有リ々々ト考ヘラレテ私ヲ戸籍カラナキモノニシテ居ルカラダナアト思ハレマシタ

軍隊ニ在ル間ハ心配シテ居タモノノ左程氣ニモ掛ケズニ居リマシタガ　除隊ノ時同年兵等ハ皆ナ迎ニ來タモノト一緒ニ喜ンデ除隊スルノニ自分丈ハ何ントナク淋シク感ジテ何時カハ繼母ヲ咎メテヤラウト云フ氣ニナリマシタ

四、斯樣ナ譯デ除隊シマシタカラ除隊後モ自宅デ遊ンデモ居ラレズ就職口ヲ探ス爲メ方々へ出掛ケタリ又警視廳巡査ノ志願ナドモシテ見マシタガ何レモ思フ樣ニハ行カズ駄目デシタ

夫レデモ繼母ハ別ニ何ンニモ申シマセンデシタカラ毎日自宅デ遊ンデ居テ除隊後ハ今日迄就職シマセンデシタ

父親ハ大井工場ニ木工職トシテ二十二年モ勤續シテ眞面目ナ人デアリマスガ　繼母ハ女學校ヲ出タ等ト云ツテ何時モ父親ヲ尻ニ敷イテ居タ樣ニ見エマシタ　繼母ハ何時モ何ニカ少シ氣ニ入ラヌ事ガアルト邪推深ク小言ヲ云ツタリ私ヲ毆グツタリ又物ヲ投ゲ付ケタリシタ事ハ度々アリマシタ　此事ハ私ガ子供ノ時カラデアリマシタガ除隊後ハ一層酷イ樣デアリマシタ

本年一月二十日頃ト思ヒマス夜ノ十時頃私ハマタ戸籍ノ事ヲ繼母ト言合ツテ繼母ニ毆グラレマシタガ其ノ時ハ私ハ立腹シテ立上リマシタラ父親ガ止メマシタモノデスカラ其ノ儘ニナリマシタ

以上申上タ樣ナ譯デ大體私ト繼母トノ平素ノ事ガオ判リ下サツタ事ト思ヒマスガ今回ノ樣ナ罪ヲ私ガ犯スニ至リマシタ事ノ第一ノ原因ハ私ノ生母ノ位牌ヲ繼母ガ燒捨タ事ト繼母ガ勝手ニ私ヲ其ノ戸籍カラ脱イテ仕舞ツテ他人扱ヒニシタ事カラ色々日常ノ事ガ圓滿ニ行カズオ互ノ不平ガ積リ積ツテ爭鬪トナツタモノデアリマス

五、マタ其ノ外ニ昨年ノ暮除隊シテカラ十二月八日私ハ實母ノ里ノ新潟縣中蒲原郡金澤村ノ中村兼三郎方ニ宿リニ行ク事ニナリマシタ其ノ晩七時頃ニナリマスト繼母ハ私ニ向ツテ

「オ前ハ越後ニ行ツタラ先方ノ人ニ宜ク頼ンデ先方ニ居タラ宜カラウ」

ト云ハレタノデ私ハ繼母ノ此ノ角ノアル言葉ヲ唯聞キ捨テニスル譯ニハ行キマセンデシタ大體此新潟行ノ話シハ父親ガ除隊ノ挨拶旁々暫ラク遊ンデ來タラ宜イダラウト云フ樣ナ譯デアリマシタカラ私ハ行ク氣ニナツタノニ今繼母

ノ話デハ歸ツテ來ナクモ宜イト云フ樣ナ譯デシタカラ私ハ大變腹ガ立チマシタノデ　其ノ時直グ父親ニ向テ「新潟ニ行クノハ止サウ」ト云ヒマスト父親ハ「マアソウ云ハズニ行ツテ呉レ詳シイ事ハ後カラ手紙デ言フガオ前ガ居ツテハ母ニ話惡イ事ガアルカラ」ト云ツタノデ私モ夫レニ反對モ出來ズ其ノ夜（十二月八日）午後十時上野驛發デ新潟市礎町ノ吉田角三方（父ノ姉ノ嫁入先）ニ參リマシテ十四日迄宿リマシタ所ガ其ノ間父親カラハ何ノ手紙モ來ナイデ只繼母カラ吉田ガ立腹スル樣ナ事許リ言ツテ來テ私ノ事ナドハ一言モ言ツテ來マセンデシタ其ノ吉田方デ立腹スル樣ナ事柄ト云フノハ手紙ノ內容ヲ見ナイカラヨク判リマセンガ私ノ戶籍ノ事ノ樣デアリマシタ　又吉田角三ノ妹よしガ他ニ嫁入口ノ出來タ事ニ就テノ不平等モ書イテアツタトノ事ヲ聞カサレ　又よしハ其ノ時私ニ向ツテ「去年ノ六月繼母ガ病氣デ看病ニ行ツタ時繼母ハ私ニ次郎ハ學園ノ子ニ成ツテ歸ツテ來ナイカラ何時迄モ居テ呉レトノ事デアツタ」トノ事デシタ　其ノ時モ私ハ繼母ハ何ウシテモ自分ヲ廢嫡シナケレバ承知ガ出來ナイ氣ダナト思ヒマシタノデ　私ハ吉田方ニ來タ手紙ノ一通（內容ハヨク記憶シテ居リマセンガ）ヲ持ツテ歸京シマシテ十二月十五日ノ晩七時頃父親ノ居ル前デ繼母ニ向ツテ「此ノ手紙ハ何ンノ事カ」ト問ヒ詰メ同時ニ父親ニモオ父サンモ此手紙ノ事ハ知ツテ居リマスカト申シマスト父親ハ俺ハ知ラント申シマシタ　夫レデ私ハ再ビ繼母ニ「何ウシタノデスカ」ト尋ネマスト繼母ハ「ソンナ事ハ大キナオ世話ダ」ト云ヒナカラ其ノ手紙ヲ取ルヨリ早ク破ツテ棄テテ更ニ「子供ノ癖ニ生意氣ダ」ト云フ風ヲ見セマシタ　其時父親ハ私ト繼母トノ中ニ立ツテ兩方ヲナダメテ呉レマシタノデ其ノ儘ニナリマシタ

六、其ノ後只今ノ住居ニ移ツテカラノ事デアリマスガ　本年一月十六日ノ夜又私ト繼母トガ戶籍ノコトデ口論ニナリ繼母ハ大變ニ怒鳴リ散スノデ父親ガ止メルト繼母ハ「二人デ私ヲ追出スノカ、ソレナラ自分カラ出テ行ク」ト云ツテ

玄關ニ立出テ更ニ「出テ行ツテモ後デ仕返シヲスル」ト云ツテ居リマシタガ　父親ガナダメテ其ノ儘トナリマシタ

本年一月十九日東京區裁判所カラ突然私ニ呼出ガアリマシタカラ私ハ何ノ事ダラウト思ツテ父親ニ其ノ事情ヲ聞クト父親ハ其ノ事情ヲ知ツテ居ルノカ知ラナイノカ分リマセンガ　大シタ事ハナイダラウ何カ聞カレルダラウトノ事デシタノデ其ノ翌日裁判所ニ出頭シタ所ガ裁判所ノ方ガ私ノ戸籍ノ事ノ書イテアル書類ヲ出シテ此書類ヲ書イタ人ノ事ヤ又私ノ籍ノ事等ヲ聞カレテ私ハ其ノ儘歸宅シマシタ　ソレデ絶エズ戸籍ノ事ガ話ニ出マスガ私ハ繼母ニ自分ノ戸籍ノ事ニ就テ一度モ相談サレタ事モナク又父親カラモ聞カサレタ事モアリマセンデシタ

斯様ニ戸籍ノ事デ私ハ繼母ト喧嘩ヲシタ事ハ除隊後殆ド毎日ノ様デアリマシタ　其ノ内私ガ打タレタ事ハ七、八回デ私ハ二回繼母ヲ撲リ付ケ又突飛シタ事モアリマシタ

私ハドンナ事ガアツテモ此家ヲ出ルモノカ繼母ナドハ出ルナラ出テモカマワヌト云フ强イ決心ヲシテ居リマシタ

斯様ナ譯デ私ハ除隊後今日迄父親ノ居ル時ハ親子揃ツテ食事ヲシマシタガ　父親ガ工場ニ出勤シテ其ノ留守中繼母ト一緒ニ食事ヲシタ事等ハ一回モアリマセン　又父親ノ留守中繼母ト世間話等ハ勿論用事ノ話サヘシタ事ガナイ様ナ仕末デアリマシタ

右聽取シ讀聞ケタルニ相違ナキ旨申立署名捺印シタリ

陳述人　富田次郎（拇印）

前同日於警視廳

司法警察官警部　三井元一㊞

立会人 刑事部捜査課第一課勤務

司法警察吏巡査部長　須藤　豊㊞

第三回聽取書

住所　前同

無職　富田次郎

當二十五年

右ノ者昭和七年三月二十四日本職ニ對シ左ノ通リ陳述シタリ

一、私ハ前申上タ事情ノ下ニ本年三月五日午後二時頃繼母ヲ殺害シマシタカラ當日ノ模樣ニ就テ申上マス

一、其ノ日私ハ午前七時頃私ガ寢テ居リマシタ六疊ノ座敷ヲ掃除シテ居リマスト父ト繼母トハ朝食ヲ濟マシテ父ハ間モナク勤先ノ工場ヘ出テ行キマシタ

ソレカラ押入内ヲ片付ケタリ又洗面ヲシタリシテ午前九時頃繼母ガ次ノ六疊ノ座敷デ御針ヲシテ居リ傍ニ炬燵ガシテアリマシタカラ其ノ中ニ這入ツテ新聞ヲ見テ居リマシタ

私ハ其ノ朝食事ガ欲クナカツタモノデスカラ朝飯ヲ食ベズニ居リマシタガ　又繼母モ私ニ向ツテ朝食ヲ喰ベロト云フコトハ申シマセンデシタ　午前十一時半頃私ハ腹ガ空イタノデ自分デ御飯ノ準備ヲシテ朝飯ト晝飯ト一緒ノ樣ナ食事ヲ致シマシタ　恰度晝飯時デスカラ母ニ向ツテ「御飯ヲ喰ベマスカ」ト聞クト母ハ「ソーヤツテ置ケ」ト云ヒマシタカラ私ハ其ノ儘ニシテ再ビ炬燵ニ這入ツテ居タノデアリマス

ソレカラ約十分位過ギテ母ガ立上リマシタカラ御飯デモ喰ベルノカト思ツタ處ガ私ガ出シテ置イタ「チヤブ臺」ト御

櫃トヲ片付ケタノデアリマス　ケレ共私ハ其ノ儘新聞ヲ見テ居リマシタ　母ハ片付ケ終ツテカラ元ノ處ヘ座ツテ矢張針仕事ヲシテ居リマシタ　ソレカラ私ハ御母サン御飯ヲ喰ベナイノデスカト聞キマスト默ツテ居リマシタ、私ハ其ノ時人ガ聞イテ居ルノニ默ツテ居テ變ナヤツダト思ツテ私モ默ツテ約三十分位居リマシタ

午後十二時三十分頃ニナツテ母ハ突然「オ前ハ中村ノ家ニ行ク氣ハナイカ」ト私ニ尋ネマシタ　ソレカラ私ハ怎ウシテ左樣ナ事ヲ聞クノカト尋ネマシタ　中村ノ家ト云フノハ私ノ實母マサ子ノ生家ノ事ヲ意味シタノデアリマス　スルト母ハ「中村ノ祖母ハ御前ヲ實家ヘ連レテ行ツタ事ガアル」ト申シマシタ

ソレカラ私ハ母ニ向ツテソレハ嘘ダ私ガ三、四年前ニ實母ノ實家ヘ行ツタ時祖母ニ會ツテ話ヲシタ時ニ左樣ナコトハ話サナカツタト云ヒマシタラ繼母ハ私ニソレデハ嘘ヲ云ツタノダト申シマシタ

祖母ハ繼母ト會ツタノハ實母ノ法要ニ行ツタ時デ私ガ十二歲ノ時デアリマシタ

ソレカラ私ハ母ニ向ツテ祖母ガ私ヲ新潟ヘ連レテ行クト云ツタ事ハ何處迄ガ嘘カト强辯シタノデアリマス　其ノ時私ハ更ニ祖母ガ云ツタ事ハ實母ノ位牌ヲ母ガ燒イタ事ガアルカラ其事ニ就テ不平ヲ云ツテ居タト云ヒマシタ

其ノ時母ハ默ツテ居マシタカラ私モ暫ク默ツテ居マシタ

夫レカラ私ガ母ニ向ツテ戶籍ノ事ヲ訂正シテ呉レルカ怎フカト云フ事ヲ聞キマシタ

ソレハ私ガ戶主ニナツテ居リマスガ私ノ考ヘデハ父ヲ戶主ニシテ私ハ長男ニナツテ居タイノデ其ノ事ニ就テ從來何回モ賴ンデアルノデ捗々シク話ヲシテ呉レマセンカラ多少不平交リデ話ヲ致シマシタ

スルト母ハ其ノ事ナラ父親ニ話ガシテアルカラ御前ハ聞ク必要ハナイト云ヒマシタ　ソレカラ私ハ母ニ何遍賴ンデモスグ出來ルコトヲ何故シテ呉レナイカト尋ネマスト母ハ生意氣ダトカ勝手ダトカ申シマシタ

更ニ母ハ御前ハ中村ノ祖母カラ智慧附セラレテ居ルト云フ様ナ事ヲ申シマシタカラ　私ハ左様ナコトハナイ若シ左様ナ事ヲ思フトスレバソレハ御母サンノ考ヘ違ヒデハナイデスカト云ヒマシタ

ソレカラ暫ク同ジ様ナ問答ガアリマシテカラ　母ハ立上ツテ其ノ座敷ノ簞笥ノ上カラ戸籍謄本ノ様ナモノヲ取出シテ立ツタ儘デ見テ居リマシタカラ私ハ炬燵ニ這入ツタ儘デ振返ツテ見ナガラ謄本ナラ僕ニ一寸見セテ下サイト云ヒマシタ母ハコレハ私ノモノダカラ御前ニ見セル必要ハナイト云ツテ断ハラレマシタ

ソレデ母ハ其ノ書類ヲ簞笥ニ入レテ又元ノ處ヘ來テ座ツテ針仕事ヲシテ居リマシタ

其ノ時母ノ左脇ニ黒表紙ノ中形ノ手帳ガアリマシタカラ母ハ几帳面ニ何デモ良ク書イテ置キマスカラ中村ノ祖母ノ事デモ書イテアルカト思ツテ此ノ手帳ヲ見セテ下サイト云ツテ取上ゲマシタ　スルト母ハソレハ御前ノ見ルモノデハナイト云ツテ直グ取リ返サレマシタ

夫レカラ私ハ私ニ見セナイモノナラ何カ屹度私ノ見込通リノ事ガ書イテアルト思ヒマシタカラ意地ニナツテ取ロウトシタノデス　スルト母ハ私ノ手ヲ拂ヒマシタカラ私ハ母ノ左肩ヲ右手デ突イタノデアリマス　スルト母ハ後ニ斜ニナリマシタソレデ起上ルト同時ニ傍ニアツタ鋏ヲ私ニ投ゲ付ケマシタノデアリマスガ　私ニ當ラナイデ簞笥ノ前ニ落チマシタ

夫レカラ私ハ炬燵ニ這入ツタ儘デソレヲ拾ツテ六疊ノラヂオノ前ヘ中腰ニナツテ持ツテ行キ置キマシタ　其ノ儘默テ居リマスト母ハ立上ツテ來テ逆フナラ出テ行ケト申シマシタ　其ノ時母ハ私ノ前ニ來マシタカラ別ニ逆ラハナイト云ツテ母ガ私ノ左手ヲ捕ヘマシタカラ拂ツタノデアリマス

殺害ノ模様

夫レカラ私モ立上ツテ母ノ肩ヲ右手デ突キ乍ラ「御母サンカラ出サレル權利ハナイ」ト云フト其ノ時私ノ左手ヲ母ガ握ツテ居リマシタカラ夫レヲ振リ拂フト同時ニ更ニ突キ飛バシタラ尻餅ヲ搗キマシタ

スルト母ハ私ノ着物ノ裾ヲ摑ミ乍ラ立上ツテ私ノ右手肘ニ嚙ミ付イテ來マシタノデ　一旦兩肱ヲ引キマシテカラ更ニ母ノ頭部ヲ左手デ前カラ押シタノデアリマス

スルト母ハ仰向ニ倒レマシタ其ノ時母ハ人殺シト大聲デ怒鳴リマスト　家ノ南側ヲ二、三人ノ人ガ通ル氣配ガ致シマシタカラ一寸手ヲ緩メタノデス

其ノ隙ニ母ハ起上ツテ來テ更ニ右手ヲ嚙マウトシカタラ右手デ母ノ右眼ノ邊ヲ强ク二、三回撲リマスト又後ヘ倒レマシタ

夫レカラ更ニ眼ノ附近ヲ二回程撲リマスト母ハ痛イ〻〻ト云ツテ唸ツテ居リマシタ

殺　意

其ノ時私ハ最ウ斯樣ナコトニナツタ以上ハ繼母ヲ殺シテ仕舞ト云フ氣ニナリマシテ　急イデ勝手ヘ行キマシテ戸棚ノ上カラ二段目ニアリマシタ小形ノ肉切庖丁ヲ持ツテ來テ僅カニ右手ヲ下ニシテ身ヲ斜ニシテ寢テ居タ母ノ頸部左側ヲ默ツテ一突キニ刺シタノデアリマス　其ノ時母ハ「アー」ト云フ聲ヲ出シタ丈ケデ其庖丁ヲ拔キマスト血ガ迸リマシタ　ソシテ「ゲクツ〱」ト二、三回ヤツテ居リマシタノデ私ハ呆然トシテ立ツテ見テ居リマシタ　ソレハ恰度二時頃ノコトデアリマス

問　如何ニシテ二時ト云フ事ガ判ルカ

答　一寸時間ヲ見タラ午後二時デアリマシタ

ソレカラ直グニ勝手元ヘ行キマシテ手ヲ洗ツタリ庖丁ヲ洗ツタリシタノデアリマス
庖丁ハ元ノ處ヘ置キマシテ元ノ座敷ヘ戻ツテ來テ母ノ首ヲ見タノデスガ　餘リ血ガ附着シテ居ルノデ炬燵カラ布團ヲ取ツテ上半身ヲ覆ツタノデアリマス　而モ餘リ血ガ出マスノデ佛壇ノ上カラ新聞紙ヲ一枚程持ツテ來テ屍體ノ下ニ敷キマシタ

一、其ノ後ノ處置

其ノ時母ノ懐中カラ蟇口ガ見エマシタカラソレヲ取ツテ炬燵ノ上ニ置イテ臺所カラ「チヤブ臺」ヲ持ツテ來テ逃ゲル考ヘデ遺書ヲ書イタノデアリマス
更ニ六疊ノ間ノ戸棚ノ一番下ノ抽斗ヲ開ケテ見タラ革ノ財布ガアリ其ノ下ニ

拾圓紙幣　參枚
壹圓同　參枚
五拾錢銀貨　四個

アリマシタカラ革ノ財布ノ中ニ入レ懐中ニシテ更ニ炬燵ノ上ニ置イテアツタ蟇口ヲ開ケタラ中ニ現金カ二圓餘アリマシタカラ共ニ入レテアツタ珠數、寫眞、郵便切手其ノ他ヲ取出シテ便所ヘ捨テタノデアリマス
ソレデ現金ヲ全部一纒メニシテ懐中ニ入レテカラ六疊ノ座敷デ着物ヲ着換ヘタノデアリマス　脫イタ着物ハ押入レニ入レテ逃走シタノデアリマス

逃走ノ經路

ソレカラ歩イテ途中デ調髪シテ午後五時頃品川驛カラ電車デ上野驛ニ着キマシタ　ソシテ上野廣小路ノライオン堂ト

云フ帽子屋デ中折帽ヲ買ツテ電車デ淺草ヘ行キ松竹座デ芝居ヲ見物シ　其ノ夜ハ吉原ノ大盛樓ト云フ貸座敷ヘ登樓シ一葉ト云フ娼妓ヲ敵方トシテ金拾圓八拾錢ノ遊興ヲシテ　翌六日ハ新宿座ヘ芝居ヲ見物ニ行キ午後六時半頃出テ其ノ夜ハ本所區吾妻橋二丁目ノ宿屋ヘ投宿シ　翌七日ハ淺草公園オペラ館デ一日レビユーヲ見物シテ其ノ夜ハ矢張リ吾妻町二丁目ノ吾妻屋ニ投宿シ　翌八日ハ新宿ノ京王電車前東海通リカラ武藏野館附近ヲ歩イテ正午頃淺草公園ヘ自動車デ行キ夕方迄ブラ〳〵シテ電車デ五反田方面ニ行キ午後十時頃迄驛前ノ「デパート」ヲ見物シテ夫レカラ電車デ上野ニ來テ驛附近ニ九日午前零時頃迄居リマシテカラ又本所ノ宿屋デ泊ル考ヘデ自働車デ行キマシタ處、吾妻橋二丁目ノ交番ノ前デ逮捕セラレタノデアリマス　其間私ハ父ノ金ヲ盗ミ出シテ來タ内カラ金二十五．六圓ヲ費消致シマシタ只今此處ニ其ノ殘金拾壹圓拾參錢アリマスカラ提出致シマス

本職ハ此時被疑者提出ニ係ル

拾圓紙幣　壹枚
五拾錢銀貨　貳個
拾錢白銅貨　壹個
壹錢銅貨　參個
革製財布　壹個
革製蟇口　壹個

ヲ領置シタリ

問　兇器ハ之レカ

此ノ時本職ハ證據品ノ兇器ヲ示ス

答　左樣デアリマス

問　其ノ許ガ便所ヘ捨テタモノハ之レカ

此時本職ハ證據品ヲ示ス

答　左樣デアリマス

問　繼母ガ其ノ許ニ投ゲ付ケタト云フ鋏ハ之レカ

此時本職ハ其ノ證據品ヲ示ス

答　左樣デアリマス

問　遺書ト云フノハ之レカ

此時本職ハ其ノ遺書ヲ示ス

答　間違アリマセン

問　犯行當時ノ着衣ハ之レカ

此時本職ハ其ノ證據品ヲ示ス

答　コレニ間違アリマセン

問　其ノ他ニ何カ申述ルコトハナイカ

答　大罪ヲ犯シタノデアスカラ相當ノ處分ヲ受クル考ヘデス

右錄取シテ讀聞セタルニ相違ナキ旨申立署名捺印セシメタリ

陳述人　富田次郎（拇印）

同日於警視廳刑事部搜査第一課

司法警察官警部補　田村芳雄㊞

立會人

司法警察吏巡査部長　須藤豊㊞

〔註一三〕

領置書

被疑者富田次郎殺人被疑事件ノ證據品トシテ其所持者ノ承諾ヲ得テ左記物件ヲ領置ス

昭和七年三月二十四日

警視廳刑事部捜査第一課

司法警察官警視廳警部補　田村芳雄 印

番號	品目	員數	差出人住所氏名	備考
一	茶革製空蟇口	壹個	被疑者 富田次郎	被害者生前所持シ居リタルモノ
二	拾圓紙幣	壹枚	同	同
三	五拾錢銀貨	貳個	同	同
四	拾錢白銅貨	壹個	同	同
五	壹錢銅貨	參個	同	同
六	一ッ折口金付空財布	壹個	同	同

〔註一三〕　司法警察官ニ於テ強制力ヲ用ヒザル即チ刑訴法第百七十條ニヨラザル場合ノ捜査トシテ相手方ガ承諾シテ物件ヲ提出スルノヲ領置シタノデアル。斯ル場合ニ於テ其ノ始末ヲ處理シ之ヲ記載シテ一ツノ書類ヲ作成スルノハスベ

テ强制力ニヨル場合ニ準ズルヲ最モ合理的ト爲スノデアル。

尤モ强制力ヲ用ヒル場合ノ物ノ押收ニ付テモナホ相手方ノ任意提出ヲ待チテ之ヲ領置スル場合ガアリ得ル（刑訴法第一七〇條第一四二條）此ノ場合ト前記ノ場合トハ外見上、一寸判別シカネルガ此ノ場合ニハ必ズ押收調書（特ニ領置調書ト爲スノ例アリ）ヲ作成スベキモノデアツテ（刑訴法第五七條）前ノ場合ハ本件ノ如ク領置書ト爲スコトニ訓令デ定メラレテ居ル。（司法警察職務規範第六六條第六七條）

昭和七年三月九日

品川警察署勤務

巡査　渡邊松三郎㊞

〔註一四〕

殺人事件ニ關スル兇器發見報告書

品川警察署長警視　岸田春二殿

品目

一、肉切庖丁　壹挺

一、小鍬　壹挺

右ハ被疑者富田次郎ノ自供ニ基キ昭和七年三月九日被害場所東京市品川區北品川町二丁目九六三番地富田平助方ヲ捜査スルニ肉切庖丁ハ前記富田方勝手元戸棚ト戸棚ノ間ヨリ發見尙小鍬ハ犯罪現場ナル六疊間針箱內ヨリ發見致候條現品相添此段及報告候也

〔註一五〕

押收調書

被疑者富田次郎殺人被疑事件ニ付昭和七年三月九日犯罪現場ニ於テ司法警察官警部補上川藤次郎ハ司法警察吏巡査渡邊松三郎ノ立會ヲ求メ押收ヲ爲スコト左ノ如シ

一、押收物ノ品目　別紙目錄ノ通リ

二、押收ノ時　午前八時

昭和七年三月九日

品川警察署勤務

司法警察官警部補　上川藤次郎㊞

立會人

司法警察吏巡査　渡邊松三郎㊞

押收目錄

番號	品目	員數	差出人住所氏名	備考
一	肉切庖丁	壹挺	品川區北品川町二丁目九六三　富田平助	
二	小鋏	壹挺	同	

〔註一四〕 司法警察吏（刑訴法第二四九條）ガ司法警察官ノ命ヲ受ケテ搜査シタル結果ヲ司法警察官ニ報告シタルモノデアル。

〔註一五〕 〔註五〕ヲ參照セラレタイ。

昭和七年三月十日

警視廳刑事部監識課長㊞

同廳搜査第一課長殿

〔註一六〕

被檢物鑑定ノ件

昭和七年三月九日付ヲ以テ囑託ノ標記ノ件
鑑定ノ結果左記ノ通ニ有之候
追テ證據品ハ本書ト共ニ返戻候條申添候

記

鑑定書

一、事件名

昭和七年三月五日東京市品川區北品川町二丁目九六三番地富田平助方ニ於ケル殺人事件

二、鑑定資料

肉切庖丁（双渡約百四十六mmノモノ）

三、鑑定ノ目的

血痕附着ノ有無試驗

四、鑑定ノ結果及理由

本肉切庖丁ニハ血痕ヲ認メズ

理　由

被檢物ニ就キ血痕檢査法ニヨリ試驗ノ結果血痕反應ヲ呈スル附着物ヲ有スル部分ヲ檢出セザルニ據ル

五、鑑定方法

被檢物ニ付キ癒瘡木指法、ヘモクロ、モーゲン法、光像法等ノ血痕檢査法ニ依リ試驗ヲ施行セリ

六、鑑定施行月日

昭和七年三月九日

七、鑑定關與職員

刑事部鑑識課鑑識係勤務

技手　落合君三㊞

〔註一六〕 強制デナク通常ノ捜査ノ方法トシテノ鑑定囑託デアル。

通常捜査デモ強制捜査デアッテモ或ハ個人ニ或ハ官署公署ニ鑑定セシムルコトガ出來ルノデアッテ、強制ノ場合ニ於テハ個人ニ對シテ鑑定ヲ命ズルト云フコトニナルガ、官署公署ニ對シテハ強制ノ場合デモ通常ノ場合デモ共ニ囑託ト云フ用語ヲ使フカラ、或ハ場合ニヨッテハ書類ノ上丈デハ其ノ事件ガ本來捜査機關ニ於テモ強制力ヲ用ヒ得ル場合デアッタナラ、果シテ強制方法トシテノ鑑定ナリヤ通常方法トシテノ鑑定ナリヤ不明ナコトガアルデアラウ。

本件ノ場合ニ於テハ同一官署タル警視廳内ニ於ケル一機關カラ他機關ニ鑑定ヲ囑託シテ居ル形ニナッテ居ルガ、之レモトヨリ訴訟法ニ謂フ他ノ官署公署ニアラザルコト勿論デアリ、事務ノ取扱ノ便宜カラ恰モ他廳ニ囑託スルガ如キ形式ニ準ジタ取扱ヲ爲シタマデノコトデアッテ、其ノ實質ハ實際鑑定ヲ爲シテ居ル落合技手個人ニ鑑定ヲ囑託シタコトト同一ニ歸スル次第デアル。

尚序ニ強制捜査ノ場合ニ於テハ司法警察官、檢事ハ證人訊問ト同樣ニ鑑定人ニ對シ宣誓ヲ命ズルコトガ出來ナイシ、更ニ裁判所ノ如ク刑事訴訟法第二百二十二條第三項ニ規定スル處分モ出來ナイノデアル。

〔註一七〕

赤坂憲警發第二九三號

素行調査ニ關スル件回答

昭和七年三月十二日

赤坂憲兵分隊長㊞

警視廳刑事部捜査第一課長殿

本籍　東京市品川區南品川町千二百二十番地

戸主平助長男

豫備陸軍歩兵一等兵　富田次郎

明治四十一年十二月十二日生

右者ニ對スル首題ノ件ニ關シ三月十日發別捜第五三八號照會ニ基ヅキ調査シタル狀況左記回答候也

左記

一、在營中ノ勤務狀況

諸勤務ノ服務極メテ不眞面目ニシテ常ニ監視ヲ爲サザレバ其勤務ヲ全フシ得ザル狀況ナリ在營中ノ勤務成績左ノ如シ

教練乙、內務丙、體操丙、劍術丙、射擊乙、傳令乙、行軍甲、學科乙、勤務丙ニシテ五十九名中五十七位其ノ成績不

良ナリ

二、在營中ノ素行

初年兵當時ヨリ外出每ニカフエー及淫賣屋等ニ出入シ屢々上官ヨリ嚴重訓戒ヲ受ケタルニ不拘反省スルコトナク友人ト稱スル月野時雄ト共ニカフエー美人座ニ出入シ女給花園咲子ト常ニ隊內ニ於テ艷文ノ交換ヲ爲シタル事實アリテ在隊中ハ成績素行極メテ不良ナリ

三、賞罰ノ有無

賞ナシ

昭和五年二月十六日午前九時ヨリ同日午後五時三十分迄外出ヲ許可セラレタル處同日午後七時五十分歸隊シタルヲ以テ歸營時刻ニ遲レ軍紀ヲ紊シ上官ノ訓戒ヲ悖リタル廉ニ依リ二月十九日重營倉一日間ニ處セラレタリ

四、其他參考事項

昭和六年十一月二十二日（除隊前日）用便外出ヲ許可セラレタル處同日夢ノ里淫賣屋ニ到リ遊興シ約四十分遲刻シタルモ除隊前ナルヲ以テ特ニ中隊長ノ厚意ニ依リ訓戒ニ止メ除隊セシメタリ

〔註一七〕 搜査ニ付テハ强制搜査ヲ爲ス場合ハ例外デアリ法律ニ定メラレタルトキニ限リ之ヲ爲スヲ得ベク通常搜査ガ原則ナルコトハ既ニ述ベタ所デアルガ、公務所ニ照會シテ必要ナル事項ノ報告ヲ求ムルコトハ搜査ニ付テモ出來ルノデアツテ强制ト通常トヲ問ハナイノデアル。（刑訴法第二五四條第二項）（裁判所ニ關スル規定ハ刑訴法第三二八條）（豫審判事ニ關シテハ刑訴法第三〇四條）

〔註一八〕

發刑捜第七六三號

品川區役所
昭和七年三月十日受付
戸收第八九號

自稱本籍　東京市品川區南品川町千二百二十番地

戸主平助長男

富田次郎

當二十五年

右ノ者ニ對スル左記事項取調ノ上各欄ヘ記入返戻相成度及照會候也

但本籍氏名等ニ多少ノ相違アルモ之ニ該當スベシト思惟セラルル場合ハ本文ニ準シ取調ベ相成度若轉籍又ハ寄留者ニ係ルトキハ在籍地役所役場ヘ轉送相成度候

追テ本人在籍ノ場合ハ其旨備考欄内ニ記入シ本紙返送相成度候

昭和七年三月十日

警視廳刑事部捜査第一課印

品川區役所御中

本籍	東京市品川區南品川町千二百二十番地
出生地	不詳
住居	同
官吏、公吏、議員	
氏名　本字	富田次郎
氏名　仮名	トミタジロウ
生年月日	明治四十一年十二月十二日
職業	

位記、勲章、記章	
資産有無	
兵籍	豫備歩兵一等兵
特徴	
年金、恩給、扶助料、退隱料	
戸主及父母兄姉弟妹氏名	父平助、繼母はる

前科			
裁判ノ日及廳名	對席ノ別	罪名	刑名刑期金額
年　月　日　裁判所	席		
年　月　日　裁判所	席		
年　月　日　裁判所	席		通知ニ接セズ
年　月　日　裁判所	席		
年　月　日　裁判所	席		

備考

刑事部捜査第一課
昭和7年3月14日
收第763號

右回答候也

昭和七年三月十二日

品川區役所印

警視廳刑事部捜査第一課御中

〔註一八〕コレモ亦公務所ニ照會シタル報告デアル。

本籍	東京市品川區南品川町千二百二十番地
前戸主	富田平助

大正七年六月一日父平助廢家ノ上入夫婚姻ニ依リ共ニ入籍㊞

昭和四年三月十二日前戸主平助入夫離婚ニ依リ家督相續屆出同日受付

以下餘白

戸主

族稱	空欄
前戸主トノ續柄	富田平助長男
父	富田平助
母	亡 マサ
	長男
戸主	富田次郎
出生	明治四十一年十二月十二日

明治三十八年十一月六日前戸主隠居ニ依リ指定家督相續人妹はる相續
届出同日受付㊞
川村平助ト入夫婚姻届出大正七年六月一日受付㊞
夫平助ト入夫離婚届出昭和四年三月十二日受付㊞
東京市品川區南品川町千二百二十番地ニ分家届出昭和四年三月十二日
受付除籍 以下餘白

繼　母

父 亡 富田康太郎
母 亡 雪枝
二女
出生 明治十七年十二月六日
はる

品川區南品川町千二百二十番地廢家戸主平助入籍届出昭和七年三月二
十九日受付㊞
昭和七年三月五日妻はる死亡ニ依リ婚姻解消 以下餘白

父

父 川村丸市
母 須藤イチ
長男
出生 明治十五年二月十五日
平助

昭和七年二月一日富田平助ト婚姻届出同日受付㊞
昭和七年六月五日午後五時東京市品川區北品川町二丁目九百六十三番
地ニ於テ死亡富田平助届出同日受付 以下餘白

繼　母

父 亡 富田康太郎
母 亡 雪枝
女
家族トノ續柄 父平助妻
出生 明治十七年十二月六日
はる

右謄本ハ戸籍ノ原本ト相違ナキコトヲ認證ス

昭和七年三月十四日

東京市品川區長　大橋清太郎㊞

〔註一九〕戸籍謄本デアルガコレハ戸籍謄本自體ノ請求ヲ爲シタ場合デアッテ、公務所ニ照會シタル必要ナル事項ノ報告トハ云ヒ難イ樣デアル。（尤モ或ル報告ヲ求メタルニ戸籍謄本ヲ報告ニ代ヘテ送クル場合モアルデアラウ）法律ニ基イテ既存スル所ノ公正證書ソレ自體ノ寫デアルカラ報告トハ云ヘナイデアラウ、然シ乍ラ捜査上必要ナリトシテコレヲ要求スル訴訟上ノ根據ハモトヨリコノ刑訴法第二百五十四條第二項ノ法理ニ基クモノデアッテ、コレヲ廣ク解シテカカル場合モ包含スルモノト解シテ差支ヘナカラウト思フ。

然シ戸籍謄本ハ戸籍法ノ規定ニ從テ一應ハ何人デモ其ノ謄本ノ請求ガ出來ル次第デアル（戸籍法第一四條）況ヤ捜査ノ如キ國家公益上必要ナリトシテ請求シ得ルコトモトヨリ議論ノ餘地ハナイノデアル。

尚舊戸籍法時代ニハ明治三十一年司法省訓令（訓令第五號戸籍法取扱手續第一三條）ニ於テ、官吏又ハ公吏ガ其ノ職務上ノ必要ニ基キ閲覽又ハ謄本ノ交付ヲ求ムル場合ニ於テハ手數料及ビ郵送料ヲ要セザル旨ノ規定ガアッタ、現行法ニ於テハ特ニコレニ關スル規定ヲ見ナイケレドモ勿論同樣ニ解スベキモノデアロウ。（現代法學全集鬼頭豊隆氏戸籍法及寄留法參照）

〔註二〇〕

（前科調査様式）

照會

昭和七年三月十日　捜査第一課㊞

本籍	東京市品川區南品川町千二百二十番地
生地	新潟縣中蒲原郡金津村字浦ケ澤
氏名	富田次郎
異名	
綽名	
族籍	平民
職業	從前　現在
生年月日	明治四十一年十二月十二日
父母名	實父 平助　實母 亡マサ子　養父　養母 はる
備考	

回答

昭和　年　月　日　警視廳刑事部鑑識課

判決ヲ受ケタル氏名	
罪名	（昭和五年一月二十四日品川警察署ニ於テ
刑名刑期（金額）	窃盗及强姦未遂犯トシテ檢擧サレタル事實
言渡年月日	アリ（當時氏名ハ同シ））
刑ノ始期	
言渡裁判所	
執行監獄	
出獄事由其ノ年月日	

該當者發見セス

追テ震災ノ際原紙燒失セルヤモ不計ニ付此點御含置相成度

昭和7年3月11日

警視廳鑑識課

調査者　㊞

指紋

左手廻轉押捺					分類番號
示指	中指	環指	小指	拇指	No
					身體特徵
1	1	1	1	6	
右手廻轉押捺					
示指	中指	環指	小指	拇指	
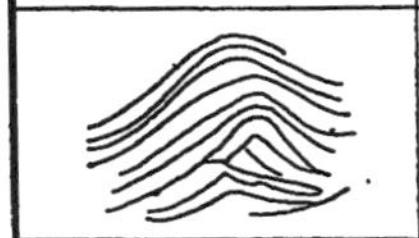				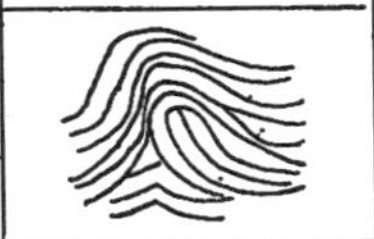	
1	3	3	3	5	備考
左手平面押捺		右手平面押捺			
		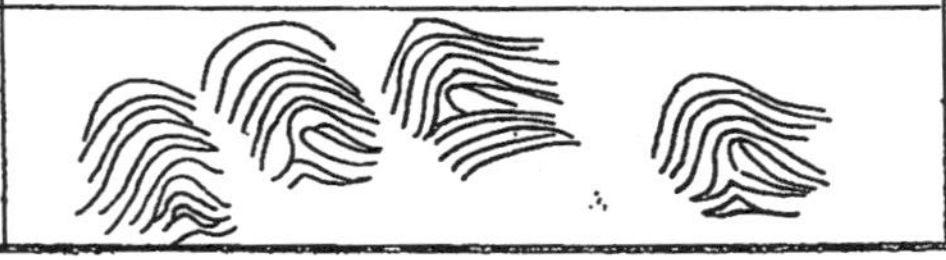			

〔註二〇〕 所轄警察署ヨリ警視廳ニ宛テ前科ニ關スル事項ノ報告ヲ求メタルニ對シ警視廳ヨリ回答セルモノデアル。

〔註二一〕

發刑捜第八一九號

昭和七年三月十七日

警視廳刑事部捜査第一課長㊞

新潟縣新津警察署長殿

聽取書作成ニ關スル件囑託

被疑者 富田次郎

當二十五年

右ノ者殺人被疑者トシテ當課ニ留置取調中ノ者ニ有之候處捜査ノ必要上左記ノ者ニ付各項御取調ノ上聽取書作成至急御回送相成度此段及囑託候也

左記

被聽取書

新潟縣中蒲原郡金津村字浦ケ濱番地不詳 粂三郎

妻 中村名不詳

（被疑者生母ノ母親）

一、富田次郎ハ生母マサ子ニ死別後十一歳ノ頃ヨリ繼母はるト同棲シタルモ繼母ハ同棲後間モナク同人ノ生母ノ位牌ヲ燒却シタリトノ事ニテ當時次郎ハ之ヲ目撃聞知セザリシモ同人ガ十二、三歳ノ頃前記被聽取者ヨリ其ノ事實ヲ聞カサレタリトノ事果シテ事實ナリヤ

一、其ノ後次郎ハ成長スルニ至リ數同前記生地ニ至リタル都度前項ノ談及前記中村夫妻ガ繼母はるニ對シ折合宜カラザリシ談等ヲ聞カサレタリトノ由

一、次郎對繼母トノ關係

以上

追テ該各項ニ就テハ被聽取者又ハ同人ノ親戚ニシテ以上ノ事實ヲ目撃或ハ聞知シ居リタルモノアル場合ハ之等ニ對シテモ錄取相成度申添候也

〔註二一〕司法警察官ノ搜査上ノ土地管轄ニ付テハ其ノ所屬官廳ノ所在地ノ裁判所ノ管轄區域內ニ限ラルルモノト云ハナケレバナラナイ。ソレハ裁判所構成法第八十四條第一項ヲ見ルト司法警察官ノ土地管轄ハ結局其ノ所屬官廳ノ所在地ノ檢事局ノ管轄區域內ニ限ラルルノ趣旨デアリ、檢事局ノ土地管轄ガ其ノ附置セラレタ裁判所ノ土地管轄ト同一ナルコトハ裁判所構成法第六條第三項ノ規定スル所デアルカラデアル。（尤モ檢事ノ管轄ニ付テハ檢事ノ部ニ於ケル〔註一〕ヲ參照セラレ度イ）從テ管轄區域外ニ於テハ直接事件ノ取扱ガ出來ナイカラソコデ共助ヲ求メナケレバナラナイノデアル。コレハ聽取書ヲ作成シテ送付スル樣囑託シタモノデアル、然シ檢事、司法警察官モ亦其ノ搜査上事實發見ノ爲必要ナルトキハ管轄區域外ニ於テ其ノ處分ヲ爲シ得ルノデアル。（刑訴法第二五二條）

尙共助ト云フ事柄ニ付テ一言說明シテ置ク、裁判所間ニ於テ共助ヲ爲スベキ義務アルコトハ裁判所構成法第百三十一條ニ定メラレテ居ル。

通常裁判所間ノ共助トシテ刑事訴訟法上規定セラルルモノ例ヘバ被告人ノ勾引（刑訴法第九四條第一二三條）、證人訊問（同法第一二二條第一二三條）、鑑定（同法第一二八條）、檢證、搜索及物件押收（同法第一五四條第一六九條、第一七九條）等デアツテ、通常裁判所ト特別裁判所間ノ共助トシテハ司法事務共助法（明治四四年法律第五二號）ガアル。通常裁判所ガ他ノ官廳ニ共助ヲ求メ得ル場合トシテハ例ヘバ被告人ノ勾引トカ鑑定ノ囑託トカ書類ノ送達ノ囑託ノ如キ場合デアル（刑訴法第九四條第一二二條第二三〇條第八〇條民事訴訟法第一七五條、第一七六條）。尙國際的ナ司法共助トシテハ外國裁判所ノ囑託ニ依ル共助法ノ如キ法律モアル。（明治三八年法律第六三號明治四五年法律第七號）檢事局間ニ於テ相互ニ共助ヲ爲スベキコトハ裁判所構成法第百三十二條ニ定メラレテ居リ、共助スベキ事柄ハ勿論搜査事務デアツテ特ニ規定ヲ以テ律スル迄モナイ明白ナ事デアル。通常檢事局ト他ノ特別裁判所ノ檢察官トノ間ニ於テモ司法事務共助法ハ適用セラレ、檢事局ト他ノ官廳トノ共助トシテハ鑑定ノ囑託ノ如キヲ除イテハ特ニ法律上ノ明文ハナイ樣デアツテ好意上ノ共助ニ依ルノ外ハナイ。國際的ナ共助トシテハ逃亡犯罪人引渡條例ノ如キモノガアル。（明治二〇年勅令第四二號）

司法警察官ガ相互ニ共助ヲ爲スベキコトハ前ニ述ベタ樣ニ互ニ共助スベキ檢事ヲ補佐シ、其ノ指揮ヲ受クベキ關係ニアルコトカラシテ事理ノ當然ト云ハナケレバナラナイ。司法警察職務規範第十二條ガ共助ノ義務ヲ遲滯ナク行フ樣ニ訓令シテ居ルノハ其ノ爲メデアル。

〔註二二〕

司收第五〇七號

昭和七年三月二十四日

新潟縣新津警察署長㊞

警視廳捜査第一課長殿

聽取書作成方ノ件回答

新潟縣中蒲原郡金津村大字浦ヶ濱

中村チヨ

當七十年

右者ニ對シ昭和七年三月十七日附發第八一九號ヲ以テ囑託相成候標記ノ件別紙ノ通リ作成候條此段及回答候也

聽取書

本籍　新潟縣中蒲原郡金津村大字浦ケ濱二千八百九十二番地

住居　同上

平民　戸主　農　兼一　母

中村　チヨ

當七十年

右者昭和七年三月二十二日本職ニ對シ任意左ノ通リ陳述ヲ爲シタリ

一、私ノ本籍住居ハ今申上タ通リ相違アリマセン

二、東京ニ居ル富田次郎ト云フモノニ付種々御訊ネデアリマスガ私ノ知ツテ居ル丈ハ申上マス

三、富田ト云フノハ元新潟縣中蒲原郡小須戸町大字小須戸ノ川瀬平助ト云フモノデアリマス私ノ長女マサ子ヲ二十一歳ノ時ニ嫁ニヤツタノデアリマス

四、サウシテマサ子ガ三十三歳デ其ノ子卽チ私ノ孫次郎ガ十歳ノ時ニマサ子ガ死ンデ了ツタノデアリマス其ノ頃一家族ハ東京ノ品川邊ニ住ンデ居タ樣デアリマス

五、マサ子ガ嫁イダ時ハ平助ハ川瀬ノ姓ヲ名乘ツテ居タノデアリマシタガマサ子ガ死亡シタ後ハ何時頃デアリマスカ怎シタ動機デアリマスカ富田ノ姓ヲ名乘ル樣ニナツタノデアリマス其ノ理由ヤ詳シイコトハ私ニハ判リマセン

六、次郎ガ私ノ家ニ參リマシタノハマサ子ガ死ンダ後現在ノ後妻ヲ娶ツテカラ平助ハ次郎ト三人デ來タコトガアリマス其外ニ徴兵檢査ノ頃一度私ノ處ヘ來タコトガアリマスガ其ノ外ニハ記憶ハアリマセン

七、問　富田次郎ガ十一、二歳ノ時ニ來テ種々語リ合フタ事實ガアルヤ否ヤ

答　只今申上タ樣ニ現在ノ後妻ヲ迎ヘテカラ平助ト三人デ來タコトガアリマスガ夫レハ次郎ガ十一、二歳ノ頃ト思ヒマス然シ當時私ハ別ニ詳シイ事ヲ語合ツタ樣ナコトハアリマセン

八、問　當時次郎ニ對シ其ノ許カラオ前ノ繼母ハオ前ノ生ミノ母親ノ位牌ヲ燒キ捨テル樣ナ女ダト語リ聞カセタ事ガアルカ

答　はるガマサ子ノ位牌ヲ燒キ捨テタト云フ事ハ私モ知ツテ居リマスソレハ其ノ當時私ガ東京ヘ參リマシテ平助ノ家ニ行キマシタケレドモマサ子ノ位牌ガアリマセンデシタカラ私ハ不思議ニ思ツテ居リマシタ處後妻ガマサ子ノ位牌ヲ燒キ捨テタノダト云フコトヲ始メテ知ツタノデアリマス

九、私ハ當時旅デ他國カラ後妻ヲ貰フコトハ家庭上面白クナイ事ガ起キテハ困ルト思ヒマシタノデ出來得レバ私ノ土地カラ心配シテヤリ度イト思ツテ居タノデアリマスケレドモ適當ノ者ガナカツタ爲メニ先ニ委カセテシマツタノデス

十、何ンデモ其ノ女ハ横濱附近ノ女ダトカ聞イテ居リマシタガ詳シイ事ハ判リマセン後妻ガ這入ツテカラ次郎ハ私ノ處ヘ何ンデモ二度シカ來ナイト思ヒマス私ハ其ノ後次郎ニ對シ如何ナル話ヲシタカ只今デハ全ク記憶ガアリマセン

十一、問　次郎ト後妻トノ關係ハドウデアツタカ知ラザルヤ

答　私共デモ其ノ後親戚トシテ交際シテハ居リマセンカラ少シモ樣子ハ判リマセン次郎ハ正直ナ子供デシタガ少シ頭ノ具合ガ惡イト云フ樣ナコトモ聞イテ居リマシタ

問　本件ニ付テ他ニ斯ル事實ヲ知レルモノナキヤ

答　他ニ誰モ知ツテ居ルモノハアリマセン私ノ夫兼三郎ハ三年前ニ亡クナリマシタ私ノ倅ハ其ノ當時子供デアリマシタカラ斯ノ話シハ少シモ判ラナイノデアリマスソレデスカラ私ノ他ニ誰モ知ツテ居ル人ハナイト思ヒマス

右陳述ヲ聽取シ讀ミ聞カセタル處相違ナキ旨承認シタルモ本人無筆ニ付キ本職代書ノ上左ニ拇印セシム

昭和七年三月二十六日

陳述人　中　村　チ　ヨ（拇印）

於中蒲原郡金津村大字浦ケ濱　中村兼一宅

新津警察署

司法警察官警部補　保　田　松　次㊞

〔註二二〕　共助ニ基キ囑託セラレタル司法警察官ヨリ囑託ヲ爲シタル司法警察官ニ求メラレタル捜査卽チ關係者ノ聽取書ヲ作成シテ送付シタノデアル。

而シテ囑託セラレテ爲ス所ノ捜査ト雖モ別段ニ其ノ方法ニ於テ變リノナイコトハ云フ迄モナイ。

コレハ聽取書ノ作成ノ場合デアルガ聽取書ニ付テハ既ニ説明シタル所デアル。

〔註 一〕

强制處分書類送付書

被疑者　富田次郎

右殺人被疑事件ニ代請求相成候檢證竝鑑定ノ件處分ヲ了シ候條關係書類左記目錄ノ通及送付候也

東京地方裁判所
接受
7.3.18
第8312號
檢事局

昭和七年三月十八日

東京地方裁判所

豫審判事　遠野茂三郎㊞

東京地方裁判所檢事局

檢事　菊谷喜成殿

目錄

一、强制處分請求書　一通

一、檢證調書　一通

一、鑑定人訊問調書　一通

一、鑑定書　一通

一、費用請求書　一通

以上

〔註一〕コレハ〔註二〕ニ於テ説明スル如ク檢事ガ豫審判事ニ對シテ强制處分ノ請求ヲ爲シタルニヨリ豫審判事ハ〔註四〕以下ニ説明スル如ク求メラレタル各種ノ處分ヲ爲シテコレヲ檢事ニ送付スル際ニ請求ノ通リニ處分ヲ了ヘタカラソレヲ送ルト云フ斯様ナ書面ヲ一番上ニ付ケテ檢事ニ送ル場合デ、實ハ〔註二〕ノ檢事ノ請求ガ事ノ順序ニ於テハ先デアルノハ勿論ダガ、書類ニ綴ル時ニハ斯様ニ綴ラレルノガ例デアル。

豫審判事ガ求メラレタル處分ヲ爲シタトキハソノモノヲ速ニ檢事ニ送付スベシト謂フ規定ハ刑訴法第二百五十六條ニ示サレテアル。

本件ニ於テ豫審判事ガ求メラレタ所ハ現場ノ檢證ト死體ノ鑑定トデアツテ本件記錄ニ見ル如ク夫々處分ヲ爲シテ居ルノデアル。

〔註 二〕

强制處分請求書

昭和七年三月五日
午后九時四十分
强第一六四號
一六五

富田次郎
當二十五年

右殺人被疑事件ニ付左記ノ處分相成度及請求候也

昭和七年三月五日

東京地方裁判所檢事局

檢事　菊谷喜成　印

東京地方裁判所
豫審判事御中

被疑事實

被疑者ハ昭和七年三月五日午後五時頃東京市品川區北品川町二丁目九六三番地自宅ニ於テ繼母はる當四十九年トロ論ノ末鋏樣ノ兇器ヲ以テ同人ノ顔面頸部ヲ刺シ殺害シタルモノナリ

處分事項

右被疑事實ニ付
一、現場ノ檢證
一、創傷ノ部位、形狀、兇器ノ種類
一、屍體ヲ解剖シ死因ノ鑑定
一、死後ノ經過時間
以上

〔註　二〕　檢事ハ次ノ〔註三〕ニ於テ見ル如ク本件ニ付司法警察官ヨリ報告ヲ受ケテ、先ヅコノ所謂强制處分ノ請求ヲ豫審判事ニ請求シタモノデアル。强制處分ノ請求ニ付テハ刑訴法第二百五十五條ヲ始メトシテ尙關聯シテ第二百五十六條、第二百五十七條ヲモ見ラレ度イ。講學上ハ通常之ヲ起訴前ノ强制處分又ハ裁判上ノ捜査處分ト謂フテ居ル。

檢事ガ强制處分ヲ求ムル際其ノ被疑事實（犯罪事實）ヲ掲ゲテ處分ヲ求メヨト云フ規定ハ別段ニナイガ、斯樣ナ犯罪ガ行ハレタラシイト謂フ事ガモトデコレコレノ請求ヲ爲スト謂フノデアルカラ、求メラレタ判事ヲシテ處分ノ或ル程度迄ノ必要サヲ推認サセルコトガ妥當デアルカラ、通常コノ犯罪事實ヲ掲グルノガ例デアル。

請求シ得ル處分ハ刑訴法第二百五十五條列擧ノ事項デアルガ、本件ニ於テハココニ現場ノ檢證ト鑑定トノ處分ヲ求メテ居ルノデアル。

强制處分ノ請求ハ通常ハ先ヅ檢事ニ於テ通常搜査シカ出來ナイ場合ニ、ドウシテモ後日ノ證據等ノ爲メ强制ノ處分ヲ必要トスルトキニ之ヲ請求スルノデアルガ、シカラバ檢事自ラ强制處分ヲ爲シ得ル場合（現行犯處分又ハ刑訴法第百二十三條各號ノ場合）ニハ之ヲ判事ニ求ムルコトガ出來ナイカト云フニ必ズシモサウデハナイノデアル。法文ニハ强制ノ處分ヲ必要トスルトキハトアル丈デアルカラ、檢事ニ於テ斯ク思料シタル場合ハ檢事本來强制搜査ヲ爲シ得ル場合デモ亦コノ請求ガ出來ルト解シナケレバナラナイ。事件明瞭ニシテ早晩起訴スベキコトガ明白デアル場合ニハ起訴ヲ受ケタル裁判所ガ（重罪ナレバ豫審判事）出來ル丈證據ニ直接シテ其ノ心證ヲ得ル樣ニ努ムルコトモ判ツテ居ルコトデアルカラ、寧ロ檢事ハ自ラノ處分ハ一面司法警察官ノ爲ス所ヲ督勵シツツ直接ニ此等處分ヲ判事ニ求ムルコトガ事件ノ處理トシテ適切ナル場合ガアリ得ル。

本件ニ於テモ現物ノ檢證ハ既ニ警察ノ部（註五）ニ於テ述ベタル如ク司法警察官ガ法規上獨自ニ於テ爲シテ居ルノデアルガ、檢事ハ其ノ搜査上必要トシテ豫審判事ニ對シテ此ノ請求ヲ爲シテ居ルノデアル。

モトヨリ此ノ强制處分ノ請求ハ搜査全般ヨリ見タナラ例外的ナ處分ト解シナケレバナラヌカラ其ノ濫用ハ勿論避ケネバナラナイ。

〔註三〕

發着	昭和七年三月五日午後六時	取扱者	夏川書記
受信者	東京地方裁判所檢事殿	發信者	品川警察署

要旨

東京市品川區北品川町二丁目九六三番地　富田平助　長男　無職

富田次郎

當二十五年

右者本日午後五時頃自宅ニ於テ繼母はる當四十九年ト口論ノ末鋏樣ノ兇器ヲ以テ同人ノ顔面其ノ他ヲ刺シ殺害シタル上直チニ逃走シタルモノナリ

至急御臨檢ヲ求ム

〔註三〕警察ノ部〔註四〕ニ於テ述ベタル如ク警察ヨリ檢事ニ對シ、殺人犯罪行ハレタリト思料スベキ現場ヲ發見シタルヲ以テ、至急臨檢（現場ニ出張檢證ノコト）ヲ求ムル旨ノ意見ヲ附加シテ其ノ報告ヲ電話デ爲シタ場合デアルカラ、斯ル報告アリタルコトヲ書面ニ認メテ記録ニ綴リタルモノデアル。

〔註四〕

檢證調書

被疑者　富田次郎

右殺人被疑事件ニ付昭和七年三月五日東京地方裁判所豫審判事遠野茂三郎ハ裁判所書記多木清立會ノ上左記現場ニ臨ミ檢證ヲスルコト左ノ如シ

本檢證ニハ同廳檢事局檢事菊谷喜成及世帶主富田平助當五十一年各立會シタリ

尚本檢證ノ結果ヲ明確ナラシムル爲圖面二葉ヲ作成シ且警視廳巡査佐々省三ヲシテ現場ノ寫眞五葉ヲ撮影セシメ各本調書ノ末尾ニ添付ス

第一檢證ノ場所

東京市品川區北品川町二丁目九百六十三番地富田平助方居宅及其ノ附近

第二檢證ノ場所

一、現場ノ位置及其ノ附近ノ模樣

(イ) 右現場タル富田家ハ前記北品川町二丁目俗稱二本橋通ヲ前方ニ約十間入リタル處ノ同所同番地所在木造平家建二軒長家ノ西側ノ一戸ナリ

(ロ) 右富田方ハ北向ニ建チテ同家表側即チ北側ハ巾約七尺ノ路地西側ハ巾九尺ノ道路ヲ隔テ他ノ人家ニ對ス東側ノ棟續ノ一戸ハ久保明方ナリ　右富田家ノ裏側ハ他ノ人家トノ間ニ約一間半位ノ距離ヲ存シ其間ニ板塀ヲ設ク其板塀ト右富田方トノ間ノ西端ハ前記九尺巾ノ道路ニ面シテ巾二尺ノ間ニ木戸ヲ設ケ東端ノ前記久保明方トノ境ハ巾

約三尺ニ擴大スレドモ板ニテ仕切リヲ爲セリ

二、右富田方居宅内ノ模樣

（イ）右富田方ハ間口三間半奥行三間半ニシテ同家東北隅一坪カ玄關土間、其西隣ガ二疊ノ部屋其ノ二疊ノ部屋ノ南側ガ六疊ノ居間トナル其ノ六疊ノ居間ノ東側ニ一間ノ押入及三尺ノ床ノ間ヲ存ス而シテ右二疊ノ部屋ノ西側一坪半ガ臺所トナリ右六疊ノ部屋ノ西側ニテ右臺所ノ南側ニハ西寄一間ノ間ニ押入ヲ設ケ東寄三尺ノ間ハ開キ戸トナリテ唐紙ヲ建付ケ右押入ノ東側ニシテ右東側ノ六疊ノ部屋ノ南側ニハ東西ニ全長二間巾三尺ノ椽側アリ其ノ椽側ノ東端ニ三尺ノ便所ヲ設ク（別紙圖面第二參照）

（ロ）前示西側ノ六疊ノ部屋ヲ檢スルニ同室ハ東側ノ六疊ノ部屋トノ境ニ四枚ノ唐紙ヲ建付ケ臺所トノ境ニハ東寄一間ノ間ニ二枚ノ障子ヲ建付ケ西側一間半ノ間ニ中高窓ヲ設ケ硝子戸四枚及雨戸ヲ建付ケ居タリ

右西側ノ六疊ノ部屋ノ東北隅ニハ簞笥一棹ヲ置キ其ノ南側ニ茶簞笥ヲ置キ其ノ部屋ノ西側窓際ニハ南端ヨリ順次臺所際ニ至ル迄ノ間椅子、戸棚、箱、長火鉢、机ヲ置キ其ノ机ノ上ニラヂオ機械ヲ存シタリ

又右六疊部屋ノ中央ニハ切拔ノ炬燵アリテ其ノ内ニハ本檢證當時未ダ炭火ヲ存シ其ノ上ニ櫓ヲ据ヘ新モス側ノ蒲團ヲ掛ケ其ノ蒲團上ニハ小形便箋紙アリテ其ノ最上部ノ一枚ニ書置樣ノモノヲ認メアリタリ　又其ノ炬燵ノ南側ニハ前示戸棚ノ前ニ布片ヲ包ミタル厚紙ノ包紙及裁縫具針、紙入樣ノモノ等散亂シ其ノ東方約二尺ノ處ニ針箱、其東側ニ金屬製丸火鉢各一個ヲ存シタリ（別紙寫眞第一、二參照）

次ニ右六疊ノ部屋ノ東北隅ノ簞笥ノ前側ニハ南方ヲ枕ニシテ顏ヲ東方ニ向ケテ倒レ居タル死體ヲ存シタル處　立會人富田平助ハ右死體ハ同人ノ妻富田はる當四十九年ノ死體ナル旨說明シタルヲ以テ右死體ニ付檢スルニ右死體

ノ頭部下位ニハ昭和七年三月四日付報知新聞ヲ敷キ其ノ死體ノ顔面ノ東側ニハ多量ノ血液流出シ其ノ上ニ坐蒲團一枚ヲ掛ケ居タリ（別紙寫眞第三參照）

右死體ハ繻子半巾帶、セル前掛各一點、細紐三本、木綿縞ノ半纒長襦袢、富士絹ト綿セルノ腹合セノ襦袢、毛絲チヨツキ、晒布襦袢腰蒲團、富士絹腰卷、木綿パンツ各一枚ヲ着シ尚紐ノ附着セル鍵一個ヲ懷中シ居タリ

尚右死體ハ左手中指ニ金色指輪、右手食指ニ金色ニテ富田ト彫刻セル銀色指輪各一個ヲ嵌メ居タリ（別紙寫眞第五參照）

又同家臺所ノ東北隅ニ料理臺ノ如キモノアリ其ノ上ニ刄渡約五寸位ノ肉切庖丁一個ヲ存シタリ

本檢證ハ昭和七年三月五日午後八時五十分着手シ同日午後十時二十分終了シタリ

昭和七年三月八日

於東京地方裁判所

東京地方裁判所

裁判所書記　冬木　清印

豫審判事　遠野茂三郎印

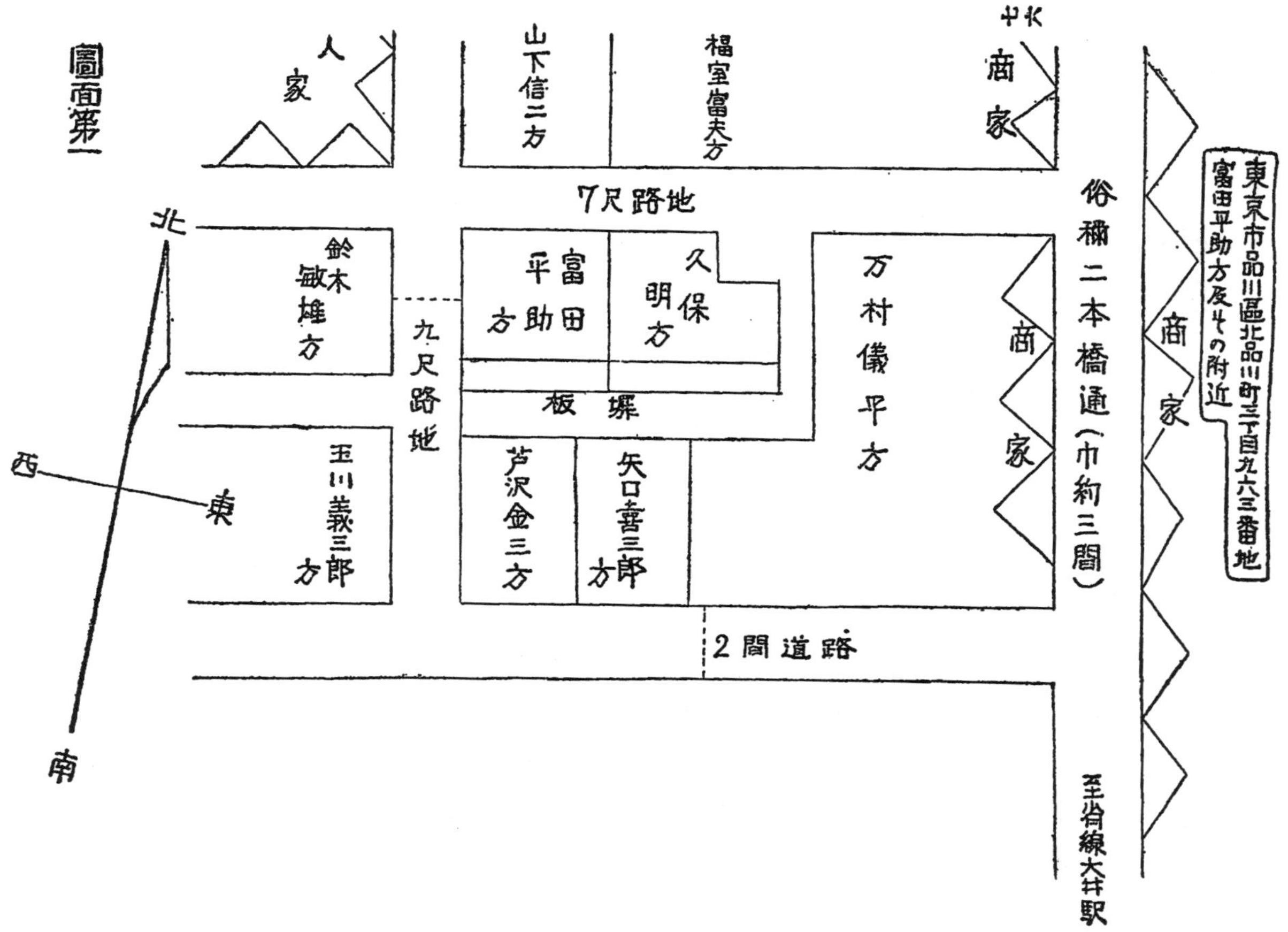
圖面第一
東京市品川區北品川町三丁目九六三番地
富田平助方及その附近
人家
山下信二方
福室富夫方
商家
7尺路地
北
南
西
東
鈴木敏雄方
九尺路地
玉川義三郎方
富田平助方
久保明方
板塀
芦沢金三方
矢口喜三郎方
万村儀平方
商家
俗稱二本橋通（巾約三間）
商家
2間道路
至省線大井駅

圖面第二

富田平助方屋内模様

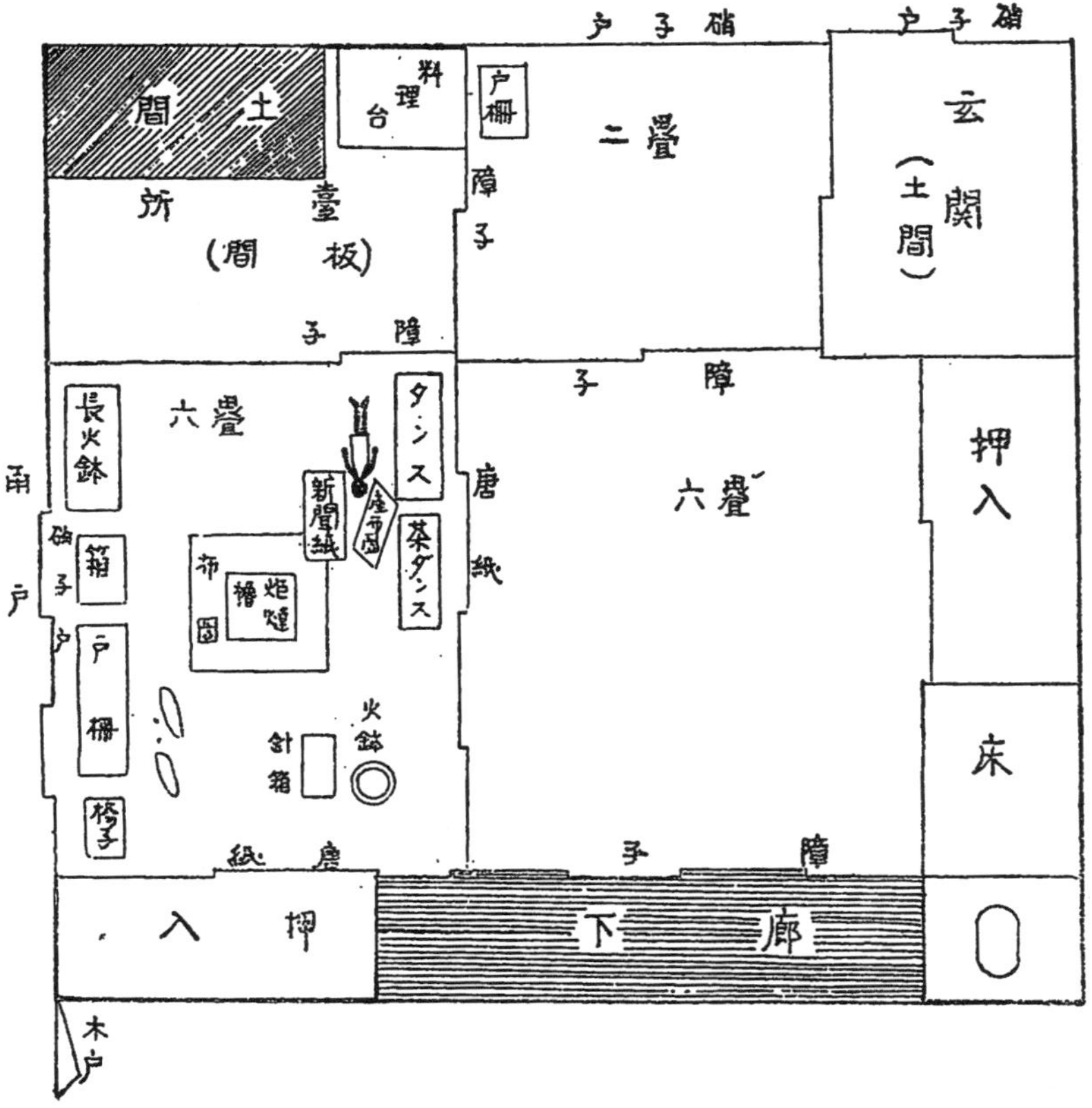

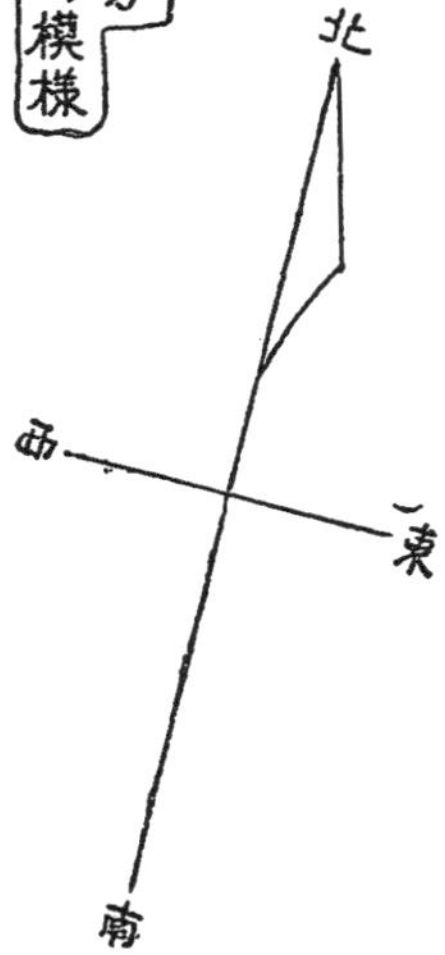

添付寫眞（省略）

第一……富田平助方西偶六疊間ノ模樣

第二……前同六疊間ヲ臺所ヨリ見タルモノ

第三……前同室內富田はる死體ノ模樣

第四……前同富田はる死體ノ上半身前面

第五……前同富田はるノ左耳下ノ刺創ノ模樣

〔註　四〕　檢事ノ强制處分ニ基キ豫審判事ノ爲シタル檢證調書デアル。

檢證ニ關スル一般的規定ハ刑訴法第百七十五條乃至第百八十三條デアッテ裁判所（豫審判事）ハ此ノ規定ニ從テ行動シナケレバナラナイコトハ勿論デアル。

檢證ニ付テハ調書ヲ作ルベキモノナルコト刑訴法第五十七條ノ明定スルトコロデアリ、尙コレニ關聯シテ同法第五十四條、第五十八條、第七十一條、第七十二條ヲ見ラレ度イ。

近來便宜ノ爲メ檢證調書ハ之ヲ記錄中ニ編綴セズ本記錄ヲ其ノ一、之ヲ其ノ二トシテ別冊ト爲スヲ通例トシ、本件ニ於テモ實物ハ左樣ナ形式デアルガ本書ニ於テハ此處ニコレヲ挿入シテ置クコトトスル。

鑑定人訊問調書

鑑定人　高山忠己

〔註五〕

被疑者富田次郎ニ對スル殺人被疑事件ニ付昭和七年三月七日東京帝國大學法醫學教室ニ於テ豫審判事遠野茂三郎裁判所書記冬木清立會ノ上右鑑定人ニ對シ訊問スルコト左ノ如シ

一、問　氏名、年齡、職業、住居ハ如何

答　年齡　當四十年

職業　東京帝國大學醫學部教授

住居　東京市世田谷區上馬町二丁目二百二番地

豫審判事ハ刑事訴訟法第二百二十八條第二百一條ノ規定ニ該當スルモノナリヤ否ヤヲ取調ベ其該當セザルコトヲ認メ虛僞ノ鑑定ノ罰ヲ告ゲ宣誓ヲ爲サシメタリ

豫審判事ハ鑑定人ニ對シ東京市品川區北品川町二丁目九百六十三番地富田はる當四十九年ノ死體ヲ解剖ノ上左記事項ノ鑑定ヲ爲スベキコトヲ命ジ其ノ鑑定及結果ハ鑑定書ニ依リ報告スベキ旨ヲ告ゲタルニ鑑定人ハ之ヲ承諾シタリ

鑑定事項

一、創傷ノ部位形狀程度

一、兇器ノ種類

一、死亡ノ原因

一、死亡ノ經過

以上

鑑定人　高山忠己㊞

右讀聞カセタル處相違ナキ旨申立署名捺印セリ

同日於同所作之

東京地方裁判所

裁判所書記　冬木清［印］

豫審判事　遠野茂三郎［印］

〔註六〕

宣誓書

良心ニ從ヒ誠實ニ鑑定ヲ爲スベキコトヲ誓フ

鑑定人　高山忠己㊞

〔註　五〕

鑑定人訊問調書

鑑定人　宮本敏男

被疑者富田次郎ニ對スル殺人被疑事件ニ付昭和七年三月七日東京帝國大學法醫學教室ニ於テ豫審判事遠野茂三郎裁判所書記多木清立會ノ上右鑑定人ニ對シ訊問スルコト左ノ如シ

問　氏名、年齡、職業及住居ハ如何

答　氏名　宮本敏男

年齡　當五十九年

職業　東京帝國大學醫學部教授

住居　東京市巣鴨區池袋町九百五十九番地

豫審判事ハ刑事訴訟法第二百二十八條第二百一條ノ規定ニ該當スルモノナリヤ否ヲ取調ベ之ニ該當セザルコトヲ認メ虚僞ノ鑑定ノ罰ヲ告ゲ宣誓ヲ爲サシメタリ

豫審判事ハ鑑定人ニ對シ東京市品川區北品川町二丁目九百六十三番地富田はる當四十九年ノ死體ヲ解剖ノ上左記事項ノ鑑定ヲ爲スベキコトヲ命ジ其ノ經過及結果ハ鑑定書ニ依リ報告スベキ旨ヲ告ゲタルニ鑑定人ハ之ヲ承諾シタリ

鑑定事項

一、創傷ノ部位形狀程度

一、兇器ノ種類

一、死亡ノ原因

一、死後ノ經過

以上

鑑定人　宮本敏男㊞

右讀聞ケタルニ相違ナキ旨申立署名捺印シタリ

同日於同所作之

東京地方裁判所

裁判所書記　冬木清㊞

豫審判事　遠野茂三郎㊞

〔註六〕

宣誓書

良心ニ從ヒ誠實ニ鑑定ヲ爲スベキコトヲ誓フ

鑑定人　宮本敏男㊞

〔註　五〕鑑定人訊問調書デアル。（刑訴法第五六條、第五四條、第七一條、第七二條）

鑑定人ハ證人ト同ジク國家機關カラ命ゼラレテ第三者トシテ國家ノ捜査ヤ裁判ノ行使ニ或種ノ資料ヲ提供スベキ者デアル。證人ノ方ハ專ラ自己ノ實驗シタル事實ニ付供述ヲ爲スモノデアルガ、鑑定人ノ方ハ國家機關ヨリ訴訟手續中供給セラレタル事實ニ付自己ノ特別ナル學識經驗ニ基キ新ニ爲シタル判斷ヲ報告スルノデアル。ダカラ特別ノ智識ニ依テ知リ得タル過去ノ事實ニ付テ訊ネル必要アルトキハソレハ鑑定人デナク證人デアル、俗ニ鑑定證人ト謂フテ居ル者之レデアル。（刑訴法第二三一條）

鑑定ニ關スル一般的規定ハ刑訴法第二百十九條乃至第二百三十條ニ定メラルル所デアツテ、コノ規定ニ從テ鑑定ノ處分ヲ爲スベキデアル。只注意スベキコトハ刑訴法第二百二十八條ニヨツテ總テ證人ノ規定ヲ準用シテ取扱ハルルコトニナツテ居ルカラ出頭義務、宣誓義務及鑑定義務ヲ負フコトナドモ皆ナ證人ト同ジデアルガ、唯鑑定人ハ出頭義務ニ違背シテモ勾引スルコトハ出來ナイ。

又檢事司法警察官ニ對シテ宣誓義務ヲ有シナイコトハ證人ト同樣デアツテ之ハ既ニ警察ノ部ニ於テ述ベタ所デアル。

鑑定ハ個人ニ命ズル場合ト官署、公署ニ囑託スル場合トアルノデアルガ（刑訴法第二三〇條）本件ハ個人ニ命ジタ場合デアツテ、又一人ニ限ルコトハナイノデ數人ニ爲サシメ得ルノデアル。本件ハ二人ニ個々ニ命ジテ居リソノ二人ヲシテ特ニ共同シテ報告ヲ爲ス樣ニ命ジテハ居ナイガ、共同シテ一個ノ鑑定書デ爲スコトハ之ヲ妨ゲナイノデアル。

（刑訴法第二二一條第二項）〔註七〕鑑定書參照）

大審院判例　鑑定人數名ニ對シ箇々ニ鑑定ヲ命ジタリトスルモ鑑定事項ガ同一ニシテ鑑定ノ經過及結果亦同一ナル以上數名ノ鑑定人ハ共同シテ一箇ノ鑑定書ニ依リ之ヲ報告スルヲ妨ゲズ（大正一五年れ第五四三號、同年五月二

十日大審院第五刑事部）

〔註　六〕　鑑定人ニ對シ宣誓ヲ爲サシメタル其ノ宣誓書デアル。（刑訴法第二二〇條）宣誓ヲ爲サシムベキヤ否ニ付テハ證人ト同樣コレガ法律上宣誓ノ出來ル者カドウカヲ取調ベテカラデナケレバナラナイ。（刑訴法第二二八條、二〇一條）

〔註七〕

死體解剖檢査記錄竝鑑定書

東京市品川區北品川町二丁目九六三番地
富田はる
當四十九年

昭和七年三月七日東京地方裁判所豫審判事遠野茂三郎ハ被疑者富田次郎ニ對スル殺人被疑事件ニ付キ右ノ死體ヲ解剖シテ左記事項ヲ鑑定スベキ旨余等ニ命ゼラレタリ

鑑定事項

一、創傷ノ部位形狀程度
一、兇器ノ種類
一、死亡ノ原因
一、死後ノ經過　以上

依テ同日午前十時三十分ヨリ東京帝國大學法醫學敎室解剖場ニ於テ同豫審判事裁判所書記多木淸立會ノ上高山忠己執刀宮本敏男補助之ヲ解剖スルニ其ノ所見左ノ如シ

第一　外表檢査

一、女性屍、體重三五八〇〇〇瓦、身長一四八、〇仙迷、全身皮色前面蒼白背面帶紫蒼白、死後ノ强直ハ腕、足關節ニ

於テ强ク存シ其ノ他ノ諸關節ニ於テハ稍緩解ノ狀ヲ呈ス直腸內溫度十八度五分ナリ

二、頭部、毛髮ハ後方ニ於テ束ネラレ長サ約五五、〇仙迷、黑色ニシテ密生ス、頭皮ハ一般ニ蒼白暗赤色乾血稍多量ヲ附着スルモ損傷ヲ認メズ

三、顏面蒼白

（1）中央部（前額部下部左右眼窩部及鼻梁上部ニ亘リ）約手掌面大ノ部ハ紫紅色乃至紫暗色班狀ヲ呈シ光澤ヲ帶ビ腫脹ス特ニ右眼窩部約鷄卵大ノ部ニ於テ其色著シ此等ニ割ヲ加フルニ皮下組織內ニ廣汎ナル出血ヲ認ム

（2）鼻先部正中ニ於テ麻實大三個左鼻翼下部ニ於テ麻實大一個右顴骨突起部內側ニ上下經〇、六仙迷長〇、二仙迷幅條ノ孰レモ赤褐色不正形表皮剝脫部ヲ散在ス此等ニ割ヲ加フルニ皮膚組織ハ同綠色ヲ呈シ少許ノ出血ヲ致シ皮下組織ハ蒼白ナリ

兩眼ハ輕ク閉ヅ、之ヲ開檢スルニ左眼瞼並ニ眼球膜蒼白蠶刺大乃至小豆大溢血班點多數ヲ存ス角膜ハ僅ニ溷濁セルモ中等大ノ瞳孔ヲ透見ス眼球ノ性狀柔軟ニシテ弛緩ス

（3）右眼瞼並ニ眼球結膜ハ淡褐色水腫狀ヲ呈シ蠶刺大乃至粟粒大溢血點並ニ小豆大出血班點多數ヲ存在ス角膜瞳孔及眼球ノ性狀左ニ等シ左右鼻腔內ニハ暗赤色乾血多量ヲ附着ス口ハ閉ヅ、口唇並口腔粘膜淡褐蒼白

（4）上口唇右側ニ於テ小豆大一個下口唇粘膜左側ニ於テ粟粒大三個ノ孰レモ不正形粘膜欠損部ヲ存シ暗赤褐色ヲ呈ス此等ニ割ヲ加フルニ粘膜並ニ粘膜下組織ニ出血ヲ認ム

（5）上口唇粘膜ハ殆ンド全般ニ亘リ小豆大乃至大豆大紫暗色ノ班點多數ヲ存シ腫脹ス、此等ニ割ヲ加フルニ粘膜下組織內ニ於テ廣汎ナル出血ヲ認ム

(6)下口唇粘膜左側ニ於テ豌豆大乃至小豆大數個ノ紫暗色變色部ヲ存シ此等ニ割ヲ加フルニ孰レモ粘膜下組織ニ於テ出血ヲ認ム

齒牙ハ上顎ニ於テ左側第一臼齒第二大臼齒、右側犬齒、第二、三大臼齒ヲ殘存シ其他ヲ欠如ス

(7)左側第一、第二各門齒齒齦部ニ相當シ齒齦面ハ空洞狀ヲ呈シ其ノ周圍ハ不正挫滅狀ノ創面ヲ露出シ出血ヲ認ム

該空洞狀二個ノ部分ニ相當シ齒齦粘膜前面ニ孰レモ小豆大紫暗色變色各一個ヲ存ス此等ニ割ヲ加フルニ各粘膜下組織內ニ同大ノ出血ヲ認ム

下顎齒齦面ハ一般ニ萎縮狀ヲ呈シ左側第二小臼齒、右側犬齒、第二大各齒ヲ殘存スル外各齒牙ヲ欠如ス其ノ他ニ損傷ナク口腔內ニハ少許ノ暗赤色血液ヲ存シ舌先ハ上下齒槽ノ間ニ在リ左右耳翼蒼白損傷ナク外聽道內ニ出血等ナシ其他顏面ニ損傷異常ヲ認メズ

四、頸　部

(8)左側頸部ノ上部乳頭突起部ノ下方約二、〇仙迷ノ處ニ於テ前後經ニ略水平ニ約二、三仙迷長ノ創傷一個ヲ存ス

創緣正鋭前創角ノ後約一、八仙迷ノ處ニ於テ小皮膚突起一個ヲ存シ下創緣ニ於テ之ニ相當シ小皮膚欠損一個ヲ認ム、前創角ハ鈍ニシテ約〇、二仙迷幅後創角ハ略正鋭、前創角部ノ周圍皮膚ハ乾固シ革皮狀觀ヲ呈シ所々表皮剝脫シ存ス、創面正鋭血液ヲ滲潤シ創洞ヲ形成シ該創洞ハ左方ヨリ略水平ニ右方ニ向ヒ深サ約七、〇仙迷長ヲ算ス

(9)前頸部正中頤部ノ直下ニ於テ小豆大(上下徑約〇、八仙迷長〇、三仙迷幅)淡褐色其下部ニ於テ豌豆大淡褐色各一個、アダム氏菓ノ左側上部ニ於テ左右徑ニ約二、〇仙迷長〇、三仙迷幅ノ淡キ淡褐色二條、同アダム氏菓右側上部ニ於テ小豆大二個淡褐色ノ孰レモ不正形ノ表皮剝脫ノ部ヲ散在ス

此等ニ割ヲ加フルニ皮膚組織ハ孰レモ同様色ヲ呈シ少許ノ點狀出血ヲ認ム

(10)其ノ他アダム氏菓右側上方ニ大豆大一個、小豆大一個、右下顎隅ノ二脂膜徑前方ニ於テ小豆大一個同下顎隅ノ後方ニ豌豆大一個ノ孰レモ紫暗色ニ透見セラルル部ヲ存ス此等ニ割ヲ加フルニ各皮下組織內ニ同大暗赤色ノ出血ヲ存ス

其他ニ損傷異常ヲ認メズ

五、胸腹部稍羸瘦シ左右乳房ハ小乳暈淡褐色徑約二、二仙迷乳嘴淡褐色大豆大、腹部ハ一般ニ膨滿シ淡青色調ヲ帶ブ

六、背部損傷異常ヲ認メズ

七、左上肢

(11)上膊外側上部(骨頭部前側)ニ小豆大一個、手背面中央下部ニ亘リ約鶩卵大一個手掌面中央部ニ於テ約小豆大一個孰レモ紫暗色ニ透見セラルル部ヲ存ス此等ニ割ヲ加フルニ皮下組織內ニ各同大ノ赤色出血ヲ認ム

其他ニ損傷異常ナク中指ニ銀色指環一個ヲ嵌ム爪ハ約〇、一仙迷長爪床ハ帶紫蒼白ナリ

八、右上肢

(12)前膊外側中央部ニ於テ小豆大一個手背面外側下部ニ大豆大一個無名指上部ニ豌豆大一個孰レモ紫暗色ニ透見セラルル部ニ存ス此等ニ割ヲ加フルニ孰レモ皮下組織ニ於テ同大ノ出血ヲ認ム

(13)手背面前側下部ニ於テ豌豆大一個、中央下部ニ於テ同大二個ノ淡褐色表皮剝脫ヲ存シ此等ニ割ヲ加フルニ皮膚組織ハ同様色ヲ呈シ少許ノ出血ヲ存シ皮下組織ハ蒼白ナリ

其他ニ損傷ナク無名指ニハ銀色(横ニ富田ノ刻印並列シ其部分ハ楕圓形ニシテ金色ヲ呈ス)指環ヲ嵌メ爪ノ性狀

左ニ等シ

九、左下肢　損傷異常ナク爪ハ短截セラレ爪床ハ蒼白ナリ

十、右　下　肢

(14) 大腿內側下部膝蓋部內側ニ於テ小豆大淡紫紅色一部一個ヲ存シ之ニ割ヲ加フルニ皮下組織內ニ於テ同大暗赤色ノ出血ヲ認ム

其他ニ損傷ナク爪ノ性狀左ニ等シ

十一、外陰部、陰阜ニハ約五、〇仙迷長ノ黑色陰毛叢生シ大陰唇淡褐色、小陰唇ハ暗褐色出血損傷ヲ認メズ

十二、肛門ハ閉ヂ周圍ニ糞便ノ汚染ナシ

第二　內景檢査

甲　頭腔開檢

十三、頭皮ヲ式ノ如ク横斷開檢スルニ軟部組織ハ前半竝後半共ニ蒼白

(15) 顱頂部中央部ニ於テ小胡桃大落層ノ出血一個ヲ認ム

左右顳顬筋淡褐色出血ナシ頭蓋骨ヲ鋸斷開檢スルニ骨ノ厚サ〇、二乃至〇、六仙迷骨折縫合離間等ナク板障ノ血量中等度ナリ縱竇內ニハ暗赤色流動血少許ヲ存シ硬腦膜淡褐色腱樣滑澤出血斷裂等ノ異常ナシ血管網充盈ノ度ニ乏シ横竇內ニハ前記同樣少許ヲ存シ底面ノ硬腦膜性狀穹窿部ニ等シク頭蓋面ニ骨折出血等ノ異常ナシ

十四、腦重量一二八〇、〇瓦大サ一八、〇—一四、〇—八、〇仙迷、質軟、軟腦膜蒼白透明血管網充盈ノ度中等、軟腦膜下ニ出血等ナシ、左右側室內ニハ淡褐色液少許ヲ存シ室壁ノ血管網充盈ノ度少ナシ大腦皮質ノ血點著明ナラズ線狀

體、視神經床、內外囊ニ出血等ナシ第三腦室菱形窩ニ異液ナシ小腦、腦脚、腦橋及延髓等ニ出血其他ノ異常ナシ基礎動脈走行尋常內膜蒼白異常ナシ

乙 胸腹腔開檢

十五、胸腹部ノ正中ヲ式ノ如ク縱斷開檢スルニ皮下脂肪組織ノ發育貧、筋肉淡赤褐色出血ナク骨ニ肋骨折等ナシ腹壁腹膜蒼白腱様滑澤出血ナシ大網膜ハ諸腸ノ前面ヲ被ヒ脂肪沈着ノ度ニ乏シ諸腸ノ含氣量多ク漿膜面蒼白腸內膜脂肪沈着ノ度少ナク血管網充盈ノ度著ク貧、肝臟ノ下緣ハ略右肋上緣ニ位シ脾腎等腹腔臟器ノ位置ニ異常ナク同腔內異液ナシ横隔膜ノ高サ左右共ニ第五肋間ニ位ス

其ノ一 胸腔臟器

十六、胸腔ヲ開檢スルニ前縱隔竇脂肪沈着少ナク胸腺ハ殆ンド脂肪纖化シ存シ左右胸腔肋膜面執レモ纖維性癒着ヲ營ミ同腔內異液ナシ

十七、心囊內ニハ淡褐色稀薄液約五、〇立方仙迷ヲ存シ漿膜面蒼白溢血ナシ

十八、心臟大サ本屍手拳ニ比シテ稍大、外膜下脂肪沈着ノ度稍多ク漿膜面蒼白平滑溢血點ナク血管網充盈ノ度ニ乏シ硬度ハ柔軟ニシテ弛緩ス各心房竝ニ心室內殆ト空虛心臟剔出ノ際周圍ノ大血管ヨリ小軟凝血一個ヲ混ズル暗赤色流動血約四〇、〇立方仙迷ヲ洩ラス心臟重量三、〇〇瓦左心室腔ノ大サ尋常、內膜淡褐色平滑僧帽辨肉柱腱索乳嘴筋ニ異常ナク壁ノ厚サ約一、一仙迷筋肉淡褐色光澤ニ乏シ念房內膜蒼白平滑、右心室腔ノ大サ尋常、內膜淡褐色平滑肺動脈辨肉柱腱索乳嘴筋ニ異常ナク壁ノ厚サ〇、三仙迷筋肉淡褐色同心房內膜蒼白平滑大動脈起始部ノ幅六、一仙迷、內膜蒼白平滑同辨膜ニ異常ナシ冠狀動脈走行尋常內膜蒼白平滑所々ニ粟粒大乃至麻實大淡キ脂厚斑數個ヲ存ス

十九、肺重量三五〇、〇瓦大サ二〇、〇—一四、〇—一五、〇仙迷、表面前記ノ如ク纖維性絮狀片膜多數ヲ附着シ剝離ニ際シ其一部ハ實質欠頂シ淡褐色溢血點ナシ壓ニヨリ一般ニ嘩啜ヲ感シ硬結ヲ觸レズ硬度ハ無水海綿樣柔軟割面淡褐色壓ニヨリ泡沫ヲ混スル暗赤色液ヲ洩ラスコト一般ニ少ナク血量少ナシ氣管技內ニハ淡褐色粘液少許ヲ存シ粘膜淡褐色平滑肺內部ノ淋巴線小豆大乃至大豆大ノモノ數個剖面黑褐色ヲ呈ス

二十、右肺重量四〇七、〇瓦大サ二四、〇—一四、〇—一六、〇仙迷表面前記ノ如ク纖維性絮狀片多數ヲ附着シ蒼白壓ニヨリ一般ニ嘩啜ヲ感シ硬結ヲ觸レズ硬度ハ柔軟剖面淡褐色壓ニヨリ泡沫ヲ混ズル淡褐色液少許ヲ洩ラス血量少ナシ氣管技內ニハ淡褐色粘液中量ヲ存シ粘膜淡褐色平滑肺內部ノ性狀左ニ等シ

二十一、頸　部

(16)前記左側頸部ノ創傷ニ相當シ軟部組織內ニ廣汎ナル出血ヲ存シ其創洞ハ左側頸部及後咽頭軟部組織ヲ正鋭ニ截斷穿通シ同後咽頭右側軟部組織間ニ終ル其間左內頸動脈ニハ總頸動脈分岐部ノ直上方ニ於テ其外側ニ水平ニ約〇、五仙迷長ノ正鋭ナル創傷一個ヲ形成シ內腔ニ通ジ同位ニ於テ左內頸靜脈ヲ全斷シ存ス食道ニ損傷ナク第三頸推骨體部前面上部ニ於テ左右頸約二、〇仙迷長深サ約〇、二仙迷ノ正鋭ナル骨截痕一條ヲ留メ孰レモ出血ヲ認ム全創洞ハ左方ヨリ略水平ニ右方ニ向ヒ全長約七、〇仙迷ヲ算ス

(17)右側頸部軟部組織內ニ廣汎ナル出血ヲ認ムルモ大血管ニ損傷ヲ認メズ右形態尋常、表面ニ於テ少許ノ暗赤褐色血液ヲ附着ス割面淡褐色出血ナシ舌根部竝咽頭ノ淋巴裝置發育著明、咽頭竝食道ニ損傷ナク內ニハ淡赤褐色血液ヲ混ズル粘液少許ヲ存シ粘膜蒼白平滑損傷ナシ喉頭竝ニ氣管ニ損傷ナク粘膜蒼白平滑ナリ暗褐色粘液少許ヲ存ス舌骨竝喉頭ノ諸軟骨ニ骨折ナシ甲狀腺左右共ニ拇指頭大、割面淡褐色膠樣觀ニ富ミ血量少ナシ

其ノ二　腹腔臓器

二十二、脾臓重量一七八、〇瓦大サ一二、五—九、〇—四、〇仙迷表面帯紫淡赤褐色平滑硬度ハ軟ニシテ弛緩ス割面淡紫褐色脾材臚胞ノ像分明血量著シク少ナシ

二十三、左腎重量九六、〇瓦大サ一〇、三—五、〇—三、五仙迷莢膜剝離容易表面淡褐色平滑硬度ハ軟ニシテ弛緩ス割面淡褐色皮質髓質ノ別分明、皮質ハ一般ニ稍狹シ血量少ナシ腎盂周圍脂肪波着ノ度少ナシ粘膜蒼白平滑溢血點ナシ

二十四、右腎重量一一四、〇瓦大サ一一五—五、〇—三、五仙迷莢膜剝離容易表面ノ色性狀割面ノ色性狀竝ニ腎盂ノ性狀左ニ等シ

二十五、膀胱內空虛粘膜淡褐色平滑血管充盈ノ度少ナク溢血點ナシ

二十六、胃ハ腐敗瓦斯ニヨリ膨滿シ內ニ未消化ノ米飯粒、豆及菜片等ヲ混ズル淡褐色內容約五〇、〇立方仙迷ヲ存シ粘膜蒼白平滑粘膜欠損出血等ナシ

二十七、指腸內竝ニ空腸內殆ド空虛未消化ノ菜片數個ヲ認ム廻腸內殆ンド空虛粘膜孰レモ蒼白平滑粘膜出血等ナシ大腸內ニハ淡黃褐色ノ軟便稍多量ニ存シ內ニ未消化ノ小豆皮多量ヲ混ズ粘膜蒼白平滑虫様突起ノ長サ八、〇仙迷先端迄開通シ內ニ異物ナシ

二十八、肝臓重量九〇〇、〇瓦大サ二四、〇（內右一四、〇）—一三、〇—五、〇仙迷表面帯紫淡褐色顆形狀（麻實大乃至小豆大）ヲ呈シ凹凸不平粗糙硬度ハ柔軟割面淡黃褐色凹凸不平小葉麻實大乃至半米粒大不正割面ノ胆管血管ノ像ニ異常ナク血量少ナシ胆囊內ニハ鮮黃色胆汁約三、〇立方仙迷ヲ存シ粘膜同様色ニ染リ平滑ナリ

二十九、膵臓形態尋常長サ一七、〇仙迷割面淡褐色小葉ノ像尋常出血等ナク血量少ナン

三十、内陰部腔内ニハ白色乳様粘液中等量ヲ存ス子宮口ハ横裂状ヲ呈シテ小、子宮形態尋常長サ八、〇仙迷幅六、〇仙迷（底部）三、五仙迷（頸部）高サ四、〇仙迷（底部）三、〇仙迷（頸部）子宮腔内ニハ淡褐色粘液多量ニ存シ内膜蒼白平滑左右卵巣梅干大割面蒼白卵胞等ヲ認メズ

三十一、胸腹部大動脈内ニ暗赤色流動血少許ヲ存シ内膜蒼白平滑其幅四、五仙迷（横隔膜附着部）三、六仙迷（總腸骨動脈分岐部）ナリ

三十二、本屍ノ血液種屬ハA型（Ⅱ族）ニ屬ス

右ニテ解剖檢査終了時ニ午後一時七分也

説明

一、本屍體中頸部外表ニ於テ左側頸部上方（乳頭突起ノ下方約二、〇仙迷ノ處）ニ創傷一個ヲ存シ前後經ニ略水平ニ位シ創口大サ約二、三仙迷長創洞ヲ形成シテ左方ヨリ略水平ニ右方ニ向ヒ深サ約七、〇仙迷（8）創底ハ第三頸推骨體部前面骨質（約二、〇仙迷長深サ約〇、二仙迷）ニ達ス其間左側内頸動脈ニ同管腔内ニ及ブ約〇、五仙迷長サノ創傷ヲ形成シ（16）其創緣創面創洞ハ正鋭ナルノミナラズ前記ノ如ク頸椎骨ニ正鋭ナル截痕ヲ留メ創洞ヲ形成シ該創傷周圍ヨリ右側頸部ニ及ブ廣汎ナル出血ヲ認ム（16）（17）（檢査記錄第四第二十一項）故ニ創傷ハ本屍ノ生前細長鋭利ナル刄器ノ刺入ニ由テ生ジタル刺創トス而シテ該刺創ハ創口大サ約二、三仙迷長細長横狀ヲ呈シ其處ノ邊幅約〇、二仙迷創洞深サ約七、〇仙迷ヲ算スルヲ以テ前記ノ刄器ハ其幅二、三仙迷及外厚サ（棟）〇、二仙迷内外長サ七、〇仙迷以上ヲ有スルモノト認ム

二、本屍ノ全身殊ニ顔面ハ蒼白ニシテ内臓器ハ一般ニ血量ニ乏シク心臓内殆ンド血液ナク（同記錄第一、第十三乃至第十

五、第十八乃至第二十五、第二十八及第二十九項）所謂亡血ノ像ヲ呈ス

該失血ハ前項左側內頸靜脈特ニ內頸動脈ノ截口ヨリ迸出シタルモノニシテ本屍ノ死因モ亦實ニ玆ニ存シ則チ頸部刺創ニ基ク失血トス

三、本屍體中外表顏面ニ於テ其中央上部約手掌面大ハ紫紅色乃至紫暗色ヲ呈シ腫脹シテ光澤ヲ帶ヘル部分（1）ハ皮下組織間ニ廣汎ナル出血ヲ存シ殊ニ右眼嵩部約雞卵大ノ部分ハ其度著シク（1）且ツ右眼瞼竝眼球結膜ハ淡褐色ニシテ水腫狀ヲ呈ス（3）（同記錄第三項）

故ニ本屍ノ生前右眼嵩部ニ鈍體ノ劇烈ニ作用シタルモノトス

其他顏面鼻先部ノ麻實大三個右鼻翼下部ノ麻實大一個右顴骨突起部內側ノ上下經約〇、六仙迷長〇、二迷仙幅一條等ノ赤褐色表皮剝脫（2）上下兩口唇粘膜ノ小豆大乃至大多數ノ紫暗色斑、粟粒大乃至小豆大四個ノ不正形粘膜剝脫（4）（5）（6）上顎左側第一、第二門齒ノ脫落（7）等（同記錄第三項）

頸部ニ於テ前頸部正中顋部直下ノ小豆大其下部ノ麻實大各一個アダム氏菓ノ左側上部ノ左右經約二、〇仙迷長〇、三仙迷幅二條同右側上部ノ小豆大三個ノ表皮剝脫及全部ノ大豆大一個、小豆大二個右下顎間ノ二指横徑前方ノ小豆大一個及同後方ノ豌豆大一個ノ紫暗色斑（9）（10）（同記錄第四項）

左上肢ニ於テ上膊外側上部ノ小豆大、手背面ノ鶩卵大手掌面ノ小豆大各一個ノ紫暗色斑（11）右上肢ニ於テ前膊外側中央ノ小豆大手背面ノ大豆大無名指ノ豌豆大各一個ノ紫暗色斑及手背面ノ麻實大三個ノ表皮剝脫（13）（同記錄第七及第八項）

右下肢ニ於テ膝蓋部內側ノ小豆大淡紫紅色斑（14）（同記錄第十項）

等ハ孰レモ出血ヲ伴フヲ以テ本屍ノ生前鈍體ノ作用ニ由テ生ジタルモノトス

頭部軟部組織ニ於テ顱頂部中央前部ニ存スル小胡桃大ノ出血(15)（同記錄第十三項）ハ頭部外表ニ於テ損傷異常ヲ認メザルモ本屍生前頭部ニ鈍體ノ作用シタル證跡トス

四、本屍ノ死後强直ハ腕及足關節ニ於テ强ク存スルモ其他ノ諸關節ニ於テ稍緩解ノ狀ヲ呈シ中等大ノ瞳孔ヲ透見スルモ角膜ハ微ニ溷濁シ眼球ノ性狀ハ柔軟ニシテ弛緩シ腹部ハ一般ニ膨滿シ淡青色調ヲ帶ブ（同記錄第一第三及第五項）故ニ本屍ノ死後經過時間ハ四十八時間內外ト推測ス

五、本屍ノ內外陰部竝ニ其周圍ニ出血損傷等ノ異常ナシ（同記錄第十一項）

鑑　定

前記解剖所見竝ニ說明ノ理由ニ據リ鑑定スルコト左ノ如シ

一、本屍體中

頸部ニ於テ左側頸部上方ニ刺創一個ヲ存シ前後經ニ略水平ニ位シ創口細長楔狀ヲ呈シ大サ約二、三仙迷長創洞深サ約七、〇仙迷左方ヨリ略水平ニ右方ニ向ヒ創底ハ第三頸椎骨ニ達シ其間左內頸動脈ニ約〇、五仙迷長管腔ニ及ブ截斷ヲ存ス（8）（16）

頸部ニ於テ顱頂部中央前部ニ小胡桃大ノ軟部組織間出血一個(15)顏面ニ於テ其中央上部約手掌面大ノ紫紅色乃至紫暗色ヲ呈セル臚脹殊ニ右眼嵩部約雞卵大ノ部分ニ於テ著シク且右眼瞼竝ニ眼球結膜ノ水腫(1)(3)鼻先部ニ三個右鼻翼下部ニ一個ノ各麻實大、右顴骨突起部內側ニ上下徑ニ約〇、六仙迷長〇、二仙迷幅一條ノ表皮剝脫（2）上下兩口唇ニ小豆大乃至大豆大多數ノ暗紫色斑粟粒大乃至小豆大四個ノ不正形表皮剝脫(4)(5)(6)及上顎左側第一、第二門齒

ノ脱落(7)

頸部ニ於テ前頸部正中頤部ノ直下ニ小豆大其下部ニ麻實大各一個アダム氏菓ノ左側上部ニ左右經約二、〇仙迷幅二條

同右側上部ニ小豆大二個ノ表皮剝脫アダム氏菓右側上方ニ於テ大豆大一個右下顎隅ノ二指横徑前方ニ小豆大同下方ニ

豌豆大各一個ノ紫暗色斑(9)(10)

左上肢ニ於テ上膊骨頭部ニ小豆大、手背面ニ鷄卵大、手掌面ニ小豆大各一個ノ紫暗色斑(11)

右上肢ニ於テ前膊外側ニ小豆大、手背面ニ大豆大、無名指ニ豌豆大各一個ノ紫暗色斑及手背面ニ麻實大三個ノ表皮剝

脫(13)

右下肢ニ於テ膝蓋部ニ小豆大一個ノ淡紫紅色斑(14)

等ノ損傷ヲ存在ス

二、前記ノ刺創ハ其幅二、三仙迷內外厚サ〇、二仙迷內外長サ七、〇仙迷以上ヲ有スル細長銳利ナル刄器ニ由ルモノト

認ム

爾餘ノ損傷ハ鈍體ノ作用ニ由來スルモノトス

三、本屍ノ死因ハ頸部刺創ニ基ク失血トス

四、本屍ノ死後經過時間ハ四十八時間內外ト推測ス

以　上

此鑑定日數ハ昭和七年三月七日ヨリ同年同月十四日ニ至ル八日間ス

昭和七年三月十四日

東京地方裁判所囑託

鑑定人　高　山　忠　己㊞

東京地方裁判所囑託

鑑定人　宮　本　敏　男㊞

〔註　七〕　鑑定人ガ鑑定ノ結果爲シタル報告即チ鑑定書デアッテ、兩鑑定人共同シテ報告シタモノデアル。（前出〔註五〕大審院判例）

尚本鑑定ハ裁判所外タル帝國大學ニ於テ死體ヲ鑑定人ニ交付シテ鑑定ヲ爲サシメタルモノデアル。（刑訴法第二二二條）

〔註 八〕

一金百圓也

右ハ被疑者富田次郎ニ對スル殺人被疑事件ニ付富田はる死體解剖鑑定日數自昭和七年三月七日至昭和七年三月十四日八日間ノ内（三月七日、八日、十日、十三日、十四日）ノ五日分日當但鑑定人壹名ニ付一日金拾圓之割

右之通請求候也

昭和七年三月十四日

東京帝國大學醫學部法醫學敎室
東京地方裁判所醫務囑託
鑑定人 高山忠己㊞

東京帝國大學醫學部法醫學敎室
東京地方裁判所醫務囑託
鑑定人 宮本敏男㊞

東京地方裁判所 豫審判事 遠野茂三郎殿

前記請求金百圓正ニ領收候也

昭和七年三月十五日

認可	昭和七年三月十五日
	印

右鑑定人日當受取代理

島村輝太郎㊞

〔註八〕　鑑定人カラ日當ノ請求ヲ爲シコレヲ許可シタモノデアル（刑訴法第二二九條）。コレガ訴訟費用デアルナラ後ニ被告人ガ刑ノ言渡ヲ受クルトキハコレヲ被告人ニ負擔サセナケレバナラナイ（刑訴法第二三七條以下）。然ラバ訴訟費用ト謂フノハ何カト云フト、刑事訴訟費用法ト云フ法律ガアリ其ノ第一條ニ公訴ニ關スル訴訟費用ナルモノガ定メテアル。ソレヲ見ルト豫審又ハ公判ニ付呼出シタル證人、鑑定人云々トアリテ、一見コノ日當モ訴訟費用ノ如ク見ユルガ、コノ刑事訴訟費用法ニ所謂豫審トハ訴訟手續ノ段階ニ於ケル豫審ヲ謂フノデアツテ、處分其ノモノハ豫審判事ガ爲シテモソレガ檢事ノ强制處分ノ請求ヨリ生ジタモノデアルナラバ、其ノ處分ハヒロク搜査ノ段階ニ於テ爲サレタルモノデアツテ、嚴格ナ意味ニ謂フ訴訟手續カラ見レバ其ノ手續前ノ國家活動タル搜査ノ爲メノ費用デアツテ、刑事訴訟法上ノ訴訟費用トハナラナイノデアル（大正一三年五月二九日司法省令第一一號證人、鑑定人、通事、又ハ飜譯人ニ旅費、日當及止宿料給與ノ件參照）。

〔註九〕

聽取書

東京市品川區北品川町二丁目九六三番地　無職

富田次郎

當二十五年

右之者昭和七年四月一日本職ニ對シ左ノ通リ陳述ヲ爲シタリ

一、前科ハアリマセンガ三回窃盗又ハ強姦ノ嫌疑デ取調ベヲ受ケタ事ガアリマス

二、今回繼母はるヲ殺害シ金ヲ取ツテ逃ゲタ事ニ付キ取調ヲ受ケマシタガ左ニ詳細申上度イト思ヒマス

三、私ガ十歳ノ時實母マサ子ニ死別シ父平助ノ手デ一年許リ育テラレ十一歳ノ時父ガ私ヲ連レテ富田はるガニ入夫婚姻シタノデ爾來はるト三人同居シテ來マシタガ十六歳迄品川區十反町四百九十四番地ニ居住シ十六歳ヨリ二十五歳ノ本年一月迄品川區南品川町千二百二十一番地ニ居住シ後肩書地ニ移リ今日ニ至ツテ居ツタノデス

私ガ成長スルニ及ビ爲サヌ仲ノ母トノ折合ガ惡ク殊ニ十六歳後ニ至ツテ何事カアルト私ヲ毆ツタリ致シマシタ處ガ入夫シテカラ間モナク　死ンダ實母ノ位牌ヲ燒キ棄テ或ハ私丈ケヲ除籍シ　更ニ昭和四年二、三月頃一旦父ノ籍ヲ拔イテ私ヲ富田家ノ戸主トシテ自分等ハ分家ノ手續ヲ執ツタリ　更ニ其ノ後父ヲ入籍スル等勝手ニ私ノ戸籍面ヲ移動サセテ居ル事ガ判ルニ連レ繼母ノスル事ガ事毎ニ癪ニ障ツテ戸籍ノ事デロ喧嘩ヲシテハ母ヲ毆ル事モアリマシタ　其

ノ後私ガ昨年十一月二十三日歩兵第一聯隊ヲ除隊スルニ當リマシテモ私ヲ迎ヘニ來ズ友人等ガ兩親ニ迎ヘラレテ元氣良ク歸ルノヲ見テ淋シイ氣ニ爲ルト同時ニ母ノ仕打ガ怨メシクナリマシタ．除隊後ハ職モ無ク父モ承知デ家ニ遊ンデ居リマシタガ　此ノ間モ或ハ父ノ在宅中或ハ不在中戸籍ノ事デ喧嘩ヲシマシタ　父ハ大井工場ニ勤メテ居リマスガ常ニ繼母トハ喧嘩一ツスル事モ無ク　私ガ戸籍ノ事デ繼母ト爭フト仲ニ立ツテ宥メルト云フ樣デアリマシタ　父ガ如何ナル理由デはるト人夫婚姻シタカ私ニハ判ラナイノデス　別ニはるニハ財産ガアルト云フ譯デモ無イノデス　繼母ハ何デモ父ト一緒ニ爲ル迄ハ全ク男ヲ持ツタ事ガ無イト云フ話デ無論子供モアリマセン　從而私ハ圓滿ニ育テラレテ良イ筈デスガ　何トハナシニ性ガ合ハヌト云フノカ私ガ嫌デ追ヒ出サウトシテ色々策略ヲ廻シテ居ツタノデス　コウナレバ私トシテモ繼母ノ仕打ガ惡クナリ母ニ仕ヘル氣モ起ラズ食事モ殆ト母ト二人デ食ベタ事ハアリマセン

四、本年三月五日午前七時頃平素ノ如ク父ガ母ト二人デ食事ヲ濟マセタ頃ニハ別室六疊ノ間ヲ掃除シテ居タノデス父ハ未ダ私ガ寢テ居ルモノト思ツテ出テ行キマシタ　其處デ二人限リニ爲ツタ私ハ母ト食事ヲスルノガイヤデスカラ朝飯ヲヌカシテ隣ノ炬燵ニ當リ新聞ヲ見テ居ルト母ハ側デ針仕事ヲシテ居リマシタ　母ハ私ノ左手ニ臺所ニ向ツテ居リマシタ

間モ無ク十一時過頃又何時モノ如ク戸籍ノ事ヲ語リマシタラ母ハ色々ノ事ヲ云ツテ私ニ食テ掛リ軈テ自分デ立ツテ箪笥ノ抽斗カラ戸籍樣ノモノヲ出シテ見テ居リマシタノデ　私ガ見セテ呉レト云ツタラオ前ノ知ツタ事デハ無イト云ヒ乍ラ又座ツテ針仕事ヲ始メマシタ　此ノ時母ノ膝下ニ黑表紙ノ手帳ガアツタノデ何心ナクソレヲ見テ遣ラウト思ヒ手ニ取ツタラ母ハ驚イテソンナ物ハオ前ノ見ルモノデハ無イト云ヒ乍ラ奪ヒ返ヘサウトシマシタノデ　其ノ手ヲ拂ヒ

マシタガ取リ返サレテ仕舞ヒマシタ　仍テ私ハ母ニ「見セラレナイノハ何カ隱シ事ガアルカラダロウ見セロ」ト云ツテ又取ラウトシマシタ　母ガ其ノ場デ私ノ手ヲ叩イタノデ私モ癪ニ障リ左手デ母ノ左肩ノ邊ヲ突キマシタ母ハ左手デ體ヲ支ヘ起キ直ル瞬間ニ其ノ場ニ在ツタ針仕事用ノ小サイ鋏ヲ取リ上ゲテ私目掛テ投ゲ付ケマシタ

此ノ時檢事ハ昭和七年押第四〇七ノ十五ヲ示シタリ

私ハ體ヲ曲ゲテ之ヲ避ケタノデ當リマセンデシタガ　私ハ何ヲ亂暴スルカト云フト母モ立上リ私ニ向ツテ來テ胸ヲ突キ「出テ行ツテ吳レ」ト云ヒマスカラ　私ハ「何モ貴女ニ出テ行ケト云フ權利ハ無イデセウ」ト爭ヒマスト母ハ私ガ肩ヲ突イタ爲メヨロケ一旦倒レテ　起キ上ルヤ私ノ右手ノ甲ニ嚙付イテ來タノデ　私モ愈々腹ガ立チマシタカラ額ヲ手デ毆リ付ケ續イテ左手デ咽喉ヲ押ヘ付テ其ノ場ニ倒シ尙ホモ左手デ押ヘ右手デ顏面ヲ毆リマシタ

其ノ際一層此ノ儘兩手デ咽喉ヲ絞メ付ケテ殺シテ仕舞フト思ヒマシタガ　母ガ左手ニ兩手デ嚙ミ付キマシタノデ一旦左手ヲ外シ右手デ押ヘマシタ母ハ人殺シトカ誰カ來テ吳レト大聲ヲ出シ丁度其ノ時外デ數人ノ通行人ガアツタノデ萬一外部ノ人ニ氣付カレ飛込ンデ來ラレテハ大變デアルノミナラズ此ノ儘咽喉ヲ絞メルニハ相當時間ガ掛ルノデ通行人ガ通ツタ時一寸手ヲ緩メマシタ處ガ人モ其ノ儘行キ過ギタ樣デシタカラ更ニ右手デ母ノ鼻ト額面一帶ヲ數回毆ツテ抵抗出來ナイ樣ニシテ遣リマシタ　鼻血モ出マシタシ口カラモ齒ノ血ガ出タ樣デシタ

餘リ毆ツタノデ母モ殆ント抵抗出來ナクナリ頸ヲ右ヘ曲ケテ仰向ニ爲ツタ儘兩手デ目ノ邊リヲ押ヘ「イタイ〱」ト云ツテ居リマシタ

私ハ此ノ時ソウ云ハレマシタノデ一層ノ事殺シテ仕舞フト決意シ直チニ臺所ニ飛ンデ行キ棚ニアツタ肉切庖丁ヲ持ツテ來テ母ノ右肩ノ所ニ片膝ヲ疊ニ付テ右膝ヲ立テ左腕デ母ノ右肩ヲ押ヘ左ノ手デ咽喉部ヲ絞メ付ケ半身胸ノ上ニ乗リ

掛ル樣ニシテ右手ニ持ツタ肉切庖丁デ母ノ左頸筋ヲズカツト一突ニ突キマシタ

母ハ其ノ瞬間「イタイ」ト叫ビマシタガ間モ無ク血ガ二、三寸ノ高サニ噴キ出シマシタノデ驚イテ私ハ立上リ庖丁ヲ母ノ足下ニ投ゲ捨テ暫時母ノ頸ノ所ニ立ツテ樣子ヲ見テ居リマシタ、母ハゴツクリ〳〵トシヤクル樣ナ樣子デシタガ間モナク「南無阿彌陀佛」ト一回極ク低イ聲デ唱ヘ其ノ儘死ンデ仕舞マシタ

私ハ餘リ出血ガ甚シイノデ　母ノ上半身ノ下ニ新聞紙二枚ヲ敷キ血ガ疊ニ着クノヲ除キ更ニ頸ヲ炬燵ノ次ニ在ツタ母ノ使ツテ居タ座蒲團一枚ヲ掛ケテ頭ヲ隱シマシタ

五、庖丁デ殺シテ仕舞フ迄ハ別ニ高飛シ樣ト云フ考ヘハ少シモ無カツタノデスガ此ノ上ハ實母ノ里方ヘ歸ツテ祖母ニ一切ヲ打明ケ祖母ノ出樣ニ依ツテ土地ノ警察ニ自首シテ出樣ウ然シ國ヘ行ク旅費モナイカラ取ツテ行カウト考ヘ母ノ懷ニ手ヲ入レタラ蟇口ト鍵ガアツタノデソレヲ取リ炬燵ノ上ニ蟇口ヲ置キ簞笥ノ上ノ分ノ一番下ノ深イ抽斗ヲ開キマシタラ袋ニ入ツタ金ガ十圓札三枚ト一圓札三枚ガアツタノデソレヲ取リ出シ母ノ懷中ニアツタ蟇口ノ中ヲ調ベタラ銀貨デ二圓四、五十錢在ツタノデソレト一緒ニシテ其ノ蟇口ニ入レ父宛ニ不孝ノ罪ヲ赦シテ呉レトノ遺書ヲ書キ炬燵ノ上ニ載セテ着物ヲ着替ヘテ飛出シマシタ　母ガ日頃蟇口ヲ懷中シテ居ルコト及餘分ノ金ガ前申シタ所ニ在ル事ヲ知ツテ居タノデ盜リマシタ

六、カクシテ上野驛ヘ行カウトシタノデスガ張込マレテ居テハ直グ捕マヘラレルノデ　急ニ國ニ行クノヲ止メ警視廳デ申上タ通リ淺草其ノ他デ活動ヲ見テ歩キ三月九日午前一時頃吾妻橋ヲ自動車デ通過ノ際不審訊問ヲ受ケ厩橋署員ニ逮捕サレタ次第デス　オ示ノ兇器ガ私ガ母ノ頸ニ突キ刺シタモノニ相違アリマセヌ刄ハ外側ニ向ケテ握ツテ居リマシタ

此ノ時檢事ハ同上ノ十三ヲ示シタリ

七、念佛ヲ唱ヘテ死ンデ居ツタ母ノ聲ガ耳ニ殘リ別ニ宗敎心ハアリマセンガ良イ氣持ハシマセンデシタ　然シ私ニ對シ日頃事毎ニ虐待シテ來タ事ヲ思ヘバ當然ト迄ハ申シマセンガ　此位ノ目ニ會ハセテモ大シテ心殘リハシマセン　只殘ツタ實父ノ立場ヲ考ヘルト父ニ對シテノミ濟マナイト云フ氣ガ起ツテ居リマス　何卒然ルベク御處分ヲ願ヒマス

陳述人　富田次郎（拇印）

右錄取シ讀聞ケタルニ無相違旨申立署名拇印セリ

前同日

東京地方裁判所檢事局

檢事　羽田道夫㊞

裁判所書記　秋山金吾㊞

〔註九〕　コレハ檢事ノ聽取書デアルガ、其ノ法上ノ性質ハ警察官ノ作成スル所ノ聽取書ト同一デアルカラ、既ニ說明シタル警察ノ部〔註一一〕ヲ參照セラレ度イ。

警察ニ於テハ聽取リタル司法警察官自ラ之ヲ錄取スベキモノナルモ（司法警察職務規範第六五條）檢事局ニハ裁判所書記アルヲ以テ訊問調書ノ場合ニ準ジテ書記ヲシテ錄取セシムルコトモ差支ヘナイ。

〔註 一〕

豫審請求書 （昭和七年四月一日午後五時三十分宿直受付㊞）

左記被告事件ニ付豫審請求候也

昭和七年四月一日

東京地方裁判所檢事局

檢事 羽田道夫㊞

東京地方裁判所豫審判事御中

强盜殺人 〔令狀請求〕 富田次郎

公訴事實

被告人ハ十歳ノ頃實母マサ子ニ死別シ十一歳ノ頃實父平助ガ富田はるト入夫婚姻シタルニ付共ニ富田方へ入籍セラレ爾來繼母はるニ養育セラレ昭和七年一月十四日以來東京市品川區北品川町二丁目九六三番地ニ移轉シ同居シ居タルモノナ

ル所成長スルニ及ビはるトノ折合極メテ惡シキ折柄大正七年頃右はるガ窃ニ右マサ子ノ位牌ヲ燒棄シタルノミナラズ昭和四年三月中被告人ヲ或ハ除籍シ或ハ戸主トシテ屆出ヲ爲ス等猥リニ戸籍面ノ移動ヲ爲シタルヲ知リ憤怒ノ餘リ屢々はるトロ論シ來リタリ偶々同七年三月五日午後一時頃亦々同家六疊ノ間ニ於テ戸籍上ノ事ヨリ口爭シ激怒ノ上右はるヲ突キ飛バシタルニはるガ疊上ニアリタル鋏ヲ投ゲ付ケ起キ上リ來リ抵抗シタルヲ以テ再ビ手拳ニテはるノ顏面ヲ數回毆打シ同人ノ咽喉ヲ扼シテ其ノ場ニ仰向ケニ突キ倒スヤ斯ク成リテハ殺害シ金品ヲ强取高飛スルニ然カズト決意シ直チニ臺所ヨリ刄渡約四寸八分ノ肉切庖丁ヲ持チ來リ之ヲ右手ニ握リ左手ニテはるノ咽喉ヲ扼シツツ左頸部ニ突キ刺シタル爲メ右はるヲシテ頸動脈切斷ニ因ル失血ノ爲メ死ニ至ラシメ且はるノ懷中セル現金二圓餘在中ノ蟇口一個外簞笥ノ抽斗ヨリ現金三十三圓餘ヲ强取逃走シタルモノナリ

〔註一〕　檢事搜査ヲ了シタリト思料シタルトキハ之ヲ裁判所ニ訴ヘルカ否カノ處置ヲ採ラナケレバナラナイ。尤モ事件其ノ所屬裁判所ノ管轄ニ屬セザルモノト思料スルトキハ書類、證據物ト共ニ其ノ事件ヲ管轄裁判所ノ檢事又ハ相當官署ニ送致スベキモノデアル（刑訴法第二九三條）。抑モ檢事ガ犯罪ノ成立、及訴訟條件ノ具備シタルモノト認メタ場合ニハ必ズ公訴ヲ提起シナケレバナラナイトスル法制ヲ講學上合法主義ト謂ヒ、犯罪ノ成立、訴訟條件ノ具備ハアルガ事情訴追ヲ必要トシナイトキハ公訴ヲ提起セザルコトヲ得トスル法制ヲ便宜主義又ハ任意主義ト謂フ。我法制ニ於テハ明カニコノ便宜主義ヲ採用シテ居ル（刑訴法第二七九條）。微罪處分トカ起訴猶豫トカ謂フテ居ル檢事ノ不起訴處分ハ卽チコノ便宜主義ニ基ク處分デアル。

サテ便宜主義ニ依ルヲ適當トシナイト考ヘタ事件ハ之ヲ裁判所ニ訴ヘナケレバナラナイ、卽チ公訴ヲ提起シナケレバナラナイ。公訴ハ檢事之ヲ行フ(刑訴法第二七八條)ノデアッテ、卽チ國家訴訟主義（國家訴追主義トモ謂フ）ノ法制デアッテ、被害者又ハ一般ノ私人ニ訴權ヲ認ムル個人訴權主義ハ我法制ノ採ラナイ所デアル。(告訴、告發ハ檢事ヲシテ訴ノ提起ヲ爲サシムルコトヲ希望スル所爲デアッテ訴ソノモノデハナイ、尙親告罪ノ場合ニハ告訴ナケレバ檢事ハ訴ヲ起スコトガ出來ナイ、卽チ親告罪ノ告訴ハ訴訟條件デアルガ、親告罪ノ場合ニ告訴ガアッタトテ檢事ハ必ズ訴ヲ起サナケレバナラナイト云フ譯デハナイ)

犯罪ニ付檢事ガ豫審又ハ公判ヲ請求スルノ權卽チ國家ノ刑罰請求權ヲ認定スル裁判ヲ裁判所ニ對シテ請求スル權利ヲ學問上公訴權ト謂フ。刑罰請求權ハ刑事實體法上ノ權利デアルガ、公訴權ハ此ノ實體法上ノ權利デアルトコロノ刑罰請求權ヲ確定スル裁判ヲ目的トシテ行ハルル刑事手續法上ノ權利デアル。

檢事公訴ヲ提起スルニ付テハ裁判所ノ管轄ヲ考ヘテ起訴シナケレバナラナイ。管轄權ト裁判權トハ意味ガ違フ。裁判所ハ刑事事件ヲ裁判スルノ權限ヲ有スルガ、コノ刑事裁判權ニ付テ多數ノ裁判所ハ各自ニ分配セラレタ範圍内ノ事件ニ付裁判ヲ爲シ得ル權限ヲ管轄ト謂フノデ、管轄權トハ具體的ノ裁判權トデモ云フコトガ出來ヨウ。管轄權ナクトモ本來裁判權ガアルカラト云フノデ、必要上刑事訴訟法第十三條ノ如キ規定モ生レタノデアラウ。通常管轄ヲ分類シテ事物管轄、土地管轄及審級管轄ニ別ケテ居ル。事物管轄トハ犯罪ノ種類ヲ標準トシテ第一審裁判所トシテ有スル裁判上ノ權限デアル(裁判所構成法第一六條、第二七條、第五〇條)。土地管轄トハ犯罪ト特別ノ關係アル土地ヲ管轄スル裁判所ノ有スル裁判上ノ權限デアル、(事物管轄デ如何ナル種類ノ裁判所ガ裁判權ヲ有スルカノ問題ヲ決シ土地管轄ニテ同種卽チ同等ノ裁判所ノ中何地ノ裁判所ガ裁判權ヲ有スルヤノ問題ヲ決スルモノデアル)(刑訴法第一條、裁判所構成法第四條)。審級管轄ハ職務管轄トモ謂フテ居ルガ、卽チ第一審受訴裁判所以外ノ裁判所ガ特定ノ事件ニ付有スル裁判上

ノ權限デアル(裁判所構成法第二七條、第三七條、第五〇條、刑訴法第四一六條、陪審法第一〇一條、第一〇二條)。

尙管轄ニ付テハ牽連事件ノ管轄併合又ハ分離ノ如キ規定(刑訴法第二條乃至第八條)、優先管轄ノ如キ規定(刑訴法第九條、第一〇條)、管轄ノ指定ヤ、移轉ノ如キ規定(刑訴法第一四條乃至第二三條)ガアル。

ソレカラ管轄ノ效力ノコトニ付テ一言シテオカウ。管轄ノ規定ハ事件ヲドノ裁判所ニ起訴スルモノナルカヲ決メルモノデアルカラ管轄ヲ定メル標準ハ起訴ノ當時ノ事柄ニヨッテ定マルノデアッテ、起訴ノ時適法ノ管轄ヲ有スル裁判所ハ其ノ後ノ事情ニヨリテ管轄ヲ失フモノデハナイ。次ニ又タトヘ管轄違デアッテモ其ノ理由ノ爲ニ其ノ訴訟手續ヲ無效ト認メナイノデアル(刑訴法第二條)、(コレナドモ本來裁判權アルカラダト云フ趣旨ナノデアラウ)。起訴ガ管轄ノ規定ニ違背シテ居タラ豫審ニ於テハ決定ヲ以テ(刑訴法第三〇九條)、公判ニ於テハ判決ヲ以テ(刑訴法第三五五條)管轄違ノ言渡ヲ爲スノデアル。然シ地方裁判所ガ區裁判所ノ事物管轄ニ屬スル事件ヲ受理シタルトキニハ管轄違ノ言渡ヲ爲スコトガ出來ナイ、場合ニ依ツテハ移送スルコトガ出來ル丈デアル(刑訴法第三一〇條、第三五六條)。尙又裁判所ガ訴ヲ受ケタル事件ニ付土地管轄ヲ有シナイ場合デアッテモ、被告人カラノ申立ガナケレバ管轄違ノ言渡ヲ爲サナイノデアル(刑訴法第三一一條、第三五七條)。

以上管轄規定ヲ大觀シテ見ルト管轄ト云フコトニ付テハ、法律ハカナリ彈力性ヲ認メテ居ルコトガ判ル。コレモトモト裁判所トシテハ我國法ノモトニ裁判權ヲ行使シ得ル力ヲ均シク與ヘラレテ居ルノダカラト云フ考ヘカラ出タモノデアラウ、ダカラ若シ通常裁判所ガ特別裁判所ノ權限ニ屬スル事件ヲ受理シタナラバモトモト裁判權ヲ有シナイノダカラ、公訴棄却ノ裁判ヲシナケレバナラナイ(刑訴法第三一五條第一號、第三六四條第一號、第四八三條第三號)。

檢事ガ管轄ト云フ事柄ニ付意ヲ用フベキハ之ヲ起訴スル場合ニ於テ始メテ生ズルノデアル。裁判所ニ對スル行爲トシテ裁判所ニ直接交渉ヲ有スル訴訟法上ノ職務ヲ爲ス範圍ニ於テハ、檢事ニ於テモ嚴ニ管轄ノ規定ヲ遵守スベキデアル。尤モ先ニ檢事ノ管轄モ亦裁判所ノ管轄ト同一ダト說明シタ通リ（警察ノ部（註二一））原則トシテハ其ノ事務ノ分配統制ノ必要上法律ノ定メタル所ニ從ツテ職務ヲトルベキデハアルガ、均シク管轄ト云ツテモ裁判所ノ管轄ハ訴訟法上ノ動カスベカラザル規定デアルガ、檢事ノ管轄ト云フノハ只執務上ノ便宜カラノミ出デタモノデアツテ、其ノ意味ハ非常ニ違フノデアル。訴訟法上カラ見レバ檢事ガ何處何處ニ起訴スベキカニ付テハ其ノ適法、不適法ガ考ヘラレルガ何處デ搜査シタカドウカニ付テハ適法、不適法ナル問題ハ起リ得ナイ。

サテ檢事ハ其ノ事件ノ種類、輕重、難易ニ從テ前記列擧ノ管轄ノ規定ニ照合シテ或ハ豫審或ハ公判（區裁判所又ハ地方裁判所）（刑訴法第二八八條、第二八九條）、或ハ略式命令（區裁判所）（刑訴法第五二四條）ヲ請求スルコトニ依テ公訴ヲ提起スルノデアル。

本件ハ其ノ土地管轄ガ刑事訴訟法第一條カラ見テ東京市ナルコト疑問ノ餘地ナク、其ノ犯罪ガ强盜殺人罪ト思料セラルルト謂フノデアルカラ、刑法第二百四十條後段ニ該當シ死刑又ハ無期懲役ニ處セラルルノ法定刑デアツテ、裁判所構成法第二十七條、第十六條カラ見テ强盜殺人罪ガ短期一年以上ノ懲役又ハ禁錮ニ該ル罪（所謂重罪事件）（刑法施行法第二九條、刑訴法第三三四條）ナルコトハ明白デアルカラ地方裁判所ノ事物管轄ニ屬スルコト勿論デアル。然ラバ地方裁判所ノ公判ヘ起訴スベキカ卽チ直公判トスルカ、豫審（裁判所構成法第二一條）ニ起訴スベキカハ其ノ事件ノ內容ト豫審ノ職能ナドニ鑑ミテ結局檢事ノ自由ニ裁量シテ何レカニキメル次第デアル。所謂輕罪事件（刑法施行法第三〇條）ハ豫審ヲ求メナケレバ原則トシテ區裁判所ノ公判ヘ起訴スベキモノデアルガ、イクラ輕罪事件デモ其ノ事件ノ內容ガ複雜デ豫審ニ於テ證據ヲ固メル必要アル場合ハ豫審ヘ起訴スルコトニナルノデアル（裁判所構成法第一六條）。重罪事件ハ通例大低豫審ヲ經ルノデアルガ、本件モ豫審ヘ起訴セラレタ次第デアル。然シ重罪事件ダカラトテ其ノ事件ノ内容比較的簡單デ檢事ノ訊問調書ニ於テ證據モ充分ト認メラルル樣ナ事件ナラ、地方裁判所ノ公判ヘ直公判事件トシテ起訴スベキガ寧ロ適切ダト云フ樣ナ事モアラウ。

重罪トカ輕罪トカ云フ用語ハ舊刑法ノ用語デアルガ、今デモ便宜上ヨク使ハレル用語デアル。ソレカラ拘留又ハ科料ニ該ル罪ヲ舊刑法デハ違警罪ト云フテ居タ（刑法施行法第三一條）。尚拘留又ハ科料ニ該ル罪モ裁判所構成法第十六條デ豫審ヲ求メラルル如キ場合アル樣ニ觀エルガ、拘留又ハ科料ニ該ル事件ハ夫レ丈デハ原則トシテ豫審ヲ求メラルルコトナク區裁判所ニ起訴セラレナケレバナラナイ、然シナガラ此等ノ事件デモ若シ罰金以上ノ刑ニ該ル事件ト同時ニ取調ヲ爲ス樣ナ場合デアツテ其ノ罰金以上ノ刑ニ該ル事件ガ豫審ヲ求ムベキ必要アリテ豫審ヲ求メラルル場合ニ、共ニ豫審ヲ求メラルルガ如キ場合ニ限ツテ豫審ヲ求メラルルノデアル（刑訴法第二八九條）。

公訴ノ提起ハ書面ヲ以テ爲サナケレバナラナイ（刑訴法第二九〇條第一項）。只例外ノ場合ニ豫審デハ口頭又ハ電報、公判デハ口頭ヲ以テ爲スコトガ許サレテ居ル。其ノ例外ノ場合トハドンナ場合カ刑事訴訟法第二百九十條第二項、第三項ヲ見ラレ度イ（電話ニヨル公訴ノ提起ハ無效ダト云フ大正十四年七月四日ノ大審院判例ガアル）。

公訴ヲ提起スルニハドレ丈ノコトヲ示サナケレバナラナイカ、被告人ト犯罪事實及罪名ヲ示シテコレヲ特定シナケレバナラナイ。（刑訴法第二九一條）（犯罪事實ハ如何ナル事實ニ付テ公訴ヲ提起シタカヲ他ノ犯罪ト區別シ得ル程度ニ於テ示セバ足ルノデアツテ、卽チ犯罪事實ノ具體的内容ヲ明確ニ表示セザル公訴提起ノ手續ハ無效トスト云フ昭和五年七月十日ノ大審院判例ハアルガ、或ハ日時トカ場所トカ犯罪ノ方法トカ被害ノ數量等モトヨリ正確ヲ缺クモ差支ヘナク場合ニヨリテハ全然表示ナクモ差支ヘナイコトガアル。尚起訴事實ノ表示ハ必ズシモ起訴狀ニ其ノ内容ヲ記載スルコトヲ要セズ、記錄中ノ他ノ書類ヲ援用シテ其ノ內容ヲ明カニスルヲ妨ゲズト云フ大正十三年十二月十八日ノ大審院判例ガアル。罪名ノ表示ニ至リテハ犯罪事實ヲ補フノ意味ニ於テ便宜上示サルルモノナレバ、之ヲ缺クモ公訴提起ノ手續無效ダトハ云ヘマイ。大正十四年一月二十四日大審院判例ニ「豫審請求書ノ記載中罪名ノ表示ニ欠缺アルモ公訴提起ノ效力ニ影響ヲ及ボサズ」ト云フノガアル。

公訴ニ付テハ尙注意スベキコトガアル、ソレハ公訴ノ時效ノ規定デアル。凡ソ刑事法上ニ二種ノ時效ガアルガ、一ハ刑ノ時效デアリ他ハ公訴ノ時效デアル。刑ノ時效ハ刑法第三十一條乃至第三十四條ニ規定スルモノデ、判決確定シタル後一定ノ期間其ノ刑ヲ執行シナケレバ刑ノ執行權ガ消滅シテシマウノデアリ、公訴ノ時效ハ刑事訴訟法第二百八十一條ニ規定スル期間內ニ公訴ヲ提起シ其ノ裁判ガ爲サレナケレバ公訴權ガ消滅シテシマウノデアル。公訴權ガ消滅スルト免訴トカ、公訴棄却ト云フ樣ナ裁判ヲ爲スノデアルガ、講學上普通公訴權消滅ノ場合トハ次ノ樣ナ場合デアル、（イ）被告人ノ死亡又ハ被告人タル法人ノ不存續（刑訴法第三一五條第七號、第三六五條第一項第二號）、（ロ）犯罪後ノ法令ニ因ル刑ノ廢止（刑訴法第三一四條第二號、第三六三條第二號）、（ハ）大赦（刑訴法第三一四條第三號、第三六三條第三號）、（ニ）時效（刑訴法第三一四條第四號、第三六三條第四號）、（ホ）親告罪ノ告訴ノ取消（刑訴法第三一五條第五號、第三六四條第五號）、（ヘ）確定判決（刑訴法第三一四條第一號、第三六三條第一號）、（ト）公訴ノ取消（刑訴法第二九二條、第三一五條第六號、第三號、第三六五條第一項第一號、第三六四條第三號）。

尙公訴ノ時效ニ關シテハ其ノ期間ノ起算點（刑訴法第二八四條）、中斷（刑訴法第二八五條、第二八六條）、停止（刑訴法第二八七條）等ノ事柄ニ付各條文ニ付テ親シク見ラレ度イ。

サテ次ニ豫審ノ說明デアル（裁判所構成法第二一條）。豫審判事ハ單獨制デアルガ（裁判所構成法第二二條）、豫審處分ニ付テハ其ノ裁判所ノ豫審判事ニ補助ヲ求ムルコトガ出來ル（刑訴法第二九九條）。

豫審ハ被告事件ヲ公判ニ付スベキヤ否ヲ決スル爲必要ナル事項ヲ取調ブルヲ以テ其ノ目的トスルノデアル（刑訴法第二九五條）。從テ勿論豫審手續ハ起訴後ニ於ケル豫審判事ノ行動ニシテ、其ノ形式ニ於テハ公判ト相合シテ裁判所ノ審理處分デアルケレドモ、公判ニ於ケルガ如ク科刑權ノ存否及範圍ヲ決定スルノ手續デハナク、其ノ實質ハ捜査ト相合シテ公判ノ準備手續ヲ構成シ捜査ノ繼續デアル。ダカラ豫審ノ取調ハ捜査ト同樣密行主義デアル（刑訴法第二九六條第二五三條）、只例外トシテ特定ノ場合ニ當事者ニノミ公開ヲ認ムルコトガアル（刑訴法第三〇三條）。

〔註 二〕

受付
7, 4. 4—
東京地方裁判所
豫審

勾引状

東京市品川區
北品川町九六三番地
富田次郎
當二十五年

右強盜殺人被告事件ニ付
當廳ニ勾引ス

昭和七年四月一日

東京地方裁判所
豫審判事 佐藤博 印

執行シタル場所	執行シタル日時	執行スルコト能ハザルトキハ其ノ事由
警視廳	昭和七年四月一日午後六時五分	

右ノ通取扱候也

昭和七年四月一日

巡査 須藤豊 印

引致シタル日時
昭和七年四月四日午前十時三十分

〔註二〕 裁判所（公判デモ豫審デモ）（刑訴法第一二二條）ハ公訴ヲ受ケタルトキハ被告人ヲ裁判所ニ出頭セシメナケレバナラナイ、卽チ被告人ヲ召喚シナケレバナラナイ（刑訴法第八三條、第八四條、第八五條）。ソレハ結局被告人ヲ訊問シナケレバナラナイカラデアル（豫審ハ刑訴法第三〇〇條、公判ハ刑訴法第三三八條）。然ルニ裁判所ハ召喚デナクシテ勾引スルコトガ出來ル場合ガアルノデアル。勾引トハ訊問ノ目的デ被告人ヲ一定ノ場所ニ强制的ニ在ラシムルコト卽チ引致スルコトデアル（勿論證人ニ對シテモ爲シ得ル場合アリ）。勾引ノ出來ル場合ハ被告人ガ再度ノ召喚ヲ受ケテ故ナク出頭シナイトキ（刑訴法第八六條）ト、刑事訴訟法第百六條ノ規定ニ依リ指定ノ場所ニ正當ノ事由ナクシテ出頭又ハ同行ヲ肯ゼザルトキニ出來ルノ外ニ被告人ニ對シテ直ニ勾引シ得ベキ場合ガアルノデアル、ソレハ刑事訴訟法第八十七條ノ規定スル所デアル。本件ノコノ勾引ハ勿論コノ規定ニヨリテ勾引サレテ居ルノデアル。勾引ト云フコトヲ爲スニハ勾引スベキ命令ヲ記載シタル勾引狀ニ依リテ行フノデアル（刑訴法第八八條）。勾引狀ノ方式ニ付テハ刑事訴訟法第九十七條ニ規定セラレ、勾引狀ノ執行ニ付テハ刑事訴訟法第百條乃至第百九條ノ規定ヲ見ラレ度イ。

勾引ニ付テ最モ重要ナルコトハ其ノ效力トモ謂フヘキ事柄デアッテ、卽チ裁判所ハ其ノ引致ヲ受ケタル後四十八時間内ニ之ヲ訊問シナケレパナラナイ。ソシテ若シコノ時間内ニ勾留狀ヲ發シナケレパ當然ニ釋放シナケレパナラナイ。ダカラ普通ニヨク勾引狀ノ效力ハ四十八時間デアルト謂ハレテ居ルノハコレガ爲メデアル（刑訴法第八九條、第九六條）。云フ迄モナイ事デアルガコノ四十八時間ハ裁判所ニ引致セラレテカラノ事デ、勾引狀發布ノ時カラデハナイノデアルコトハ欄外記入ノ日時ニヨリテ明白デアル。本件ノコノ勾引狀ハ四月一日午後六時五分ニ執行シテ、裁判所ニ引致シタノハ四月四日午前十時三十分デアル。

檢事ガ勾引狀ヲ發布シ得ル場合ハ刑事訴訟法第百二十三條ノ規定スル所デアル。勿論コノ場合ト雖モ判事ニ於テ勾引狀ヲ發布シ得ル場合卽チ同法第八十七條ノ條件アル場合デナケレバナラナイ。

司法警察官ハ右ノ如キ場合ニ於テモ自ラ勾引狀ヲ發布スルコトガ出來ナイ、只檢事カラ命令ヲ受ケテ發布スルコトガ出來ルノミデアル(刑訴法第一二三條、第一二八條)。

〔註　三〕

訊問調書

被告人　富田次郎

右强盗殺人被告事件ニ付昭和七年四月四日東京地方裁判所ニ於テ豫審判事遠野茂三郎ハ裁判所書記冬木清立會ノ上被告人ニ對シ訊問スルコト左ノ如シ

一、問　氏名、年齢、職業、住居、本籍及出生地ハ如何

　答　氏　名　富田次郎

　　　年　齢　當二十五年

　　　職　業　無　職

　　　住　居　東京市品川區北品川町二丁目九百六十三番地

　　　本　籍　東京市品川區南品川町千二百二十番地

　　　出生地　新潟縣中蒲原郡金津字浦ヶ濱番地不詳

二、問　被告人ニ對シテ檢事ノ方カラ强盗殺人罪ト云事デ此ノ通リ豫審ノ請求ガアツタガ此ノ事實ハ什ウカ

此ノ時豫審判事ハ被告人ニ對スル豫審請求書記載ノ公訴事實ヲ示シタリ

　答　其通リ相違アリマセン

三、問　被告人ハ何時生母ニ死別シタカ

　答　私ハ十歳ノ時實母マサ子ニ死別シマシタ

四、問　何時頃カラ繼母富田はるニ養育セラレルコトニナツタカ

答　實母ガ死ンダ後約一年間私ハ父平助ノ手デ育テラレマシタガ　私ガ十一歳ノ時父ガ私ヲ連レテ富田はる方ニ入夫婚姻ヲ致シマシテソレ以來十六歳ニナル迄東京市品川區十反町四百九十四番地ニ住ンデ居リマシタガ　震災後品川區南品川町千二百二十番地ニ移轉シ本年一月迄其處ニ居リマシタガ　同月十四日現住所ニ移ツタノデアリマス

其ノ間私ハ保護學園ニ入レラレテ居リ入營シタリ致シマシタガ家ニ居ルトキハ繼母はるニ育テラレテ來タノデアリマス

五、問　被告人ト繼母はるトノ仲ハ良クナカツタ様ダネ

答　警視廳ヤ檢事局デ詳シク申上タ通リノ事情デ私ト繼母はるトノ折合ハ常ニ良クナカツタノデアリマス　私ト繼母ト不仲ノ原因ヲ簡單ニ申シマスト　繼母ガ私實母ノ位牌ヲ勝手ニ燒イテ仕舞ツタ事ト繼母カ多少教育ガアルヲ鼻ニ掛ケテ父ヲ尻ニ敷キ父ニ無斷デ色々戸籍ヲ細工シテ　或ハ私ヲ廢嫡シタリ或ハ私ヲ單身戸主ニシタリシタノデ　私ハ始終繼母ノ獨斷ヲ責メテ父ヲ富田家ノ戸主トシ私ヲ其ノ長男ニスルヤウニ卽チ實狀ト合致スルヤウニ元ニ戻シテ呉レト云ツテセガンデ居リマシタ　其ノ爲繼母トノ仲ガ大變惡ク其ノ事デ母ト度々口論ヲシ私ハ屢々母カラ毆グラレタリシテ居マシタ

六、問　昭和七年三月五日ノ朝ノ行動ヲ述ベテ見ヨ

答　本年三月五日ノ朝私ハ午前七時頃起キマシタ　別段朝飯ガ喰ヘ度クナカツタノデ朝飯ヲ喰ベズニ私方臺所ノ次ノ六疊ノ間ノ略中央ニ置炬燵ガシテアリマシタノデ西向ニ卽チ隅ニ置イテアルラデオノ方ニ向ツテ置炬燵ニ當ツ

テ取付ノ報知新聞ヲ讀ンデ居リマシタ

七、問　其ノ時母ハドウシテ居タカ

答　其ノ時母ハ私ノ左手ニ臺所ノ方ニ向ツテ炬燵ノ傍ニ座ツテ針仕事ヲシテ居リマシタ

八、問　其ノ内ニ被告人ハ繼母ト爭ツタノカ

答　其ノ日午前十一時頃私ハ又母ニ向ツテ戸籍ノ事ヲ詰ツテ元通リニ直シテ呉レトセガミマシタ　スルト母ハ自分ニ任セテ置ケ籍ノ方ハ直スカラト云ヒマシタガ　續イテ私ニ向ツテ越後ニ在ル私ノ實母ノ母デアル中村チヨノ家ヘ行ツタラドウカト云ヒマシタカラ私ハドウシテデスカト聞クト　繼母ハ中村ノ母チヨガ先年來タ時ニ私ガ繼母ノ家ニ居テハ將來私ガ幸福ニ行カナイト云ツテ繼母ノ惡口ヲ云ツタカラダト云フノデ　私ハ繼母ニ向ツテソンナクダラナイ理由カラ私ガ中村ノ家ヘ行クノハ厭ダ私ハ飽迄モ富田ノ家ニ留ツテ相續スルノガ本當ダト思フ將來祖母ノ蔭口ヲ云フノハ止メテ下サイ祖母ハ貴女ノ云ハレル樣ナ惡イ人デハアリマセント云フト　繼母ハオ前ハソウ云フガ中村ノ祖母ガ來タ時今云ツタ樣ニ確カニ自分ノ惡口ヲ云ツタノダト申シマスカラ私ハソンナ事ハナイト云ツテ祖母ノ事ヲ辯解致シマシタ　スルト繼母ハソンナニ中村ノ味方ヲスルナラ中村ノ家ニ行ツタガ良イト云フノデ、私ハ又籍ノ問題ニ戻ツテ母サンハ私ヲ追出スツモリデ戸籍ヲ動カスノデスカト云ツテ詰ルト繼母ハ默ツテ居リマシタ

九、問　ソレカラドウシタカ

答　私ハ繼母ニ向ヒ大體父ニ相談モセズニ　又私ニモ無斷デ戸籍ヲ動カストハ甚ダ卑怯デ面白クナイ　今日デナクテモ良イカラ父ト相談シテ家内中三人圓滿ニ打解ケタ上籍ノ方ヲ直シテ下サイト云フト　繼母ハソレハ父ニモ話

スト云ッテ居リマシタ　然シ從來繼母ノ遣リ口ハ口デハ父ニ相談スルト云ッテモ中々實行セズ現ニ此前私ガ入營中何時ノ間ニカ私ガ單身戸主ニナッテ居タノデ　其ノ事情ヲ父ニ聞クト父ハ知ラヌト云フノデ父ニ賴ンデ繼母ニ話ヲシテ貰ヒヤット三人ガ現在ノ樣ニ一ツ戸籍ニ成ッタノデス　其ノ時モ繼母ハ父カラ四回程催促セラレタ上餘儀ナク戸籍ノ手續ヲシタノデ　私ハ尚モ其ノ時ノ事ヲ云ッテ繼母ヲ責メマシタ

一〇、問　ソレカラドウシタカ

答　スルト繼母ハ色々ノ事ヲ云ッテ私ニクッテカカリマシタガ　軈テ立上ッテ其ノ六疊ノ北東ノ隅ニアル桐ノ簞笥ノ抽斗カラ戸籍謄本ノ樣ナモノヲ出シテ見テ居リマシテ　私ガ見セテ呉レト云フトオ前ノ知ッタ事デハナイト云ッテ私ニハ見セテ呉レズニソレヲ元通リ仕舞ッテ鍵ヲ掛ケ又元ノ位地ニ座ッテ針仕事ヲ始メマシタ　其ノ時繼母ノ左脇ノ疊ノ上ニ黑表紙ノ手帳ガアリマシタノデ私ハ何心ナクソレヲ見ヤウト思ヒ手ヲ伸バシテ其ノ手帳ヲ手ニ取ルト　繼母ハ驚イテソンナモノハオ前ノ見ルモノデナイト云ヒ乍ラ奪ヒ返ゾウトシマシタノデ　私ハ其ノ手ヲ拂ヒ除ケマシタガ遂ニ繼母ニ其ノ手帳ヲ取返サレテ仕舞ヒマシタ　其處デ私ハ繼母ニ向ッテ見セタクナイノハ何カ隱シ事ガアルカラダラウ見セロト云ッテ又手帳ヲ取ラウトシマシタスルト繼母ガ私ノ手ヲ叩イタノデ私モ癪ニ觸ッテ左手デ繼母ノ右肩ノ邊ヲ突キマスト母ハ左手デ身體ヲ支ヘ元ノ位地ニ直ル瞬間其ノ場ニアッタ針仕事用ノ鋏ヲ取上ゲテ私目ガケテ投ゲ付ケマシタ　然シ私ハ素早ク身ヲカワシマシタノデ私ニハ當リマセンデシタ

一一、問　ソレカラドウシタノカ

答　其處デ私ハ母ニソンナ亂暴ヲシナイデ下サイト云ッテ尚モ戸籍ノ事ヲ追究シマシタ　スルト繼母ハ遂ニ立上ッテ私ニ向ッテ來テ私ノ胸ヲ突イテ出テ行ッテ呉レト云ヒマスカラ　私モ何モ貴女ニ出テ行ケト云フ權利ハナイ

デセウト云ツテ段々口論ニナリ　餘リ繼母ガ突カカツテ來ルノデ私モ後カラ立ツテ繼母ノ肩ヲ突キマシタ　スルト母ハヨロケテ一旦倒レマシタガ起キ上ツテ私ノ右手ノ甲ニ咬ミ付イテ來タノデ私モ愈々腹ガ立チマシタカラ私モ立上ツテ左手デ母ヲ押シ倒シナガラ右手ノ拳固デ母ノ顏ノ邊リヲ毆リ付ケ續イテ左手デ喉ヲ壓シ付ケ右ノ手デ顏面ヲ毆リマシタ　其ノ際一層此ノ儘兩手デ母ノ喉ヲ締メ付ケテ殺シテ仕舞フカト思ヒマシタガ又考ヘ直シテ或ル程度迄母ヲコラシテ置イテ父ガ歸ツテ來タラ事情ヲ聞イテ貰ハウト思ツテ居ルト母ガ私ノ兩手ヲ左手デ捉ヘテ咬ミ付キマシタノデ　一旦咽喉ヲ壓シテ居タ左手ヲ外シ今度ハ右ノ手デ咽喉ヲ壓シマシタ　其ノ時母ハ人殺シトカ、誰カ來テ呉レト大聲ヲ出シマシタ　丁度其ノ時私方ノ横丁ノ通リヲ數人ノ通行人ガ通ツタノデ萬一他所ノ人ニ氣付カレテ飛込ンデ來ラレテハ大變デアルト思ツテチヨツト手ヲ弛メマシタ　スルト通行人ハ其ノ儘行キ過ギタ樣デシタガ又母ガ今度ハ私ノ右手ニ咬ミ付キマシタ　私ハ右手ニ力ヲ入レテ倒レデ居ル母ノ鼻口顏面等數回拳固デ毆リ付ケマシタ其ノ結果母ハ鼻血ヲ出シ尙口カラモ齒ノ血ガ出テ居ル樣デシタ

一二、問　其ノ時母ハ何カ云ツタカ

答　私ガ餘リ毆ツタノデ母ハ殆ンド抵抗ガ出來ナクナリ首ヲ右ヘ曲ゲテ仰向ケニナツタ儘兩手デ眼ノ邊リヲ押ヘテ痛イ〳〵ト云ツテ居リマシタ

一三、問　ドウシテ母ヲ殺ス氣ニナツタノカ

答　私ハ母ガ鼻血等ヲ出シタノデ其ノ時モウコレ迄ダ一層ノ事繼母ヲ殺シテ仕舞ハウト決心シテ直グニ臺所ニ飛出シテ居ツテ棚ニアツタ刄渡四寸餘リノ肉切庖丁ヲ持ツテ來テ母ノ左肩ノ處ニ片膝ヲ疊ニ付ケテ右膝ヲ立テ左腕デ母ノ右肩ヲ壓ヘ左手デ咽喉部ヲ絞メツケナガラ私ノ半身ヲ母ノ胸ノ上ニ乘リカカル樣ニシテ右手ニ持ツタ肉切

庖丁デ母ノ左首筋ヲズカツト一突キニ力ヲ入レテ突キマシタ

一四、問　ソレカラドウシタノカ

答　スルト母ハ其ノ瞬間痛イト叫ビマシタガ間モ無ク血ガ二三寸ノ高サニ吹キ出シマシタノデ私ハ驚イテ肉切庖丁ヲ母ノ足許ニ投捨テ暫ク母ノ頭ノ處ニ立ツテ樣子ヲ見テ居リマシタ　スルト母ハゴツクリ〳〵トシヤクルヤウナ樣子デシタガ間モ無ク至極低イ聲デ南無阿彌陀佛ト念佛ヲ一囘唱ヘタ儘死ンデ仕舞ヒマシタ

一五、問　繼母ト口論ノ上繼母ヲ殺害シタ時刻ハ

答　午前十一時頃カラ約二時間繼母ト戸籍ノ事等デゴタ〳〵話シテ居リマシタカラ繼母ト格闘ノ末繼母ヲ殺害シタノハ同日午後一時頃ノ事デアツタト思ヒマス

一六、問　ソレカラドウシタカ

答　私ハ母ノ首筋カラ餘リ出血ガ甚シイノデ母ノ上半身ノ下ニ新聞紙ヲ二枚敷イテ血ガ疊ニ付クノヲ除イタノデス　ソレカラ更ニ炬燵ノ傍ニ母ガ座ツテ居タ座蒲團ガ一枚アツタノデソレヲ母ノ首筋ニカケテ母ノ顔ヲ隱シマシタ

一七、問　母ノ蟇口ヤ家ニ在ツタ金ヲ奪ツタ顚末ヲ述ベテ見ヨ

答　私ハ繼母ヲ殺シテ仕舞フ迄ハ別ニ高飛ショウト云フ考ヘハナカツタノデスガ　一層死ンダ實母ノ里方ヘ歸ツテ一切ヲ祖母ニ打明ケ祖母ノ出樣ニヨツテ土地ノ警察署ヘ自首シテ出ヤウト決心シマシタガ　當時私ノ所持金ハ二圓位シカナク旅費ガナイカラ金ヲ取ツテ行カウト考ヘ　母ノ懐ニ手ヲ入レルト革ノ蟇口ト鍵トガアツタノデ夫レヲ取リ　一時炬燵ノ上ニ蟇口ヲ置イテ其ノ鍵デ其ノ六疊ノ間ノ二ツ重ネノ簞笥ノ上ノ方一番下ノ深イ抽斗ヲ開

キマスト袋ニ入ツタ金ガ十圓札ト一圓札三枚アツタノデ夫レヲ取リ出シ　繼母ノ懷中ニアツタ蟇口ヲ調ベルト二圓四五十錢アツタノデソレト一緒ニシテ其ノ蟇口ニ入レ父親宛ニ不孝ノ罪ヲ許シテ吳レト云フ書置ヲ認メテ炬燵ノ上ニ載セテ着物ヲ着替ヘタ上自宅ヲ飛出シマシタ　母ガ日頃カラ蟇口ヲ懷中ニ入レテ居ル事ヤ前申シタ抽斗ニ金ガ入レテアル事ハ豫テ知ツテ居タノデ盜ンダノデス

一八、問　ドウシテ捕ツタノカ

答　最初ハ祖母ノ處ヘ落付ク考デシタガ　モウ其處モ警察ノ手ガ廻ツテ居ルト思ツテ祖母ノ處ヘ行クノヲ中止シ東京市內ニ潜伏シテ居リマシタガ　本年三月九日午前一時頃自働車ニ乘ツテ吾妻橋ヲ通過スル際遂ニ不審訊問ニ引カカツテ捕ヘラレタノデアリマス

被告人　富田次郎（拇印）

右讀聞ケタル處無相違旨申立署名捺印シタリ

同日於同廳作之

東京地方裁判所

裁判所書記　冬木淸㊞

豫審判事　遠野茂三郎㊞

〔註　三〕　前述ノ如ク勾引狀ニ因リテ引致シタル被告人ヲ訊問シタ（刑訴法第八九條）訊問調書デアル（刑訴法第五六條、第五八條、第七一條、第七二條、第一三六條）。

被告人ヲ訊問スルニ付テハ先ヅ其ノ人違ナキコトヲ確ムルニ足ルベキ事柄ヲ訊問シナケレバナラナイ（刑訴法第一三三條）。法律ニハ具體的ニドレ丈ノ事ヲ訊ヌルカハ決メテ居ナイガ、通例ハコノ調書ニアル通リ氏名、年齡、職業、住居、本籍、出生地ヲ訊ネテ先ヅ人違ナキヤ否ヤヲ確ムルニ足ルモノトシテ居ル。

ソレカラ訊問ニ這入ツテ行クノデアルガ、其ノ始メニ被告人ニ對シテ被告事件ヲ告ゲ、其ノ事件ニ付陳述スベキコトアリヤ否ヤヲ問ハナケレバナラナイ（刑訴法第一三四條）。

本件調書ニモアル通リ問答デソレガナサレテ居ル次第デアル。ツマリ被告人ニ對シテ不意打ニ訊ネテ被告人ガ如何ナル關係ノ事實ニ付テ、自分ガ取調ベラルルノカヲハツキリワカラナイデ居ルト云フ樣ナコトヲ避ケルノ趣旨ニ外ナラナイ。云フ迄モナク今日ノ訴訟法ハ被告人ノ地位ヲ單ニ取調ノ客體又ハ證據方法タル地位ノミニアルモノトハ觀ズ、進ンデ訴訟ノ原告ニ對スル相手方タル當事者タル地位ヲ認ムルコトヨリ當然ニ生ジタル規定デアル。次デ刑事訴訟法第百三十五條ノ如キ規定ノ置カレタノモ畢竟右ノ法律ノ精神ヲ完フセンガ爲メニ外ナラナイモノデアル。

尚被告人訊問ニ付テハ刑事訴訟法第百三十七條、第百三十八條ノ如キ規定アルヲ注意サレタイ。

司法警察官ハ現行犯人ヲ逮捕シ若ハ之ヲ受取リタル場合ニ於テ、又檢事ハ現行犯人ヲ逮捕シ若ハ之ヲ受取リ、又ハ勾引狀ノ執行ヲ受ケタル被疑者ヲ受取リタル場合ニ之ヲ訊問スルコトガ出來ル（刑訴法第一二七條、第一二九條）。司法警察官ガ刑事訴訟法第百二十七條ニ依リテ被疑者ヲ訊問シテ留置ノ必要アリト思料シタルモ未ダ之ヲ檢事ニ送致シナイ間デアル四十八時間内ニ於テハ、第二回以後ノ取調モ聽取書デナク訊問ヲ爲スコトハ差支ヘナイデアラウ。然ルニ檢事ガ同法第百二十九條ニ依リテ被疑者ニ對シテ、勾留狀ヲ發シ未ダ公訴ヲ提起セザル間ニ於テ第二回以後ノ訊問ヲ爲スコトガ出來ルカドウカニ付テハ出來ナイト云フ趣旨ノ判例ガアル。(大正七年四月十八日ノ大審院判例、檢事ノ被疑者ニ對スル訊問權ハ緊急ノ必要ニ基キ法律ガ例外的ニ之ヲ認ムルモノニシテ、法律ニ特ニ定メタル場合ニ限リ之ヲ行使スルコトヲ得ベク、其ノ他ノ場合ニ於テ捜査上訊問ヲ必要ト認ムルトキハ、刑事訴訟法第二百五十五條ニ依リ判事ニ對シテ强制處分ヲ求ムルノ途ニ出ヅベキナリ、而テ刑事訴訟法第百二十九條ニハ遲クトモ二十四時間内ニ訊問シ云々トアリテ、同條立法ノ趣旨ニ照スニ同時間ハ訊問權行使ノ時期ニ制限ヲ付シタルモノニシテ、此ノ時期ノ後ニ於テハ訊問スルコトヲ得ザルモノト解スベク、右時間ノ定ヲ以テ單ニ檢事ニ對スル訓示規定ナリト爲スヲ得ザルモノトス)。

檢事、司法警察官ガ被疑者ヲ訊問スル場合ニ於テモ總テ裁判所ガ被告人ヲ訊問スル場合ノ規定ヲ準用スルノデアル(刑訴法第一三九條)。

〔註四〕

昭和七年四月四日午後
五時三十分受付
領收看守部長
島村　平治㊞

受付
7. 4. 5
東京地方裁判所
豫審

勾留状

東京市品川區北品川町
二丁目九六三番地　無職
富田次郎
當二十五年

右强盜殺人被告事件ニ付市谷刑務所ニ勾留ス

昭和七年四月四日
東京地方裁判所
豫審判事　遠野茂三郎㊞

執行シタル場所	執行シタル日時	執行スルコト能ハサルトキハ其ノ事由
東京地方裁判所	昭和七年四月四日午後五時〇分	

右ノ通取扱候也

昭和七年四月四日

巡査　宮田惣太郎㊞

〔註 四〕 裁判所ハ訴ヘラレタル事件ニ付被告人ニ對シ裁判ヲ爲スベキ權限ヲ有スルト共ニ又爲サネバナラヌ義務ガアル。裁判ヲ爲スニ付テハ被告人ガ證據ヲ湮滅シタリ、逃亡シタラ裁判ガ出來ナイ又裁判ガ確定シテ執行シヨウトスルトキ逃ゲテ居ルト執行ガ出來ナイ、從テ裁判ノ確定前ニ直接ノ目的トシテハ訴訟ノ必要上、間接ノ目的トシテハ刑ノ執行上ノ便宜ノ爲ニ或ル條件ノモトニ强制的ニ被告人ヲ抑留スルノ必要ヲ生ジテ來ル、斯ノ如キ訴訟法上ノ處分ヲ勾留ト謂フ。卽チ勾留トハ被告人ヲ勾置監ニ勾禁スルコトデアツテ、勾留ヲ爲スニハ被疑者又ハ被告人ヲ指定シタル監獄ニ拘禁スル命令ヲ記載シタル書面デアルトコロノ勾留狀ヲ發シテ之ヲ爲スノデアル（刑訴法第九一條）。

勾留ノ出來ル場合ハ直ニ被告人ヲ勾引シ得ベキ原因ガアルトキ又ハ在監者（在監者トシテハ既決囚タルコトアリ又他ノ事件ノ未決被告人タル者アリ）デアルコトヲ要スル（刑訴法第九〇條）。ソシテ勾留ハ必ズ被告人ヲ訊問シタル後デナケレバ出來ナイ。只例外トシテ逃亡シタ被告人ハ訊問シナクテモ、勾留ノ出來ル前記ノ原因ガアレバ出來ルノデアル（刑訴法第九〇條）。

勾留狀作成ノ方式ハ刑事訴訟法第九十七條ニ規定セラレ、勾留狀ノ執行ニ付テハ刑事訴訟法第百條、第百四條、第百五條、第百七條、第百九條ノ規定ヲ見ラレ度イ。勾留ノ效力トシテ其ノ期間ハ二ケ月デアル。尙必要アルトキハ更新スルノ決定ヲシナケレバナラナイ（刑訴法第一一三條）、（後出〔註六〕ヲ參照）。勾留セラレタ被告人ハ場合ニヨルト他人トノ接見ヤ、他人トノ物ノ授受ナドガ禁止セラルルコトガアル（刑訴法第一一一條、第一一二條）。

勾留ノ效力ガ消滅スル場合ハ（一）訴訟ガ確定裁判ニヨツテ終了シタトキ（刑訴法第五三四條、第五三五條、刑法第二三條、刑訴法第五三八條、刑法第一一條第二項、刑訴法第三一八條、第三七一條參照）、（二）勾留ヲ取消シタルトキ（刑訴法第一一四條）、（三）勾留期間滿了シタルトキ（刑訴法第一一三條）、（四）勾留狀ヲ發シタル事件ニ付テ檢事ガ公訴ヲ提起セザルトキ（刑訴法第三一八條、第三七一條、第二五七條）ナドデアル。

勾留ノ效力ヲ消滅スルノデナクテ、其ノ效力ヲ停止スルモノニ保釋、責付又ハ勾留ノ執行停止ナル處分ガアル。コレラノ處分ヲ得タ被告人ニ對シ勾留ノ必要ヲ生ジタ場合ハコレラノ處分ヲ取消セバ足リルノデ、新ナル勾留狀ヲ發スルノ必要ガナク當然ニ前ニ存スル勾留狀ニ依ッテ其ノ執行ノ殘存期間ハ被告人ヲ勾留スルコトガ出來ル。

保釋トハ金錢ヲ以テ出頭ヲ保證セシメテ被告人ノ勾留ヲ停止スルモノデアル（刑訴法第一一五條、第一一六條、第一一七條、第一一九條、第一二〇條、第一二一條參照）。

責付トハ親族其ノ他ノ者ヲ信用シテ之ニ身柄ヲ預ケルト云フ法ノ精神ニ出タ處分デアッテ、勾留ノ執行停止ハ單純ナル勾留ノ停止處分デアルガ必ズ住居ヲ制限シテ之ヲ爲スノデアル。實務ノ慣例トシテハ已ムヲ得ザル事情ノアル場合極メテ短期間ヲ限ッテコレヲ許シテ居ルノデアル（刑訴法第一一八條、第一一九條、第一二一條參照）。

受付
7. 4. 6
東京地方裁判所
豫審

東京市品川區南品川町一二二〇番地

富田次郎

二十五年

右ノ者ニ對スル左記事項取調ノ上各欄ニ記入シ返戻相成度及照會候也

但本籍氏名等ニ多少ノ相違アルモ之ニ該當スベシト思料セラルヽ場合ハ本文ニ準シ取調相成度若轉籍又ハ寄留者ニ係ルトキハ本籍地役場ヘ轉送相成度候

追テ本人不在者ノ場合ハ其旨備考欄內ニ記入シ本紙返戻相成度候

東京地方裁判所
接授
7. 3. 3 1
第7 4 9 5號
檢事局

昭和七年三月二十五日

東京地方裁判所檢事局 印

右所轄 市區役所 町村役場 御中

本籍		東京市品川區南品川町一二二〇
出生地		
住居		
氏名	本字	富田次郎
	假名	トミタジラウ
出生年月日		明治四十一年十二月十二日生
職業		

官吏、公吏、議員		資産有無	
位記、勳章、記章		特徴	
兵籍	昭和四年豫備歩兵一等卒	戸主及父母兄弟、姉妹氏名	戸主次郎、父平助
年給、恩給、扶助料、隱退料			

前科			
裁判ノ日及廳名	對席缺席ノ別	罪名	刑名刑期金額
年月日裁判所	席		
年月日裁判所	席		
年月日裁判所	席		
年月日裁判所	席		
年月日裁判所	席		
年月日裁判所	席		
年月日裁判所	席		

備考	

右及回答候也

昭和七年三月三十日

東京地方裁判所檢事局御中

品川區役所印

本人ノ法定代理人保佐人又ハ夫アルトキハ其ノ住居氏名又本人素行出生ノ年月日或ハ旅行出稼先其他參照トナルベキ事項ハ備考欄内ニ記入セラレタシ

〔註五〕 豫審判事ガ公務所ニ照會シテ必要ナル事項ノ報告ヲ求メタルモノデアル（刑訴法第三〇四條）。

〔証六〕

勾留更新決定

市ヶ谷刑務所在所

被告人　富田次郎

右強盗殺人被告事件ニ付昭和七年四月四日被告人ニ對シテ爲シタル勾留ハ尚ホ繼續ノ必要アルヲ以テ昭和七年六月四日ヨリ之ヲ更新ス

昭和七年五月二十七日

東京地方裁判所

豫審判事　遠野茂三郎　印

原本領收
昭和　年　月　日
右謄本
昭和七年五月二十七日
檢事局送付
裁判所書記　中村積三　印

〔註七〕

送達報告書

職第一五〇五號

送達書類ノ表示	受送達者
東京地方裁判所 昭和七年(ヨ)第一八四號 一、被告富田次郎ニ對スル 强盜殺人被告事件ノ 勾留期間更新決定謄本一通 東京地方裁判所書記課發	富田次郎宛

書類受領者ノ記名捺印	送達ノ年月日	送達ノ場所	送達方法
川村敬二㊞	昭和七年五月二十七日午後四時	東京市牛込區市ケ谷富久町 市ケ谷刑務所	受送達者不在ニ付事理ヲ辨識セル左ノ者ニ渡シタリ 所長代理看守長川村敬二ニ交附ス 左ノ者正當ノ事由ナクシテ受取ヲ拒ミタルニ付其ノ場ニ差置タリ

右之通送達候

東京區裁判所執達吏　井田次郎代理

昭和七年五月二十七日

田村一郎㊞

〔註六〕

勾留更新決定

市ケ谷刑務所在所

被告人　富田次郎

右強盗殺人被告事件ニ付昭和七年四月四日被告人ニ對シテ爲シタル勾留ハ尚ホ繼續ノ必要アルヲ以テ昭和七年八月四日ヨリ之ヲ更新ス

昭和七年八月六日

東京地方裁判所

豫審判事　遠野茂三郎㊞

原本領收

昭和　年　月　日

右謄本

昭和七年八月二日

檢事局送付

裁判所書記　中村積三㊞

送達報告書

送達書證ノ表示	受送達者
東京地方裁判所 昭和七年(ヨ)第一八四號 一、被告富田次郎ニ對スル 强盜殺人事件ノ 勾留期間更新決定謄本一通 東京地方裁判所書記課發	富田次郎宛

右之通送達候

東京區裁判所執達吏　三田　正夫代理

昭和七年八月六日　田村一郎㊞

書類受領者ノ記名捺印	送達ノ年月日時	送達ノ場所	送達方法
島村孝治㊞	昭和七年八月六日午後六時　分	東京市牛込區市ケ谷富久町 市谷刑務所	受送達者不在ニ付事理ヲ辨識セル左ノ者ニ渡シタリ 所長代理看守長島村孝治ニ交付ス 左ノ者正當ノ事由ナクシテ受取ヲ拒ミタルニ付其場ニ差置タリ

職第七五一號

〔註六〕

勾留更新決定

市ヶ谷刑務所在所

被告人　富田次郎

右強盗殺人被告事件ニ付昭和七年四月四日被告人ニ對シテ爲シタル勾留ハ尚ホ繼續ノ必要アルヲ以テ昭和七年十月四日ヨリ之ヲ更新ス

昭和七年九月二十六日

東京地方裁判所

豫審判事　遠野茂三郎㊞

原本領收

昭和　年　月　日

右謄本

昭和七年九月二十六日

檢事局送付

裁判所書記　中村積三㊞

送達報告書

送達證書ノ表示

東京地方裁判所
昭和七年(ヨ)第一八四號
一、被告富田次郎ニ對スル
强盜殺人被告事件ノ
勾留期間更新決定謄本一通
東京地方裁判所書記課發

受送達者

富田次郎宛

書類受領者ノ記名捺印	送達年月日時	送達ノ場所	送達方法
土倉道雄㊞	昭和七年九月二十六日午後七時三十分	東京市牛込區市ケ谷富久町 市谷刑務所	受送達者不在ニ付事由ヲ辨識セル左ノ者ニ渡シタリ 所長代理 看守長土倉道雄ニ交付ス 左ノ者正當ノ事由ナクシテ受取ヲ拒ミタルニ付其場ニ差置タリ

職第一六二三號

右之通送達候

昭和七年九月二十六日

東京區裁判所執達吏　三田　正夫代理

田村一郎㊞

〔註 六〕

勾留更新決定

市ケ谷刑務所在所

被告人　富田次郎

右強盜殺人被告事件ニ付昭和七年四月四日被告人ニ對シテ爲シタル勾留ハ尚ホ繼續ノ必要アルヲ以テ昭和七年十二月四日ヨリ之ヲ更新ス

昭和七年十一月二十八日

東京地方裁判所

豫審判事　遠野茂三郎 印

原本領收

昭和　年　月　日

右謄本

昭和七年十一月二十八日

檢事局送付

裁判所書記　中村積三 印

送達報告書

送達書類ノ表示	東京地方裁判所 昭和七年(ヨ)第一八四號 一、被告富田次郎ニ對スル 强盗殺人被告事件ノ 勾留期間更新決定謄本一通 東京地方裁判所書記課發
受送達者	富田次郎宛
書類受領者ノ記名捺印	藤村五郎㊞
送達年月日時	昭和七年十一月二十八日午後一時
送達ノ場所	東京市牛込區市ヶ谷富久町 市ヶ谷刑務所
送達方法	受送達者不在ニ付事理ヲ辨識セル左ノ者ニ渡シタリ 所長代理 看守長藤村五郎ニ交付ス 右ノ者正當ノ事由ナクシテ受取ヲ拒ミタルニ付其場ニ差置キタリ

職第一一七六號

右之通送達候

東京區裁判所執達吏　村山　新吉代理

昭和七年十一月二十八日

田村一郎㊞

〔註　六〕

勾留更新決定

市ヶ谷刑務所在所

被告人　富田次郎

右强盗殺人被告事件ニ付昭和七年四月四日被告人ニ對シテ爲シタル勾留ハ尚繼續ノ必要アルヲ以テ昭和八年二月四日ヨリ之ヲ更新ス

昭和八年一月二十八日

東京地方裁判所

豫審判事　遠野茂三郎㊞

原本領收
昭和　年　月　日
右謄本
昭和八年一月三十日
檢事局送付
裁判所書記　中村積三㊞

〔註七〕

送達報告書

送達書類ノ表示	受送達者
東京地方裁判所 昭和七年(ヨ)第一八四號 一、被告富田次郎ニ對スル 强盜殺人被告事件ノ 勾留期間更新決定謄本一通 東京地方裁判所書記課發	富田次郎宛

書類受領者ノ記名捺印	送達ノ年月日時	送達ノ場所	送達方法
松川憲治㊞	昭和八年一月三十日午後六時四十分	東京市牛込區市ケ谷富久町 市ケ谷刑務所	受送達者不在ニ付事理ヲ辨識セル左ノ者ニ渡シタリ 所長代理 看守長松川憲治ニ交付ス 左ノ者正當ノ事由ナクシテ受取ヲ拒ミタルニ付其場ニ差置キタリ

右之通送達候

東京區裁判所執達吏　村山新吉代理

昭和八年一月三十日

田村一郎㊞

職第五二一號

〔註六〕既ニ〔註四〕ニ於テ説明シタル所謂勾留更新決定デアル（刑訴法第一一三條）。餘白ノ記入ハコノ決定ノ謄本ヲ検事局ニ送付シ検事ニ送達シタト謂フ證明デアル（刑訴法第五〇條、第七〇條）。

〔註七〕勾留更新決定ノアリタル都度其ノ謄本ヲ被告人ニ送ツタコトヲ證明スルトコロノ所謂送達證書デアル。一體裁判モ一ノ意思表示デアルカラ相手方ニ到達シナケレバ効力ハアルマイ。コレヲ相手方ニ到達サセル方式ニ直接口頭デ言渡ス方法ヤ、其ノ裁判ノ原本（勾引狀ヤ勾留狀ノ如ク）自體ヲ相手方ニ示スガ如キ方法モアレバ、其ノ謄本ヲ手許ニ送ツテコレヲ知ラセルコトニヨツテ行ナウ方法モアル（刑訴法第五〇條）。ソコデコレハ此ノ勾留更新決定ノ謄本ヲ在監者デアル被告人ニ對シ送達シタト謂フ其ノ證明書デアル（刑訴法第八〇條、民事訴訟法第一七七條）。送達ノ一般ニ關スル規定ハ刑事訴訟法第七十五條乃至第八十條ニ規定ガアルカラ見テ置カレ度イ。在監者ハ國家權力ニヨリテ刑務所ニ在ル者ナレバ其ノ所在勿論明カデアルカラ在監者ニ付テハ書類ノ送達ヲ受クベキ住居ヤ受取人ヲ定メテ屆出ヅル事柄ハ免除サレテ居ル（刑訴法第七五條）。在監者ニ對スル書類ノ送達ハ監獄ノ長ニ之ヲ爲スコトニナツテ居ル（刑訴法第八〇條、民事訴訟法第一六八條）。

送達ニ關スル事務ハ裁判所書記之ヲ取扱ヒ（刑訴法第八〇條、民事訴訟法第一六一條）送達自體ハ執達吏又ハ郵便ニ依リ之ヲ爲スノデ、郵便ニ依ル送達ニ在ツテハ郵便集配人ヲ以テ送達ヲ爲ス吏員トスルノデアル（刑訴法第八〇條、民事訴訟法第一六二條、執達吏規則第一條、裁判所構成法第九八條）。

ココニ郵便ニ依ル送達ト謂フノト、郵便ニ付スルノ送達ト謂フノトハ區別アルコトヲ注意シテ置ク。前者ハ執達吏ノ代リニ只郵便集配人ヲ使フト云フニ過ギナイガ、後者ハ吾々ノ普通利用スル彼ノ郵便ト謂フ一般ノ方法ノコトデ、コノ場合ニハ其ノ送達ト云フコトハ郵便ニ付シタル時ニ爲シタルモノト法律上看做サレルノデアル（刑訴法第七六條）。

〔註 八〕

第二回訊問調書

被告人　富田次郎

右強盗殺人被告事件ニ付昭和八年三月十日東京地方裁判所ニ於テ豫審判事遠野茂三郎ハ裁判所書記冬木清立會ノ上前回ニ引續キ右被告人ニ對シ訊問スルコト左ノ如シ

一、問　之迄ノ申立ニ相違點ハナイカ

答　相違アリマセヌ

二、問　被告人ノ繼母はるハ何ウ云フ氣質ノ女デアツタカ

答　繼母ハ短氣ナ人デ時々氣變リスル人デアリマシタ　ソシテ今機嫌ガ良イト思フト直グ又物ニ當リ散スト云ツタ工合デアリマシタ　私ハハツキリシタ事ハ知リマセンガ繼母自身ハ女學校ヲ卒業シタト口癖ノヤウニ云ツテ夫レヲ鼻ニ掛ケテ父ヲ尻ニ敷イテ萬事自分ガ切リ廻スト云ツタ風ノ人デアリマシタ

三、問　被告人ノ父ハ什フ云フ性質ノ人カ

答　父ハ正直デ温順シク良ク働ク人デアリマシタ

四、問　父ハ終始被告人ヲ可愛ガツテ呉レタカ

答　父ハ何時モ私ヲ可愛ガツテ呉レマシタ此ノ點ニ付テハ父ハ繼母ト違ツテ私ヲ庇ツテ居テ呉レル氣持ガ良ク判ツテ居マシタ　然シ父ハ私ノ事ニ付テ繼母ニ對シ氣兼シテ居ルヤウナ節々モ見受ケラレマシタ

五、問　繼母ヲ殺害シタ事ニ付テ其ノ當時及現在デハ什ウ考ヘテ居ルカ

答　念佛ヲ唱ヘテ死デ行ツタ繼母ノ事ヲ思フト其ノ當時ハ良イ氣持ハシマセンデシタ私モ繼母ヲ殺シタ事ニ付テハ相當重イ刑ニ處セラレル事ヲ覺悟シテ居リマスガ　之迄詳シク申上タ通リ日頃事毎ニ私ヲ虐待シテ來タ繼母ノ事ヲ思フト之レ位ノ目ニ會セテモ大シテ氣ノ毒ト云フ氣ハ起リマセン　此ノ事ハ當時モ只今デモ變リマセヌ　又只一人殘ツタ實父ノ立場ヲ考ヘルト父ニ對シテハ誠ニ濟マナイト云フ氣持ガ致シマス

六、問　之レニ見覺エガアルカ

此ノ時昭和七年押第四〇七號ノ一ヲ示ス

答　夫レハ私ガ繼母ヲ殺シテカラ家ヲ逃ゲ出ス前ニ私ガ父ニ書キ殘シタ書置デアリマス　ソシテソレヲ六疊ノ間ノ炬燵ノ上ニ置イテ置イタモノデアリマス

七、問　此ノ文面ニ依ルト自殺スルト云フ意味ノ事ガ書イテアルガ被告人ハ什フ云フ氣持デ此ノ書置ヲ書イタノカ

答　私ハ一先ヅ郷里ノ祖母ノ許ヘ行ツテ同人ノ意見ヲ聞イテ警察ヘ自首スル考ヘデ其ノ書置ヲ書イタノデアリマス

夫レニハ死ンデ御詫致シマスト書イテアリマスガ自殺スルト云フ迄ノ考ハ無カツタノデス

八、問　此ノ肉切庖丁ハ

此ノ時押同號ノ一四ヲ示ス

答　其ノ肉切庖丁デ私ノ繼母ヲ殺シタノデアリマス

九、問　此ノ小鍬ニ見覺エガアルカ

其ノ時押同號ノ一五ヲ示ス

答　其ノ小鍬ハ此ノ事件ノ直前ニ繼母ガ私ニ投ゲ付ケタモノデアリマス

一〇、問　之レハ
此ノ時押同號ノ二、三ヲ示ス
答　夫レハ此ノ事件當時私ノ着テ居タ袷ト羽織トデアリマス
一一、問　之レハ繼母ノ寫眞カ
此ノ時押同號ノ四ヲ示ス
答　左樣デアリマス
一二、問　此ノ蟇口ハ
此ノ時押同號ノ一六ヲ示ス
答　其ノ蟇口ハ私ガ家ヲ逃ル時繼母ノ懷中カラ持ツテ行ツタモノデアリマス
一三、問　之等ノ品ハ
此ノ時押同號ノ四、五、六、七、八、九、一〇乃至一三ヲ示ス
答　夫等ハ皆繼母ノ蟇口ノ中ニ入ツテ居タモノデアリマス
一四、問　之等ノ品ハ
此ノ時押同號ノ一八、一九ヲ示ス
答　夫レハ私ガ家ヲ逃出ス時簞笥カラ持出シタモノデアリマス　ソシテ其ノ黄色イ袋ノ中ニ現金ガ入ツテ居ルノデアリマス
一五、問　此ノ現金ハ

此ノ時押同號ノ一七ヲ示ス
答　夫レハ私ガ警察デ差出シタ私ノ所持金デアリマス
一六、問　此ノ手帳ハ
此ノ時押同號ノ二〇ヲ示ス
答　其ノ黒イ手帳ハ此ノ事件ノ直前ニ繼母ト私トガ奪ヒ合ツタモノデアリマス
一七、問　之レハ
此ノ時押同號ノ二六ヲ示ス
答　夫レカ前回申上タ私ガ入營中ニ家ニ歸ツテ入營ノ時ガラ富田家ノ戸主ニナツタト云フ事ヲ見タ手帳面デアリマス

被告人　富田次郎（拇印）

右讀聞ケタル處無相違旨申立署名捺印シタリ

同日於同廳作之

東京地方裁判所

裁判所書記　多木清㊞

豫審判事　遠野茂三郎㊞

〔註八〕訊問調書（刑訴法第五六條、第五八條、第七一條、第七二條、第一三六條）ニ付テハ豫審ノ部〔註二〕ノ說明ヲ參照セラレ度イ。

尤モ第一回ノ訊問ニ於テ既ニ人違ナキヤ否ヤノ訊問モ濟ンデ居ルシ尙刑事訴訟法第百三十四條ノ要求スル問モ爲サレテ居ルカラ第二回以後ニ於テ重ネテ繰リカヘス必要ハナイ。

〔註九〕

證人訊問調書

證人　富田平助

被告人富田次郎ニ對スル强盜殺人被告事件ニ付昭和八年三月十三日東京地方裁判所ニ於テ豫審判事遠野茂三郎ハ裁判所書記多木清立會ノ上右證人ニ對シ訊問スルコト左ノ如シ

一、問　氏名、年齢、職業及住居ハ如何

答　氏名　富田平助

年齢　當五十二年

職業　職工

住居　東京市品川區北品川町二丁目九百六十三番地

豫審判事ハ刑事訴訟法第二百一條ノ規定ニ該當スルモノナリヤ否ヤヲ取調ベ同條第一項第四號ニ該當スルコトヲ認メ宣誓ヲ爲サシメズ

二、問　證人ハ富田次郎ノ實父カ

答　左樣デアリマス

私ハ元川村平助ト申シマシタガ私ノ二十六歳ノ時郷里ノ新潟縣デマサ子ト云フ妻ヲ迎ヘマシタ　私トマサ子トノ間ニ次郎ガ長男トシテ産レタノデアリマス

三、問　證人ノ職業ハ

答　私ハ明治四十四年九月頃カラ大井工場デ働イテ居リマス

四、問　證人方ノ暮向ハ

答　私ハ只今約八十五圓ノ月收ガアリマス　私ハ從來借金モナク生活ハ普通ニヤツテ參リマシタガ格別財産ト云フ程ノ財産ハアリマセヌ

五、問　證人ハ何時先妻ノマサ子ニ死ニ別レタノカ

答　私ハ上京以來赤坂區內ヤ芝區內ニ住ンデ居リマシタガ大正十五年頃カラ品川區十反町九百九十四番地ニ住ミマシタ處ガ大正六年四月二日ニ先妻マサ子ハ病死致シマシタ其ノ當時次郎ハ數ヘ年デ十歲デアリマシタ

六、問　證人ハ其ノ後富田はるト夫婦ニナツタノカ

答　先妻マサ子ガ死ンデカラ暫ク私ハ次郎ヲ私一人ノ手許デ育テテ居リマシタガ大正六年十二月七八日頃富田はるト夫婦ニナリ前記ノ十反町ノ家デ同棲シマシタ　實際上ハ私ガはるヲ後妻ニ迎ヘタノデアリマスガはるハ單身戶主デ什ウシテモ富田家ヲ絕スコトハ困ルカラ戶籍ノ上デハ入夫婚姻ト云フ事ニシテ呉レト云フノデ私ハ次郎ヲ連レ子ニシテ富田はるノ處ヘ入夫スル事ニ致シ大正七年六月頃其ノ旨屆出ヲ致シマシタ斯樣ニシテ私共ハ大震災迄其處ニ住ンデ居リマシタガ震災後南品川ニ移リ更ニ昭和七年一月現住ノ所ヘ移ツタノデアリマス

七、問　富田はるハ財産ヲ持ツテ居タカ

答　はるモ財産ハ持ツテ居ナイノデアリマス

八、問　次郎ノ從來ノ素行ハ什ウデアツタカ

答　次郎ハ曾ツテ呉服屋ニ奉公中主人ノ金ヤ反物ヲ持逃ゲシタリ　又他人ノ自轉車ヲ盜ンデ勝手ニ乘リ廻シタリシ

タ事モアリマス　ソシテ亡クナツタはるハ次郎ハ手癖ガ惡イト申シテ居リマシタ
又次郎ハ近所ノ女ノ子ニ惡戯シタノデ私ハ詳シイ内容ハ知リマセンガ　右申上タ様ナ事情デ之レ迄三、四回警察ヤ少年審判所ノ御厄介ニナリ其ノ結果約三年間施無農學園ニ入レタ事ガアリマス

九、問　次郎ハ之レ迄病氣ニ罹ツタ事ガアルカ

答　次郎ハ小サイ時カラ別段之レト云フ病氣ニ罹ツタ事ハアリマセンデシタガ　今カラ五、六年前ニ蓄膿症ニ罹リ私方デ一度手術ヲ受ケタ事ガアリマス　施無農學園デ矢張蓄膿症デ一回手術ヲ受ケタソウデス
現在デハ別段同病ノ苦痛ハ訴ヘマセンガ未ダ幾ラカ惡イ様ニ思ヒマス

一〇、問　次郎ハ從來女ニ對シ常人ト異ナル様ナ行動ヲシタカ

答　右申シタ通リ次郎ガ女ノ子ニ惡戯ヲシタノデ警察ヤ審判所ヘ呼バレタ以外ニハ格別變ツタ事ハアリマセンデシタ

一一、問　次郎ハ幼時ニ後頭部ヲ强ク打ツタト居ツテ居ルガ什ウカ

答　次郎ガ小サイ時ニ或ルガード下ノ處デ無理ヲ云ツテ後頭部ヲ打ツタ事ガアリマシタガ別段大キナ事デナク醫者ニモカカラナイデ濟ンデ仕舞ツタノデシタ

一二、問　次郎ノ近親者中ニ精神病者ガアルカ

答　次郎ノ叔父ニ當ル者ガ氣ガ狂ツタ事ガアリマス

一三、問　從來はるト次郎トノ折合ハ什ウデアツタカ

答　二人ノ折合ハ良クナカツタノデアリマス

一四、問　何故折合ガ惡カツタノカ

答　はるハ私ノ處ヘ來ルト間モナク確カ大正七年ノ事ダツタト思ヒマスガ　私ニ無斷デ先妻マサ子ノ位牌ヤ寫眞ヲ燒キ棄テテ仕舞ヒマシタ　後デ私ガ其ノ事ヲ知リはるニ何故左樣ナ事ヲシタカト詰ルト同人ノ本心ノ處ハ判リ兼ネマスガ自分ノ家ノ宗旨ハ門徒デ貴方ノ處ハ禪宗デスカラ御經ヲ上ゲテモ通ジナイシ粗末ガアツテハ却ツテ惡イカラ位牌ヲ燒イタト申開キヲシテ居リマシタ　ソシテ何故寫眞ヲ燒イタノカト云フト實母ノ寫眞ガアツテハ次郎ガ自分ニナヅカナイカラ燒イタノダト申シテ居リマシタ　其ノ當時次郎ハ未ダ子供デシタカラ其ノ後他人カラはるガ實母ノ位牌等ヲ燒イタ事ヲ聞キ知ツテ大變はるヲ恨ンデ居ル樣デアリマシタ

一五、問　引續キ折合ノ惡カツタ譯ヲ話シテ見ヨ

答　ソレカラ前申上タヤウニ次郎ハ不良性ガアル上ニ什ウ云フ者カはるニナヅカナイノデシタ　はるハ次郎ハ到底富田家ノ後ヲ繼ガセル見込ガナイカラ私ニ誰カ私ノ身内デ氣ニ入ツタ者ヲ見立テ其ノ者ニ富田ノ後ヲ繼ガセ度イト始終頼ンデ居リマシタ　處ガ私ガはるノ云フ通リニシナカツタノデはるハ次郎ガ施無農學園ニ入園シテ居ル間ニ私ニ無斷デ色々戸籍ノ事ヲ細工シテ次郎ノ籍ヲ別ニシテ富田家ノ後ヲ繼ガセナイ樣ニシマシタ

一六、問　右戸籍ヲ細工シタ經過ハ此ノ通リカ

此ノ時富田家ノ戸籍謄本ヲ示ス

答　全ク左樣デアリマス

私トはるハ實際ハ夫婦ニナツテカラ一度モ協議離婚ヲシタ事ガナイノデアリマス　然ルニ次郎ヲ正式ニ廢嫡スルニハ裁判ヲセネバナラヌノデはるハ私ニ無斷デ丸島ト云フ代書人ノ意見ヲ聞イテ只今御示ノ戸籍謄本ニ書イテア

ル様ニ次郎ヲ戸主ニシテ私ヤはるガ一旦分家ヲシタ事ニシ更ニ私トはる丈入夫婚姻ヲシタ事ニシテ次郎ト別ノ戸籍ニナツタノデアリマス

一七、問　右次郎ノ籍ヲ別ニスル事ニ付テはるハ證人ニ同意ヲ求メタノカ

答　左様デアリマス　私ノ知ラナイ間ニはるガ勝手ニ次郎ノ籍ヲ拔イテ仕舞ツタノデスはるカラ其ノ話ヲ聞イタ時ニハ同人ノ勝手ナ振舞ニ付テ隨分腹モ立チマシタガはるト次郎トノ折合ノ惡イ事ヤ次郎ガ不良デアル事ヲ考ヘテ結局仕方ガナイト思ツテ泣キ寢入リヲシテ居タノデアリマス

一八、問　はるハ次郎ガ何時迄モ施無農學園ニ居ルコトヲ望ンデ居タノカ

答　左様デアリマス　次郎ハ施無農學園デ小林サント云フ方カラ大變面倒ヲ見テ頂キマシタ　ソシテ小林サンカラ郎ノ心モ直ツタカラ實家ヘ歸スト云ン御話ノアツタ時ニ亡妻はるハ何故カ强硬ニ次郎ガ家ニ歸ルコトニ反對ヲ致シマシタ小林サンハ先年遂ニ亡クナリマシタ

一九、問　其ノ後次郎ハ入營シタノカ

答　左様デアリマス次郎ハ學園カラ赤坂ノ歩兵第一聯隊ニ入營致シマシタ

二〇、問　次郎入營中はるトノ折合ハ什ウデアツタカ

答　次郎ハ入營シテ以來日曜毎ニ私方ヘ參リマシタ　其ノ當時軍隊教育ヲ受ケタセイカ次郎ハ大分改心シタヤウニ見受ケラレマシタノデ私等ハ喜ンデ居マシタ　其ノ後同人ハはるガ戸籍ノ方ヲ細工シテ同人ヲ分籍シタ事ヲ知ツタモノト見ヘテ私ニオ父サンモ承知ノ上デ左様ナ事ヲシタノデスカト尋ネマシタカラ私ハ自分ガ知ラナイ間ニオ母サンガヤツタ事デアルト云フト次郎ハ酷ク憤激シテ居リマシタ　夫レ以來同人ハ益々ヒガンデ來タト思

ヒマス

二一、問　其ノ當時證人ハ次郎ニ對シテ什ウ云フ意向ヲ持ツテ居タカ

答　私ハ始終次郎ヲ愛シテ居リマシタ　私ハ同人ガ一定ノ職モナク段々年ヲ取リはるノ反對ガアルノデ後ヲ繼ガセル事モ出來マセンカラ　幾ラカ次郎ニ金デモヤツテ一本立ガ出來ルヤウニナレバ良イト思ツテ居リマシタガ　當時ノ私ニハ次郎ニ對シテハツキリシタ意見ハ決ツテ居リマセンデシタ

二二、問　はるハ次郎ヲ除外シテ他ニ適當ナ後繼者ヲ探シタ事ガアルカ

答　はるハ新潟市礎町二丁目ノ次郎ノ從弟吉田角三ノ妹よしヲ養女トシテ貰ツテ富田家ノ後ヲ繼ガセ度イ意向ノ樣デアリマシタ　處ガ次郎ガ入營後大分改心シタ模樣ダツタノデ其ノ當時はるハ私ニよしヲ貰ヒ受ケテ次郎ト夫婦ニシテ後ヲ繼ガセヤウカト申シマシタガ　私ハ未ダ次郎ガ本當ニ改心シタカ什ウカ判ラナイカラ本人ガ除隊シテ歸ツテカラ實際改心シタカ什ウカ充分見屆ケタ上デナクテハ緣談ノ話ヲ進メテハイケナイト云ツテ反對シマシタ　夫レデ此ノ話ハ其ノ儘ニナリマシタ　私ノ見ル處デハ次郎ハ從妹よしト夫婦ニナルコトニ付テハ不服ハナイ樣デアリマシタ　夫レデ實際ノ事ハ右申上タ通リデアリマスガ次郎ハよしトノ緣談ノ邪魔ヲシタノハ私デナクはるデアルト邪推シテ居ル事ト思ヒマス

二三、問　次郎ハ何時除隊シタノカ

答　昭和二年十一月末頃除隊シテ私方へ歸ツテ參ツタノデアリマス　ソシテ前申上タ通リ同人除隊後翌年ノ一月ニ現住所へ移リマシタ

二四、問　次郎除隊後證人等夫婦ハ次郎ト同一戸籍ニ入ツタネ

答　左樣デアリマス　其ノ後次郎カラ私ヤはるニ戸籍ヲ元通リニセヨト迫ツテ聞カナイモノデスカラ結局私等夫婦ハ戸主次郎ノ家族トシテ入籍致シマシタ　此ノ時ハ親子三人揃ツテ代書人ノ處へ行ツテ手續ヲシテ貰ツタノデアリマス

一二五、問　次郎ハソレデモ尚不服ヲ唱ヘテ居タカ

答　次郎ハ左樣ニシテモ自分ハ戸主ハ厭ダ元通リオ父サンガ戸主ニナツテ自分ガ其ノ長男デアツタ昔ノ通リニ直シテ呉レト迫リマシタガ　私ハオ前長男ダカラ早晩戸主ニナルノダカラ戸主デ良イジヤナイカト云フト同人ハ普通ノ順序デ戸主ニナツタノナラ良イガ變ナ細工ノ結果戸主ニナツタノダカラ厭ダト申シマシタガ　種々說得シタ結果同人モ納得シタノデアリマス　其ノ後次郎ガ餘リ元通リ長男ニ直セト迫リマスノデ何カノ手續ヲシタモノト見ヘ私等親子三人共東京區裁判所ノ非訟係ノ處へ呼バレマシテ事情ヲ御話スルト係ノ方ハ一旦戸主ニナツタモノヲ又變ヘルノハ變ダカラ其ノ儘ニシテ圓滿ニ話ヲ付ケタラ良イダラウト云フ御意見デアリマシタ

一二六、問　除隊後はるト次郎トノ仲ハ什ウデアツタカ

答　除隊當時次郎ガ改心シタ樣ナ模樣ダツタノデ私モ家內モ一安心シテ居リマシタ　次郎ハ分籍ノ事ヲ根ニ持ツテ居ルモノト見ヘ段々家內ト折合ガ惡クナリ　家內モ次郎ノ左樣ナ素振ヲ察シタモノカ遂ニ私ニ絕對ニ次郎ハ家ニ置ケナイト申出ル樣ニナリマシタ　二人ノ仲ハ日增シニ惡クナツテ行ツタノデ私ハ困ツテ一人デ泣イテ居リマシタ

一二七、問　證人不在中ハはるト次郎トハ食事モ一緒ニシタ事ガナクロモ利カナカツタト云フ事ダガ　證人ハ左樣ナ事情ヲ判ツテ居タカ

答　私ハはるカラモ次郎カラモ左樣ナ話ハ聞キマセンカラ細カイ事ハ知リマセンデシタガ私ノ留守中二人ガオ互ニ氣拙イ思ヲシテ居ル事ハ察シテ居リマシタ

二八、問　從來はるガ次郎ヲ毆ツタ事ガアルカ

答　從來はるハ時々次郎ヲ打チマシタ　私ハ除隊後モ次郎ガ二度家内ニ打タレルノヲ見マシタ　其ノ度次郎ガ激昂シテ居ル事ハ同人ノ顔色デ判リマシタ　同人ハ私ノ見テ居ル前デハ繼母ニ向ツテ手出シハシマセンデシタ　私ハ次郎ガ怒ル度ニ繼母ニ手出ヲスルノデハナイゾト云ツテ戒シメテ居リマシタ

二九、問　はるハ什ウ云フ氣立ノ女カ

答　はるハ大分普通ノ人トハ違ツタ氣風ノ女デ友達モ無ク女學校卒業程度ノ教育ヲ受ケテ新聞等デ政治ノ記事等ヲ讀ミ大臣ノ變ツタ時等ニハ其ノ寫眞ヲ切リ抜イテ保存シテ居リマシタ　同人ハ强情ナ女デアリマシタ

三〇、問　證人ハ昭和七年三月五日ニ何時頃出勤シタカ

答　此ノ事件ノ起ツタ昨年三月五日ノ朝私ハ平素ノ通リ午前六時四十分頃ニ自宅ヲ出テ大井工場ヘ仕事ニ參リマシタ

三一、問　證人ガ出勤スル際次郎ハ什ウシテ居タカ

答　私ガ出勤スル際ニハ次郎ハ未ダ玄關突當リノ六疊ノ間ニ寢テ居タト思ヒマス

三二、問　はるガ殺サレテ居ルノヲ發見シタ顚末ヲ述ベテ見ヨ

答　大井工場ハ午後五時ニ退ケマスノデ當日午後五時十分頃ニ私ハ自宅ヘ歸ツテ參リマシタ　平素家内ガ大抵臺所ニ居テ私ガ歸ルトオ歸リナサイト云フノガ例ニナツテ居リマシタガ其ノ日ハ家内ノ姿ガ見ヘナカツタノデ用逹ニ

閂カケタノカト思ヒ乍ラ玄關ノ二疊ノ障子ヲ開ケテ臺所ニ參リ　更ニ臺所ノ障子ヲ開ケテ次ニ臺所ト茶ノ間ノ六疊トノ境ノ障子ヲ開ケマシタ　スルト其ノ茶ノ間ノ六疊ノ臺所ニ寄ツタ方ニ妻ガ仰向ニナツテ頭ヲ略東南ノ方ニ向ケテ左ノ頸筋ノ處ヲ突カレテ倒レテ居ルノヲ發見シマシタ　尙邊リヲ見マスト其ノ間ノ炬燵ノ上ニ書置ラシイモノガアツタノデ其ノ瞬間私ハ妻ガ倅ト折合ガ惡イノデ書置ヲ書イテ自殺シタノカト思ヒマシタガ其ノ書置ヲ見ルト次郎ノ筆跡デ　オ父サン大變ナ事ヲシテ申譯アリマセント書イテアツタノデ私ハサテハ次郎ガヤツタ事デアルト思ヒ大變ナ事ヲシテ呉レタトビツクリ致シマシタ　ソレデ早速向ヒノ家主ノ奥サンニ家内ガ大變ダカラ醫者ヲ呼ンデ來テ下サイト賴ミマシタ

三三、問　夫レカラ什ウシタカ

答　スルト間モナク近所ノ大久保サント云フ醫者サンガ來テ下サイマシタガ　家内ハモウ駄目ダト云ヒマシタソシテ大久保サンガ交番ヘ届ケテ下サツタモノト見ヘテ間モ無ク巡査ガオ見ヘニナツタノデアリマス

三四、問　此ノ小鋏ニ見覺エガアルカ

此ノ時押同號ノ一五ヲ示ス

答　其ノ小鋏ハ平素はるガ使ツテ居タモノデ私ガはるガ殺サレテ居ルノヲ發見シタ時はるノ頭ノ處カラ約四尺東南ノ方ヘ離レタ同ジ部屋ノ疊ノ上ニ其ノ小鋏ガ落チテ居タノデアリマス　ソシテ私ハ夫レヲ拾ツテ裁縫箱ノ中ニ納メテ置キマシタ

三五、問　此ノ肉切庖丁ニ見覺エガアルカ

此ノ時押同號ノ一四ヲ示ス

答　夫レハ私方ノ肉切庖丁デアリマス　私方デハ平素其ノ庖丁ヲ臺所ノ鼠入ラズヲ二ツ重ネタ間ニ置イテアリマス

三六、問　此ノ事件後證人ガ最初ニ肉切庖丁ヲ見タ際ニ血ガ付イテ居ナカツタカ

答　血ハ少シモ付イテ居リマセンデシタ

三七、問　此ノ事件後證人ガ此ノ肉切庖丁ヲ警察ヘ差出ス前ニ使ツタカ

答　私ハ事件後四五日經ツテカラ其ノ庖丁ヲ警察ヘ出シタノデスカラ其ノ間私方デハ其レヲ使ヒマシタ

三八、問　次郎ノ書置ト云フノハ之レカ

此ノ時押同號ノ一ヲ示ス

答　左樣デアリマス

三九、問　次郎ハ此ノ事件後逃走スルニ際シ證人方ノ有金中はるノ所持金ヲ持ツテ居ツタノカ

答　私ハ家計ノコトハはるニ任セテアツタノデ其ノ當時約五十圓近クノ金ガアツタト思ヒマス　私ハはるガ其ノ金ヲ帶ノ中ニ入レテ持ツテ居ツタト思ヒマスガ次郎ガ逃走スル際家ノ中ノ金ヲ全部持ツテ行ツタノデ私ハ一時大分弱リマシタ

四〇、問　然シ次郎ハ繼母ヲ殺シテカラ懷中カラ二圓餘在中ノ蟇口ヲ取リ更ニ簞笥ノ抽斗ノ中カラ現金三十餘圓ヲ持チ出シタト申シテ居タガ如何

答　次郎ガ左樣ニ申シテ居ルナラバ其ノ通リ相違ナイト思ヒマス私ハ平素はるガ簞笥ノ中ヘ實印其ノ他大切ナ物ヲ納ツテ居ルノヲ知ツテ居リマスカラ大部分ノ金ヲ其處ヘ納ツテ置イテ少シ宛小出ニシテ持ツテ居タモノト思ヒマス

四一、問　はるハ生前身體ガ丈夫デアツタカ

答　はるハ喘息ノ持病ガアリ至ツテ虛弱デアリマシタ

四二、問　はるト次郎トノ仲ガ惡カツタ事ニ付テ二人ノ内何レノ方ニ責任ガアルト思フカ

答　私ハ只今トナツテ事實ヲ曲ゲテ迄我子ヲ庇ハウト云フ樣ナ考ハ毛頭アリマセンガ　はるハ自分ガ子供ヲ產ンダ事ガ無イセイカ子供ヲ育テル事ガ極メテ下手デ　子供ニ對スル扱ヒガ良クナイノデ　私モ隨分手古摺リマシタ　はるニ對シテ產ノ親ノ樣ニト注文スルコトハ或ハ無理カモ知レマセンデシタガ今少シ次郎ニ對シテ愛情ヲ持ツテ呉レタラ良カツタト思ヒマス　夫レデスカラ此ノ事件ノ起ツタ原因ハ其ノ責任ガはるト次郎トニ五分〳〵カ或ハはるノ方ニ五分以上ノ責任ガアルト思ヒマス

四三、問　證人ハ其ノ後妻ヲ迎ヘタカ

答　私ハ昨年五月七日ニきみ子ト云フ女ヲ後妻ニ迎ヘマシク

四四、問　證人ハ今次郎ニ對シテ什ウ云フ意向ヲ持ツテ居ルカ

答　次郎ノシタ事ハ誠ニ惡イ事デ私モ此ノ事件デ世間ヲ騷ガセ誠ニ濟マナイト思ツテ居リマス然シ事ノ起リハ次郎丈ガ惡イノデナク前申シタ通リはるノ仕打ニモ良クナイ點ガアツタノデアリマスカラ私ハ次郎ヲ不憫ト思ツテ只今デモ差入ヲシテヤツテ居リマス　私ハ次郎ノ外ニハモウ實子ヲ設ケル見込ハナイモノデアリマスガ斯樣ナ始末ニナツテ將來次郎ヲ賴リニスル事モ出來ナクナリマシタ　只私トシテハ次郎ガ處分ヲ受ケテ什ウカ一人立チデ暮シテ行ケル樣ニナレバ結構ト思ヒマスガ今後果シテ什ウナルカ判リマセンノデ將來ノ事ヲ考ヘルト御飯モ喰ベラレナイ狀態デアリマス

四五、問　此ノ蟇口ニ見覺エガアルカ

此ノ時押同號ノ一六ヲ示ス

答　夫レハ此ノ前はるノ持ツテ居タ蟇口デアリマス

四六、問　此等ノ品ニ見覺エガアルカ

此ノ時押同號ノ一八、一九ヲ示ス

答　此ノ二品ハ私方ノ物デアリマス

四七、問　此等ノ衣類ニ見覺エガアルカ

此ノ時押同號ノ二三ヲ示ス

答　其ノ羽織ト着物トハ此ノ事件當時次郎ガ着テ居タモノデアリマス

證人　富田平助㊞

右讀聞ケタル處無相違旨申立署名捺印シタリ

同日於同廳作之

東京地方裁判所

裁判所書記　冬木清印

豫審判事　遠野茂三郎印

〔註一〇〕

宣　誓　書

良心ニ從ヒ眞實ヲ述ヘ何事ヲモ默秘セス又何事ヲモ附加セサルコトヲ誓フ

證　人　永　田　ミ　ヨ

〔註九〕

證人訊問調書

被告人富田次郎ニ對スル强盗殺人被告事件ニ付昭和八年三月十四日東京地方裁判所ニ於テ豫審判事遠野茂三郎ハ裁判所書記多木清立會ノ上右證人ニ對シ訊問スルコト左ノ如シ

一、問　氏名、年齢、職業及住居ハ如何

答　氏　名　永　田　ミ　ヨ

年　齢　當五十年

職　業　無　職

住居　東京市荏原區中延町七百四十番地

豫審判事ハ刑事訴訟法第二百一條ノ規定ニ該當スルモノナリヤ否ヤヲ取調ベ之ニ該當セザルコトヲ認メ僞證ノ罰ヲ告ゲ宣誓ヲ爲サシメタリ

二、問　證人ハ永田金次郎ノ妻カ

答　左樣デアリマス

三、問　證人ノ夫ノ職業ハ

答　夫ハ約十八年前カラ大井工場ニ勤メテ居リマス

四、問　證人ハ何時カラ現住所ニ住ンデ居ルノカ

答　約七年前カラ住ンデ居リマス

五、問　證人ハ元品川區十反町ニ住ンデ居タ事ガアルカ

答　年月日ハ良ク覺ヘテ居リマセンガ以前品川區十反町九百四十三番地ニ十三年間程住ンデ居タ事ガアリマス

六、問　其ノ當時證人方ノ近所ニ川村平助ト云フ者ガ住ンデ居タカ

答　私等ガ十反町ヘ移ツテカラ一年許リ後ニ私方ノ筋向フヘ川村平助ト云フ人ガマサ子ト云フオ神サント次郎ト云フ五ツ許リノ子供ト共ニ引越シテ來マシタ

七、問　其ノ後證人等ハ川村ト親シク交際シタカ

答　其ノ頃十反町ノ私共ノ住ンデ居ル處ハ家數ハ僅カ三軒シカ無ク大變淋シイ處デアリマシタ　夫レデ私共ト川村サントハ親戚デハアリマセンガ平助サンモ夫ト同ジク大井工場ヘ勤メテ居タノデ私トマサ子サントハオ互ニ子供

ガ一人宛アツタノデ夫ノ出勤シタ留守ニハ始終往來シテ其ノ後數年間姉妹同樣ノ親シイ交際ヲ續ケテ居マシタ

八、問　處ガマサ子ハ病氣ノ爲死去シタノカ

答　マサ子サンハ平常カラ心臟ガ弱イト云ツテブラ〱シテ居テ　セメテ子供ガ尋常三年ニナル迄達者デ居タイト云ツテ居リマシタガ確カ大正六年ノ春グツタト思ヒマスガ　急ニ病氣デ半身不隨ニナリ床ニ就キマシタノデ私ハ毎日ノ樣ニマサ子サンノ看護ヲ致シマシタガ遂ニ一週間許リデ亡クナリマシタ

九、問　マサ子ハ死亡スル前ニ次郎ノ事ヲ證人ニ賴ンダカ

答　マサ子サンガ死ヌ前ニ私ニ向ツテ子供ノ事ハ宜敷賴ムト云フ言葉ガアリマシタカラ　私ハマサ子サンガ死ンデカラモ川村サンノ御宅ヘ出入シテ次郎ノ面倒ヲ見テヤリマシタ　其ノ後平助サンガ佛壇ニマサ子サンノ位牌ト寫眞トヲ祀ツテ居リマシタカラ私モオ線香ヲ上ゲテヤツタ事ガアリマス

一〇、問　其ノ後平助ハ富田はるト夫婦ニナツタノカ

答　マサ子サンガ死ンデカラ半年カ一年足ラズ經ツテカラはるサント云フ女ト一緒ニナリマシタ　其ノ時カラ平助サン達ハ富田ト云フ姓ニ變リマシタ

一一、問　證人ハ其ノ後富田はるト交際ヲシテ居タカ

答　左樣デアリマス

一二、問　證人ハはるガマサ子ノ位牌ヤ寫眞ヲ燒イタ事ヲ知ツテ居ルカ

答　知ツテ居リマス　はるサンガ來テカラ間モナイ頃デアリマシタ私ガはるサンノ處ヘ行ツタ時ニ先方カラマサ子サンノ位牌ヤ寫眞ヲ燒イテ仕舞ツタト申シマシタカラ私ハ驚イテ何故左樣ナ事ヲシタノカト聞クトはるサンハ私

ノ處トハ宗旨ガ違フシ寫眞等ヲ置イテ置クト子供ノ爲ニ良クナイカラ燒キ棄テタト申シテ居リマシタ

一三、問　證人ハ其ノ話ヲ平助ニ告ゲタカ

答　其ノ後間モナク私ハ平助サンニ其ノ話ヲ致シマシタ　スルト同人ハ自分ノ留守中ニはるガ一人デヤツタ事デ自分モ隨分腹ガ立ツタガ旣ニ後ノ事デアツタカラ何モ云ハズニ居ダト云フ事デアリマシタ

一四、問　證人ハはるガマサ子ノ位牌等ヲ燒キ棄テタ事ヲ次郎ニ話シタカ

答　私ハ只今ハツキリシタ事ハ覺ヘテ居リマセンガ次郎ニ其ノ話ハ多分シナカツタト思ヒマス　然シ其ノ當時亡クナツタマサ子サンノオ母サンガ上京シテ私方ヘ一晩泊ツタ際ニ私ハ其ノ人ニはるサンガマサ子サンノ位牌等ヲ燒キ棄テタ話ヲ致シマシタ　スルトマサ子サンノオ母サンハ大變腹ヲ立テテ幾ラ娘ノ骨ハ田舍ノ方ニ埋メテアルト云ツテ何モ位牌等ヲ燒カナクテモ良イダラウシ　又次郎ノ歸迄富田ノ方ヘ入レナクトモ良イ　次郎丈ハ川村ノ家ヲ立テサセレバ良イニト云ツテはるサンニ對スル不平ヲ云ツテ居ラレマシタ

一五、問　其ノ當時はるハ次郎ヲ可愛ガツテ居ナカツタカ

答　はるサンハ次郎ヲ可愛ガラナイ樣子デアリマシタ　夫レデ次郎ハ學校カラ歸ルトオ父サンノ勤メ先カラ歸ル迄主ニ外デ遊ンデ居ルヤウニ見受ケラレマシタ　はるサンハ度々私ニ平助ハ棄テラレナイガ次郎ハ什ウナツテモ良イト云ツテ居リマシタ　私モ左樣ナ話ヲ聞クノハ良イ氣持ハシマセンデシタ　夫レデモ近所ノ事デスカラ其ノ後約五六年間普通ニ交際シテ參リマシタ

一六、問　はるハ什ウ云フ女デアツタカ

答　はるサント云フ方ハ何デモ女學校ヲ出タトカ云ツテ手紙等ハ上手ニ書キマシタ　ソシテ時々私等ニ向ツテ無教

育ナ者ハ困ルト云ツテ威張ツテ居リマシタ

一七、問　其ノ後富田一家ノ者ガ證人方ヘ同居シタ事ガアルカ

答　大正十二年ノ大震災ノ時富田サンノオ宅ハ地震ノ爲ニ半潰レニナツテ住メナクナリマシタノデ　一家族ガ全部私方ヘ同居シタ事ガアリマス

一八、問　其ノ當時ノ事ニ付テ何カハツキリ覺ヘテ居ルコトガアルカ

答　アリマス、其ノ頃平助サンガ工場ヘ行ツタ留守ニはるサンガ晝寢ヲシテ居リマシタ　丁度晝御飯時分ニナツタノデ次郎ガ外カラ歸ツテ來テ御飯ヲ喰ベ度イノデ母親ヲ起シマシタガはるサンハ起キマセンデシタ　私ハ次郎サンガ腹ヲ減ラシテ居ルノヲ見テ氣ノ毒ニ思ヒはるサンニ無斷デ富田サンノオ櫃ノ御飯ヲ次郎サンニ喰ベサセマシタ　暫クシテはるサンガ眼ヲ覺マシタノデ私ハ其ノ話ヲシタ處はるサンハオ櫃ヲ見テ晩ノ御飯ガ足リナクナツタト云ツテ大變次郎ヲ叱リマシタカラ　私ハ益々可愛サウニナツテ子供ノ事ダカラ仕方ガナイト云ツテはるサンヲナダメタ處　却ツテ同人ハ私ニ向ツテ子供ノ肩ヲ持ツ碌デナシト大變腹ヲ立テラレマシタカラ　私モ腹ガ立ツタノデ夫レハ無理ダ子供ガ御飯ヲ喰ベル位ノ事ハ仕方ガナイデセウト云ヒマストはるサンハ重ネテ又貴女ハ字ガ出來ナイカラ仕方ガナイガ夫レダカラ次郎ハ私ノ云フ事ヲ聞カナクナルノダト申シマシタカラ　私モ遂ニ其ノ晩夫ニ其ノ次第ヲ話シテアンナ人達ト一緒ニ暮シテ居ルノハ厭ダカラ何處カヘ引越シテ呉レト云ツテ同居スル事ヲ斷リマシタ　スルト富田サン一家ハ其ノ後直グ南品川ノ方ニ移リマシタ

一九、問　證人ハ其ノ後富田ノ人々ト交際ハシナカツタカ

答　富田サンノ方ハ其ノ後引越先モ知ラセテクレナカツタノデ私ノ方デモ別ニ訪ネテ行キマセンデシタ　左樣シテ

其ノ後途中デ會ツテ言葉ヲ交ハシタ事モアリマセンカラ勿論往復ハ致シマセンデシタ

二〇、問　十反町ニ居タ頃次郎ハ何處カ普通ノ子供ト變ツタ處ガアツタカ

答　はるサンガ次郎サンニ對スル情愛ガ薄カツタ故カ次郎サンハ母親ニナツカナイ様ニ見受ラレマシタ　其ノ他次郎サンニ別段普通ノ子供ト違ツタ點ハ見受ケラレナイ様ニ思ヒマス　私等ガ別レテカラ度々次郎サンガ段々不良ニナツタト云フヤウナ事ヲ耳ニシマシタ

證人　永田ミヨ㊞

右讀聞カセタル處無相違旨申立署名捺印シタリ

同日於同廳作之

東京地方裁判所

裁判所書記　冬木清㊞

豫審判事　遠野茂三郎㊞

〔註九〕証人訊問調書デアル（刑訴法第五六條、第五八條、第七一條、第七二條、第二〇七條、第一三六條）。

證人トハ裁判所其ノ他ノ國家機關カラ自己ノ實驗シタル事實ニ付テ供述スル樣命ゼラレタ第三者デアッテ、均シク訴訟ノ第三者デアル鑑定人トノ區別ニ付テハ既ニ檢事ノ部〔註五〕ニ付說明シタルトコロヲ參照セラレ度イ。

證人ノ義務ニ付テハ通常（一）出頭ノ義務（二）宣誓ノ義務（三）供述ノ義務ノ三トシテ居ル。コレラノ義務ニ付關係法文ヲ列擧シテオイタカラ見テオカレ度イ。出頭義務（刑訴法第一九二條、第八四條、第九九條、第二〇七條、第八五條、第一九〇條、第一九一條、第一九三條、第一九四條、第二〇八條、第二〇九條、第二一一條）、葉書ヤ電話デ呼ンデ出頭シテ來タ證人デモ勿論適法上訊問ガ出來ルノデアッテ、ソレハ結局刑事訴訟法第八十五條ノ法理カラ來ルノデアル。宣誓義務（刑訴法第一九六條、第一九七條、第一九八條、第一九九條、第二〇一條、第二〇二條）、本件ニ於テ證人富田平助ハ被告人ノ父ナルヲ以テ宣誓ヲ爲サシメナイデ訊ネテ居ルノデアル。尙刑事訴訟法第百八十六條第一項ニ規定スル者ハ供述ノ義務サヘナイノデ之ヲ拒メバ拒メルノデアルガ、進ンデ述ベルト云フナラ宣誓ヲ爲サシメナイデ訊ネル次第デアル。尙宣誓ニ付テ一言シテオクコトハ宣誓ヲサセナイデ訊ヌル場合デアルベキニ宣誓ヲサシテ訊ネタノハ法律上證言タルノ效力ハアルガ、本來宣誓ヲ爲サシムベキ者ニ對シ宣誓ヲ用ヒズシテ訊問シタル證言ハ法律上效力ナク、其ノ訊問調書ヲ證據トシタ場合ニハ其ノ判決ハ違法デアル。供述ノ義務（刑訴法第二一〇條、第二〇三條、第二〇四條、第二〇五條、第二〇六條、第一八五條、第一八六條、第一八七條、第一八八條、第一八九條）、檢事又ハ司法警察官ガ證人訊問ヲ爲シ得ル場合ハ刑事訴訟法第二百十四條ノ規定スル所デアリ、尙第二百十五條ノ規定デ宣誓ヲ爲サシメルコトガ出來ナイノヲ始メトシ、第二百十六條ヤ第二百十七條ノ規定ノアルコトニ注意スベキデアル。尙警察ノ部〔註九〕ヲモ參照セラレ度イ。

〔註一〇〕〔註九〕ニ於テ說明シタル如ク宣誓ヲ爲サシムベキ場合ニ於ケル宣誓デアッテ、コレハ其ノ宣誓書デアル（刑訴法第一九八條）。被告人ノ父富田平助ニハ宣誓書ノナイコト勿論デアル。宣誓ヲ爲サシムベキ證人ニハ必ズ宣誓前僞證ノ罰ヲ告ゲナケレバナラナイ（刑訴法第一九九條、民訴法第二八七條）。（尙實際ニ永田ミヨノ調書ニ付テ見ラルル通リ僞證ノ罰ヲ告ゲ宣誓ヲ爲サシメタルト記錄サレテ居ルノデアル）。宣誓ハ訊問前ニ爲サシムルノガ原則デアルケレドモ場合ニヨリ宣誓ヲ爲サシムベキ者ナリヤ否ヤニ付疑アルトキハ、訊問後ニ於テ爲サシムルコトモ出來ル。（刑訴法第一九七條）ソノ訊問後ノ宣誓書デハ刑事訴訟法第百九十八條第二項後段ノ如クニ記載サレナケレバナラナイ。宣誓ノ實際ノヤリ方ハ公判ニ於テハ刑事訴訟法第百九十八條第三項ノ通リデアルガ、豫審判事ハ證人ノ訊問ニ關シテ裁判所又ハ裁判長ト同一ノ權ヲ有スルノデハアルガ、（刑訴法第二一三條）コノ起立シテ宣誓書ヲ朗讀スルト云フヤリ方ハ不公開ニ於テ取調ヲ爲ス豫審ノ性質ニ鑑ミ豫審ニハ適用ノナイ規定デアル。

〔註一一〕

請求書

被告人　富田次郎

右強盗殺人被告事件ノ證人トシテ昭和八年三月十四日出頭致候日當及旅費給與相成度及請求候也

住所　東京市荏原區中延町七四〇番地

昭和八年三月十四日

氏名　永田ミヨ㊞

東京地方裁判所　豫審判事　遠野茂三郎殿

左記金額ヲ給與ス

昭和八年三月十四日係官印㊞

一、金二圓也

内譯

金貳圓　日當一日分

前書ノ金額領收候也

昭和八年三月十四日

永田ミヨ㊞

〔註一一〕證人ハ旅費、日當及止宿料ヲ請求スルコトガ出來ル（刑訴法第二一八條）。然シコレヲ請求スルニハ豫審ニ於テハ其ノ終結前ニ、公判ニ於テハ判決前ニ請求シナケレバナラナイ（刑事訴訟費用法第六條）。其ノ額等ニ付テモ刑事訴訟費用法ノ規定ヲ見ラレ度イ。コノ證人ノ旅費、日當及止宿料ナドハ所謂訴訟費用デアツテ、被告人ガ刑ノ言渡ヲ受クルトキハ其ノ全部又ハ一部ヲ被告人ニ負擔サセナケレバナラナイ（刑訴法第二三七條、刑事訴訟費用法第一條）。コレニ關シテ捜査費用ガ訴訟費用トナラナイコトハ既ニ檢事ノ部〔註八〕ニ於テ說明シタトコロヲ參照セラレ度イ。

〔註一二〕

宣　誓　書

良心ニ從ヒ誠實ニ鑑定スベキコトヲ誓フ

鑑定人　宮　野　精　二㊞

〔註一二〕　鑑定人ニ對スル宣誓書デアル（刑訴法第二二〇條）。

宣誓ヲ爲サシムベキ鑑定人ニハ必ズ宣誓前僞鑑定ノ罰ヲ告ゲナケレバナラナイコトヲ始メ總テ其ノ宣誓ニ關スル事柄ハ證人ノ場合ニ準ゼラレテ居ル（刑訴法第二二八條、第一九九條、第二〇〇條、第二〇一條等）。

尚證人ノ場合ニ於ケル宣誓ノ説明デアル〔註一〇〕ヲモ参照セラレ度イ。

〔註一三〕

鑑定人訊問調書

鑑定人　宮野精二

被告人富田次郎ニ對スル强盜殺人被告事件ニ付昭和八年三月二十日東京地方裁判所ニ於テ豫審判事遠野茂三郎裁判所書記冬木清立會ノ上右鑑定人ニ對シ訊問スルコト左ノ如シ

一、問　氏名、年齡、職業及住居ハ如何

答　氏名ハ　宮野精二

年齡ハ　當四十三年

職業ハ　醫師

住居ハ　東京市四谷區鹽町五十四番地

豫審判事ハ刑事訴訟法第二百二十八條、第二百一條ノ規定ニ該當スルモノナリヤ否ヲ取調ベ之ニ該當セザルコトヲ認メ虛僞ノ鑑定ノ罰ヲ告ゲ宣誓ヲ爲サシメタリ

豫審判事ハ鑑定人ニ對シ被告人富田次郎ノ精神狀態ニ付左記事項ノ鑑定ヲ爲スベキコトヲ命ジ其ノ經過及結果ハ鑑定書ニ依リ報告シ尙右鑑定ニ付必要アル場合ハ本件記錄、取寄ニ係ル記錄及證據品ヲ閲覽シ得ベキ旨ヲ告ゲタルニ鑑定人ハ之ヲ承諾シタリ

鑑定事項

一、現在ニ於ケル被告人富田次郎ノ一般的精神狀態

一、昭和七年三月五日（豫審請求書記載ノ本件犯行日時）ニ於ケル同被告人ノ精神狀態

鑑定人　宮野精一㊞

右讀聞ケタル處無相違旨申立署名捺印シタリ

同日於同廳成立

東京地方裁判所

裁判所書記　冬木清㊞

豫審判事　遠野茂三郎㊞

〔註一三〕　鑑定人訊問調書ニ付テハ既ニ檢事ノ部〔註五〕ニ於テ爲シタル說明ヲ見ラレ度イ。尤モ前ノ鑑定ハ檢事ガ起訴前ニ强制處分トシテ豫審判事ニ請求シタルモノデアリ、此ノ場合ハ起訴後ノ豫審判事ノ處分デアル丈ノ相違ハアルガ鑑定ト云フ事柄ニ關シテハ其ノ本質ニ付法律上何等變リハナイ。

ソレカラ又前ノ鑑定ハ死因ノ鑑定デアツタガ、此ノ鑑定ハ被告人ノ精神上ノ狀態ニ付テノ鑑定デアル。

被告人ノ心神又ハ身體ニ關スル鑑定ヲ爲サシムルニ付必要アルトキハ裁判所ハ期間ヲ定メ病院其ノ他相當ノ場所ニ被告人ヲ留置スルコトヲ得（刑訴法第二二二條第三項）ト云フ樣ナ規定モアルガ、本件ニ付テハ左樣ナ必要モナカツタト見ヘ病院等ヘ特ニ移シタ樣ナ書類ハ見當ラナイ。

又精神鑑定ト云フガ如キハ被告人ノ言語、動作、犯罪事實、犯罪前後ノ擧動、生立、環境其ノ他アラユル方面ヨリ觀察シテ通常人ト異ナルトコロガアル樣ニ考ヘラルル場合ニ始メテ鑑定ヲ命ズル譯デ、被告人トナツタ以上スベテノ被告人ニ對シ精神鑑定ヲ爲スト云フ譯デハナイ。後出ノ〔註二二〕ハ本件鑑定書デアル。

〔註一四〕

證人訊問囑託書

被告人　富田次郎

右强盗殺人被告事件ニ付別紙ノ通證人訊問相成度及囑託候也

追テ指定ノ者事實ヲ知ラズ他ニ詳知ノ者判明シタルトキハ其ノ者ニ對シ訊問相成度候

昭和八年三月十四日

東京地方裁判所

豫審判事　遠野茂三郎㊞

新潟地方裁判所

豫審判事御中

新潟縣中蒲原郡金津村字蒲ケ濱二八九二番地

證人　中村チヨ

訊問事項

一、證人ハ富田次郎ノ祖母カ（續柄詳細ニ）

二、次郎ノ實母マサ子ハ何時死亡シタカ

三、次郎ノ父平助ハ其ノ後次郎ヲ連レ子トシテ富田はるト入夫婚姻ヲ爲シタルコトヲ知ツテ居ルカ

四、證人ハ富田はるガ其ノ後マサ子ノ位牌、寫眞等ヲ燒キ棄テタルコトヲ知ツテ居ルカ

五、知ルトセバ什ウシテ知ツタカ

六、證人ハ次郎ニはるガマサ子ノ位牌等ヲ燒キ棄テタル事ヲ告ゲタカ

七、證人ト富田はるトノ折合ハ什ウデアツタカ

八、證人ハ次郎トはるトノ折合ハ什ウデアツタカ知ツテ居ルカ

九、證人ハはるガ次郎ニ平助ノ後ヲ嗣ガセルコトヲ欲セズ次郎ヲ除外シ他ニ後嗣ヲ迎ヘントシタカ什ウカ知ツテ居ルカ

十、證人ハ最近ニ次郎ト逢ツタノハ何時カ其ノ時ノ模様

十一、證人ハ次郎ノ性格素行ヲ知ツテ居ルカ

十二、證人ハ次郎ガ頭ノ具合ガ惡イカ什ウカ知ラヌカ

新潟市礎町通上一ノ町

證人　吉田角三

訊問事項

一、證人ト富田平助及富田次郎トノ關係如何

二、昭和六年十二月頃富田次郎ハ證人方ニ來リ宿泊シタルコトアリヤ

三、其ノ際次郎ハ證人ニ對シ次郎ト繼母トノ折合ノ惡シキコト、繼母ガ次郎ノ籍ヲ勝手ニ拔イタ事ヲ話シ繼母ノ處置ヲ怨ミ居タルヤ

四、其ノ頃富田はるガ證人方ニ來リシヤ然リトセバ其ノ用件如何

五、證人ハ富田方ノ事情ヲ知ルヤ

六、富田ノ方カラ證人ノ妹よしヲ養女ニ吳レト申込ミタルコトアリヤ

七、證人ハ富田次郎ノ性格素行ヲ知ルヤ

八、證人ハ次郎ノ性格中餘程常人ト異ルト思料スル點アリヤ

〔註一四〕 裁判所（豫審判事）ガ其ノ管轄外ノ裁判所（豫審判事）ニ證人ノ訊問ヲ爲スベキコトヲ囑託シタルモノデアル（刑訴法第二二二條）。

勿論訊問スベキ內容ノ重要性ノ程度ニヨツテハ其ノ證人ヲ自已ノモト迄召喚スルコトモ出來ルシ、場合ニヨツテハコチラカラ出カケテ調ベルコトモ出來ルノデアル（刑訴法第二二一條）。

證人訊問ノ囑託モヒロク共助ト稱スベキ事柄ノ一デアルガ、共助ニ付デハ既ニ說明シタル警察ノ部〔註二一〕ヲ見ラレ度イ。

〔註一五〕

囑託關係書類送付書

被告人　富田次郎

右ニ對スル强盜殺人被告事件ニ付囑託相成候證人訊問ノ件處分ヲ了シ候條關係書類左記目錄ノ通リ及送付候也

昭和八年三月二十三日

新潟地方裁判所

豫審判事　中山治朗㊞

東京地方裁判所

豫審判事　遠野茂三郎殿

目錄

一、證人　吉田角三訊問調書　一通

一、證人　中村チヨ訊問調書　一通

一、證人　山口のぶよ訊問調書　一通

〔註一五〕囑託セラレタル豫審判事ヨリ關係書類ヲ囑託ヲ爲シタル豫審判事ニ送付スルカラト云フ書面ニ過ギナイ。

〔註一六〕

證人訊問調書（囑託）

證人　吉田角三

東京地方裁判所豫審判事ノ囑託ニ基キ被告人富田次郎强盜殺人被告事件ニ付昭和八年三月十七日新潟地方裁判所ニ於テ豫審判事中山治朗ハ裁判所書記久保明立會ノ上證人ニ對シ訊問スルコト左ノ如シ

一、問　氏名、年齡、職業及住居ハ如何

答　氏名ハ　吉田角三

年齡ハ　三十六年

職業ハ　建築業

住居ハ　新潟市礎町通上一ノ町

豫審判事ハ刑事訴訟法第二百一條ノ規定ニ該當スルモノナリヤ否ヲ取調べ同法第百八十六條第一項ニ該當スルモノナルコトヲ認メ證言ヲ拒ミ得ル旨ヲ告ゲタルニ之ヲ拒マザリシヲ以テ宣誓ヲ爲サシメズ

二、問　證人ト富田次郎トノ身分關係ハ

答　私ノ實母トシノ弟ニ川村平助ナル者ガアリ同人ハ中村マサ子ト結婚シ其ノ間ニ次郎ヲ儲ケマシタ　マサ子死亡後平助ハ次郎ヲ連子トシテ富田はるト入夫婚姻ヲシ富田ノ姓ヲ名乘ツテ居ルノデス

三、問　右平助ノ家庭ハ圓滿デアツタカ

答　平助ト私ハ遠ク離レテ生活シテ居ル關係上委シイ事ハ存ジマセンガ平助ハはるト結婚シテ以來はるガ嬶天下デ

はるト次郎トノ間ガ圓滿ヲ缺イテ居ル樣デアリマシタ

四、問　次郎ガ最後ニ證人方ヘ來タノハ何時デアツタカ

答　昭和六年十二月四、五日頃同人ハ赤坂ノ一聯隊ヲ除隊シタ挨拶ニ私方ヘ參リ三、四日滯在シテ歸京シマシタガ其ノ後ハ參リマセヌ

五、問　其ノ時同人ハはるニ對スル不平ヲ話シタカ

答　次郎ハ私ニ對シはるハ自分ガ幼イ時生母マサ子ノ位牌、寫眞等ヲ燒棄テタ事アリ自分ヲ平素馬鹿者扱ヒシテ居ルノミナラズ最近富田家ヨリ籍ヲ拔クト云フテ居ル　自分モ軍隊生活ヲ終ヘテ一人前ノ男トナツテ居ルノダカラ此ノ樣ニ馬鹿ニサレルノハ癪ニ觸ルト不平ヲ申シマシタ故私ハ次郎ヲ宥メテ歸シマシタ

六、問　當時富田はるモ證人方ヲ訪問シタ事ガアルカ

答　私ハ右次郎ノ不平ヲ聞イテ直グ平助、はる兩名ニ宛テ一家圓滿ニ暮シテ貰ヒ度イト手紙ヲ出シタ處同年十二月十一、二日頃はるガ一人デ私方ヘ參リ　私ニ對シ次郎ノ籍ヲ拔ク事ニ私ガ反對シタ事ヲ詰リマシタ故私ハはるニ向ヒ自分ハ富田一家ガ圓滿ニ生活スル事ヲ希望シテ居ルノダガオ互ニ我慢シテ呉レト話シタノデス　はるハ私方ヘ泊ラズ其ノ日ノ内ニ歸京シマシタ

七、問　はるハ次郎ノ何ノ點ガ氣ニ入ラナカツタノカ

答　何分多年ニ亙ル事デ特ニ何ノ點ト云フ事無ク兩人ノ氣ガ合ハナカツタ樣子デシタ

八、問　當時はるハ次郎ノ籍ヲ勝手ニ拔イテ居タノデハ無カツタカ

答　其ノ時ハ未ダ籍ハ其ノ儘ニナツテ居タ樣子デシタ

昨年三月はるノ葬式ニ私ガ上京シタ時平助ノ友人カラはるハ昨年一月頃次郎ノ籍ヲ一旦拔イタト云フ事ヲ聞キマシタ

九、問　次郎ノ籍ヲ拔ク話ハ何時頃カラ問題ニナツテ居タノカ

答　私ハ昭和六年十二月次郎ヨリ右ノ如ク話サレテ初メテ知ツタノデアリマシタ

一〇、問　當時平助ノ意嚮ハ何ウデアツタカ

答　同人ヨリ何等私ニ對シ便リガ無カツタカラ同人ノ意嚮ハ判リマセンデシタ

一一、問　はるハ證人ニ對シ證人ノ妹ヲ養女ニ呉レト申込ンダ事ガアルカ

答　昭和四年頃ニアツタト思ヒマスガはるヨリ私ニ對シ當時十七歳ナル妹よしヲ貰ヒ度イト手紙ヲ寄越シマシタ私ハ右手紙デよしヲ次郎ノ妻ニ呉レト云フ趣旨ニ解シマシタ故　家庭ガ圓滿デナイノダカラよしガ可愛想デアルト思ヒ承諾シマセンデシタ　其ノ話ハソレ丈デ打切ラレマシタガ昭和五年秋頃はるガ病氣ダカラよしヲ貸シテ呉レト申シテ來タ故十日許リ看病ニよしヲ遣シタ事ガアリマス

一二、問　次郎ノ性質ヲ知ツテ居ルカ

答　何分私ハ遠ク離レテ居リマス故委シイ事ハ知リマセンガ次郎ノ性質ハ普通デアルト思ヒマス

一三、問　次郎ハ酒ヤ煙草ヲ嗜ムカ

答　同人ハ酒モ煙草モ遣リマセン

一四、問　學校ノ成績　軍隊ニ於ケル成績ハ何ウデアツタカ

答　餘リ良イ方デハ無カツタ様デス

除隊ノ時ニハ一等兵デアリマス

一五、問　次郎ハ通常人ト多少異ル性格ノ男デハ無カツタカ

答　何分遠隔ノ地ニ住ンデ居リマス故私ニハ判リマセン　私方ニ滯在中ノ起居ニ付テハ常人ト異ツタ點ハアリマセンデシタ

一六、問　次郎ハ是マデ何カ職業ニ就テ居タカ

答　別ニ其ノ話ハ聞キマセン

一七、問　證人ガよしヲ次郎ノ妻ニスル事ヲ拒絶シタノハ家庭ガ圓滿デ無イト云フ理由ノ外他ニ何カ理由ガアツタノデハ無イカ

答　當時よしガ病氣デ身體ガ壯健デ無カツタカラデアリマス

一八、問　證人ハはるガ次郎ノ生母マサ子ノ位牌、寫眞等ヲ燒棄テタ事ヲ次郎以外ノ者ヨリ聞イタ事ガアルカ

答　昨年三月はるノ葬式ノ時ニ以前カラ富田方ノ樣子ヲ知ツテ居ル老婆ヨリ聞キマシタガ其ノ氏名ハ存ジマセン尙私ノ弟ノ吉田進二モ大正十三年頃東京ヘ出テ居マシタガ知人某ヨリ其ノ話ヲ聞イタトノ事デアリマス

證人　吉田角三㊞

右讀聞ケタル處相違無キ旨申立タルヲ以テ自署捺印セシム

前同日

新潟地方裁判所

裁判所書記　久保　明㊞

豫審判事　中山治朗㊞

〔註一六〕　囑託ヲ受ケタル豫審判事卽受託判事ガ爲シタル證人訊問調書デアツテ、受託判事ノ證人訊問權限トシテハ裁判所又ハ裁判長ニ屬スルモノト同一デアル（刑訴法第二二二條第四項）。從テ前ニ爲シタル證人訊問調書ノ說明ヲ參照セラレ度イ。」

〔註一七〕

電話通信

發信者	新潟縣新津警察署	取扱主任	司法主任
受信者	新潟地方裁判所豫審判事	取扱者	久保書記㊞

昭和八年三月十六日午後四時

電話御照會ニ係ル當署管內中蒲原郡金津村大字浦ケ濱中村チヨノ健康狀態ノ件金津駐在巡査ヲシテ取調ベシメタル處同女ハ當七十一年ノ老體ニシテ腰イタク曲リ歩行意ノ如クナラザル由ナルガ殊ニ昨今當地方ハ積雪深ク天候モ不順ナレバ御召喚ニ應ジ難キモノト認メラレ候條此段及報告候

以上

〔註一七〕 受託ノ豫審判事ガ中村チヨナル證人ヲ取調ベントシタ處、オソラク證人カラ身體デモ惡イカラ出頭出來ナイトデモ云ツテ來タモノラシク判事ハ眞ニ出頭シ難イモノカドウカヲ警察ニ賴ンデ調ベテモラツタモノデ、其ノ警察カラノ返答デアルラシイ（刑訴法第三〇四條）。

〔註一八〕

證人訊問調書（囑託）

證人　中村チヨ

東京地方裁判所豫審判事ノ囑託ニ基キ被告人富田次郎ニ對スル强盜殺人被告事件ニ付昭和八年三月十九日新潟縣中蒲原郡金津村大字金津新田中村熊三方ニ於テ豫審判事中山治朗ハ裁判所書記久保明立會ノ上右證人ニ對シ訊問スルコト左ノ如シ

一、問　氏名、年齡、職業、住居ハ如何

答　氏名ハ　中村チヨ

年齡ハ　七十一年

職業ハ　無職

住居ハ　新潟縣中蒲原郡金津村大字金津新田

豫審判事ハ刑事訴訟法第二百一條ノ規定ニ該當スルモノナリヤ否ヲ取調ベ同法第百八十六條第一項ニ該當スルモノナルコトヲ認メ證言ヲ拒ミ得ル旨ヲ告ゲタルニ之ヲ拒マザリシヲ以テ宣誓ヲ爲サシメズ

二、問　身體ノ工合ハ何ウカ

答　私ハ昭和五年頃以來健康ガ勝レズ近頃ハ耳ガ遠クナリ物事ヲ忘レ歩行モ自由ニ出來ナク困ツテ居リマス

三、問　證人ハ富田次郎ト如何ナル續柄デアルノカ

答　私ト夫兼三郎ノ間ニ生レタマサ子ト云フ娘ガアリ同人ハ川村平助ト結婚シ其ノ間ニ生レタノガ次郎デアリマス

四、問　マサ子ハ何時頃平助ト結婚シタノカ

答　其ノ日時ハ忘レマシタ

五、問　マサ子ト平助ノ間ニハ次郎ノ外ニ子供ハナカツタノカ

答　次郎ノ外ニ子供ハアリマセン

六、問　其ノ後マサ子ハ何ウナツタカ

答　平助ハ次郎ガ生レテカラ四年許リ經ツテ妻子ヲ連レテ東京方面へ出テ暮シテ居リマシタ　其ノ間ノ狀況ハ存ジマセンガマサ子ハ大正六年頃次郎ガ十歲ノ時ニ心臟ノ病氣デ死亡致シマシタ

七、問　マサ子ノ死亡後平助ハ後妻ヲ娶ツタカ

答　同人ハ私共へハ委シイ相談モセズニ富田はるト云フ女ト次郎ヲ連子トシテ入夫婚姻ヲシマシタガ其ノ日時ハ忘レテシマヒマシタ

八、問　證人ハ右はるニ會ツタ事ガアルカ

答　はるト平助ト夫婦ニナツテ間モナク次郎ヲ連レテ墓參リヲ兼ネ私方へ挨拶ニ參リ泊ラズニ直グ歸リマシタ

九、問　證人ハはるガ次郎ノ實母マサ子ノ位牌ヤ寫眞等ヲ燒棄テタ事ヲ知ツテ居ルカ

答　マサ子ノ死後二、三年經ツテ後私ハ實家ノ兄夫妻ト共ニ當時品川ノ十反町ニ居住シテ居タ平助方ヲ訪ネタ處マサ子ノ位牌ヤ寫眞ガ無カツタカラ怪シンデはるニ譯ヲ訊ネタ處はるハ私ニ位牌ヲ置クト次郎ガ色々ノ事ヲ思ヒ出シテ困ルカラ位牌ヲ燒イテシマツタト申シマシタ　私ハはるニ對シ何モ燒カナクトモ宜イデハ無イカ　次郎ガマサ子ヲ思出シテ具合惡イナラ平素ハ次郎ニ見セナイ樣箱へデモ入レテ仕舞ツテ置ケバ宜シイデハ無イカト云ヒ

マシタ　尙私ハ其ノ附近ノ人ニマサ子ノ葬式ヤ其ノ他色々世話ニナッタオ禮ノ挨拶ニ行ッタ處「永田金治郎」ト云フ人ノ妻君ガ私ニ對シはるハマサ子ノ寫眞ヲ貰ッテ呉レナイカト云ッタガ自分ハ平助ト話合ヒノ上デナケレバ困ルト斷ッタ爲メはるハマサ子ノ寫眞ヲ燒イタト話シテ呉レマシタ

一〇、問　證人ト共ニ上京シタ兄ノ妻ハ現存シテ居ルカ

答　四五年前ニ死亡シマシタ

一一、問　「永田金治郎」ノ妻ノ名前ヲ知ッテ居ルカ

答　名前ハ存ジマセンガ同人方ハ平助ノ裏手ノ邊ニ住ンデ居リマシタ

一二、問　位牌ヤ寫眞ヲ處分シタ事ニ付平助ハ證人ニ何ト云ッテ居タカ

答　同人ヨリ別ニ何ノ話シモ聞キマセンデシタ

一三、問　次郎ハ其ノ事ヲ知ッテ居ルカ

答　同人ハ子供デアッタ爲メ其ノ事ヲ知ッテ居ナカッタ樣子デシタ　今カラ五、六年前次郎ガ徵兵檢査ノ前ニ一人デ私方ヘ挨拶ニ來タ時私ハ同人ニ對シはるガマサ子ノ寫眞ヤ位牌ヲ燒棄テタ事ヲ話シヤリシッカリシテマサ子ノ位牌ヲ守リ家內仲良ク暮ス樣ニセヨト云ッタ事ガアリマス

一四、問　證人ヨリ其ノ話ヲ聞カサレタ時次郎ノ態度ハ何ウデアッタカ

答　同人ハシッカリヤッテはるトモ仲良クヤッテ行クト申シマシタ

一五、問　證人等ガ上京シタ時はるハ證人ニ對シ良ク待遇シテ呉レタカ

答　別ニ分ケ隔テナク普通ニ待遇シテ呉レマシタ

一六、問　次郎トはるノ間ハ圓滿デアツタカ

答　はるハ私ニ對シ自分ハ他人カラ後妻デ繼子苛メヲシタト云ハレナイ樣次郎ヲ良ク可愛ガツテ行クト云ツテ居マシタ　次郎ヨリはるニ對スル不平ノ話モ別ニアリマセンデシタ

一七、問　はるハ次郎ヲ退ケ者ニシ他ヨリ後繼キヲ迎ヘ樣ト云フ話ハナカツタカ

答　何分私共ハ遠ク別レテ居リ親シク文通シテ居ナカツタカラ其ノ樣ナ話ハ聞キマセンデシタ

一八、問　證人カ最近次郎ニ會ツタノハ何時カ

答　五、六年前徵兵檢查前ニ次郎ガ私方ヘ來タ時デアリマス　其ノ時ハ右述ベタ以外別ニ話ハアリマセンデシタ

一九、問　次郎ハ其ノ時はるトノ折合ヒ事ヤ他ヨリ後繼キヲ迎ヘ樣トシテ居ル話ヲシナカツタカ

答　別ニソンナ話ハアリマセンデシタ

二〇、問　次郎ノ性格ヤ素行ヲ知ツテ居ルカ

答　良クハ知リマセンガ同人ハ幼少ノ頃ハ溫順ナ子供デアリマシタ

二一、問　次郎ハ身體ヤ精神ニ故障ガアツタカ

答　別ニ身體ニ故障ハ無カツタ樣デシタ

次郎ガ小學校ヲ卒ヘテカラ一、二年經ツタ頃平助、はる、次郎ノ三名ガ私方ヘ來マシタガ其ノ時はるハ私ニ對シ次郎ヲ學校ノ先生ニスル考ヘテアツタガ同人ハ頭ノ具合カ惡クテ學校ハ駄目ニナツタカラ止ムヲ得ズ中蒲原郡小須戸町ノ山田屋トカ云フ菓子屋ヘ奉公ニ遣ツタ處菓子ノ賣掛先ヲ忘レタリシテ其處モ巧ク行カナイノデ一層ノ事暫ク百姓デモサセテ居レバ頭ガ良クナルカモ知レナイ故次郎ヲ引取ツテ呉レナイカト申シマシタ　當時ノ私ノ夫

モ生存シテ居リはるニ對シ百姓仕事ハ炎天ニ立働カナケレバナラヌ故腦ノ惡イ子供ニハ無理デアルト云フノデ引取ル事ヲ斷リマシタ

二二、問　證人ノ身内ニ精神ニ故障ノアル者ガ居ルカ

答　私ノ四男ガ生來ノ白痴デ仕事モ出來ズブラ〳〵シテ居マシタガ十九歳ノ時死亡致シマシタ　他ニ精神ニ故障ノアル者ハ居リマセン

證人　中村チヨ㊞

右讀聞ケタル處相違無キ旨申立テタルモ自署不能ニ付書記代筆シテ證人ヲシテ捺印セシム

前同日於同所

新潟地方裁判所

裁判所書記　久保明㊞

豫審判事　中山治朗㊞

〔註一八〕受託ノ豫審判事ガ證人ノモトニ出カケテ行ッテ訊問シタ所ノ訊問調書デアル（刑訴訟第二一二條、第二〇八條）。

〔註一九〕

證人訊問調書（囑託）

證人　山口のぶよ

東京地方裁判所豫審判事ノ囑託ニ基キ被告人富田次郎ニ對スル强盜殺人被告事件ニ付昭和八年三月二十二日新潟地方裁判所ニ於テ豫審判事中山治朗ハ裁判所書記久保明立會ノ上右證人ニ對シ訊問スルコト左ノ如シ

一、問　氏名、年齡、職業、住居ハ如何

答　氏名ハ　山口のぶよ

年齡ハ　五十五年

職業ハ　菓子卸商

住居ハ　新潟縣中蒲原郡小須戸町五番地

豫審判事ハ刑事訴訟法第二百一條ノ規定ニ該當スルモノナリヤ否ヲ取調ベ同法第百八十六條第一項ニ該當スルモノナルコトヲ認メ證言ヲ拒ミ得ル旨ヲ告ゲタルニ之ヲ拒マザリシヲ以テ宣誓ヲ爲サシメズ

二、問　證人ト富田次郎トノ身分關係ハ

答　同人ハ私ノ實弟平助トマサ子トノ間ニ生レタ長男デス

三、問　次郎ノ實母マサ子ハ何時死亡シタカ

答　何分日時ガ經過シテ居リマスカラ委シイ事ハ存ジマセンガ次郎ガ小學校三、四年生ノ頃デアツタト思ヒマス

四、問　マサ子ノ死亡後平助ハ何ウシタカ

答　同人ハ間モナク次郎ヲ連子シテ富田はるト入夫婚姻ヲシマシタ其ノ結果平助ハ從來川村姓ヲ名乘ツテ居ツタノガ富田姓トナリマシタ

五、問　はるト次郎トノ間ハ圓滿デアツタカ

答　平助ハはるト結婚シテ間モ無ク次郎及はるヲ連レテ私方ヘ挨拶ニ參リ二晩許リ泊ツテ歸リマシタ　其ノ際はるハ次郎ヲ叱ツテバカリ居リ次郎ガ私共ト話シヲシテ笑フヲ見テ煩イ笑フナト叱リ飛バス有樣デ次郎ニ對シテ優シイ樣子ハ無ク次郎モ亦はるニナツイデ居ル樣子ハ見ヘマセンデシタ

六、問　證人ハはるガ次郎ノ實母マサ子ノ位牌、寫眞等ヲ燒棄テタ事ヲ知ツテ居ルカ

答　日時ハ忘レマシタガ餘程以前マサ子ノ生母中村チヨガ私方ヘ來テはるガマサ子ノ寫眞ヤ位牌ヲ燒キ棄テタト云フ事ヲ話シテ居マシタ又新潟市礎町ノ吉田角三ノ親族ノ者モ其ノ樣ナ噂ヲ私ニ話シタ事ガアリマス

七、問　はるノ性質ハ如何

答　同人ガ私方ニ來タノハ一度ダケデスガ言葉ハ靜カデシタガ何トナク意地ノ惡イ普通ト違ツタ女デアリマス

八、問　平助ハ證人等ニ對シ家庭上ノ事ニ付話ヲシタ事ガアルカ

答　同人ハ車輛會社ヘ通勤シテ居リ非常ニ筆不精ノ男デ家庭上ノ事ヲ少シモ私共ニ聞カセテ呉レマセンデシタ

九、問　次郎ハ證人方ニ同居シタ事ガアルカ

答　アリマス　同人ハ小學校ヲ卒業スルト直グ平助ガ同人ヲ連レテ私方ヘ參リ此ノ子ヲ家ニ置イテハはるトノ間ガ圓滿ニ行カヌカラ暫ク商法ヲ覺ヘサセ度イカラ預カツテ呉レト申シマシタ故私ハ次郎ヲ同居サセタ處約四、五ケ月後次郎ハ歸リ度イト云ヒ出シマシタ故其ノ儘歸シテヤリマシタ

一〇、問　證人方ニ居ル間次郎ノ樣子ニ變ツタ點ハ無カツタカ

答　同人ハ身體ハ普通デアリマシタガ少シ低腦デ私ハ菓子ノ卸商賣ハ同人ニ委セル事ガ出來ナイ爲メ何時モ壻ノ四郎ヲ附ケテ商賣ニ歩カセタ有樣デシタ

一一、問　餘程次郎ハ普通人ヨリ低腦デアツタノカ

答　一寸見タ處ハ普通人ト變リハ無イガ多少低腦デアリマシタ

一二、問　同人ハ腦ノ疾患ガアツタノデハナイカ

答　特ニ頭痛ガスルトカ眩暈ガスルト云フ樣ナ事ハアリマセンデシタ

一三、問　證人ノ親類ニ是レマデ精神ニ異狀ノ存スル者ガアツタカ

答　精神異狀者、變質者等ハアリマセン

一四、問　次郎ノ性質ハ如何

答　私方ニ居タ當時同人ハ温和シイ普通ノ性質ノ子供デシタ

一五、問　次郎ヲ父母ノ許ヘ歸ス時誰カ迎ニ來タカ

答　誰モ迎ニ來ナカツタカラ次郎一人デ歸シマシタ

一六、問　其ノ後證人ハ次郎ニ會ツタカ

答　同人ハ其ノ後一度モ私方ヘ參ラズ又音信不通デアリマス

證人　山口のぶよ㊞

右讀聞カセタル處相違無キ旨申立タルヲ以テ自署捺印セシム

前同日

新潟地方裁判所

裁判所書記　久　保　明㊞

豫審判事　中　山　治　朗㊞

〔註一九〕〔註一六〕ヲ參照セラレ度イ。

〔註二〇〕

勾留更新決定

市ケ谷刑務所在所

被告人　富田次郎

右强盗殺人被告事件ニ付昭和七年四月四日被告人ニ對シテ爲シタル勾留ハ尙ホ繼續ノ必要アルヲ以テ昭和八年四月四日ヨリ之ヲ更新ス

昭和八年三月二十七日

東京地方裁判所

豫審判事　遠野茂三郎㊞

原本領收
昭和　年　月　日
右謄本
昭和八年三月二十七日
檢事局送付
裁判所書記　中村積三㊞

〔註二〇〕豫審ノ部〔註六〕ト同樣ノ拘留更新決定デアッテ其ノ說明ハ同〔註四〕ヲ見ラレ度イ。

送達報告書

送達證書ノ表示	受送達者
東京地方裁判所 昭和七年(ヨ)第一八四號 一、被告富田次郎ニ對スル 強盗殺人被告事件ノ 勾留期間更新決定謄本一通 東京地方裁判所書記課	富田次郎宛

書類受領者ノ記名捺印	送達ノ年月日時	送達ノ場所	送達方法
吉村俊夫㊞	昭和八年三月二十七日午後七時二十分	東京市牛込區市ヶ谷富久町 市ヶ谷刑務所	受送達者不在ニ付事理ヲ辨識セル左ノ者ニ渡シタリ 所長代理 看守長吉村俊夫ニ交付ス 左ノ者正當ノ事由ナクシテ受取ヲ拒ミタルニ付其場ニ差置タリ

右之通送達候

昭和八年三月二十七日

東京區裁判所執達吏　北山房吉代理

田村一郎㊞

職第一八三三號

〔註二一〕　豫審ノ部〔註七〕ト同様ノモノ其ノ説明ヲ見ラレ度イ。

〔註二二〕

強盜殺人被告富田次郎精神狀態鑑定書

（紙數表紙共四十六枚）

昭和八年三月二十日予ハ東京地方裁判所豫審廷ニ於テ豫審判事遠野茂三郎ヨリ左ノ事項ノ鑑定ヲ命ゼラレタリ

鑑定事項

一、現在ニ於テ被告人富田次郎ノ一般的精神狀態

一、昭和七年三月五日（豫審請求書記載ノ本件犯行日時）ニ於ケル同被告人ノ精神狀態　以上

依テ予ハ同日ヨリ本鑑定ニ着手シ本件記錄ヲ精讀シ被告ヲ市ケ谷刑務所ニ於テ詳細ニ檢診シ尙被告ノ實父富田平助ニ就テソノ既往歷ヲ聞キ彼此相對照シテ本鑑定書ヲ作製提出スルモノナリ

犯罪事實

記錄ニ現レタル本件犯行ハ次ノ如シ

被告人ハ十歲頃ヨリ實母マサ子ニ死別シ十一歲ノ頃實父平助ガ富田はるト入夫婚姻シタルニ付キ共ニ富田家ニ入籍セラレ爾來繼母はるニ養育セラレ昭和七年一月十四日以來東京市品川區北品川町二丁目九百六十三番地ニ移轉シ同居シ居リタルモ成長スルニ及ビはるトノ折合極メテ惡キ折柄大正七年以後はるガ窃カニ右マサ子ノ位牌ヲ燒棄シタルノミナラズ

昭和四年三月中被告人ヲ或ハ除籍シ或ハ戸主トシテ届出ヲ爲ス等、猥リニ戸籍面ノ移動ヲ爲シタルヲ知ルヤ憤怒ノ餘リ屢々はるニ論ジ居タリ偶々同七年三月五日午後一時頃モ亦同家六疊ノ間ニ於テ戸籍上ノ事ヨリ口論シ激怒ノ上右はるヲ突キ飛シタル上はるガ疊ノ上ニ在リタル鋏ヲ投ゲ付ケ起キ上リ來リ抵抗シタルヲ以テ再ビ手拳ニテはるノ顔面ヲ數回毆打シ同人ノ咽喉ヲ扼シテ其ノ場ニ仰向ケニ突キ倒スヤ斯クナリテハ殺害シ金品ヲ強取高飛スルニシカズト決意シ直チニ臺所ヨリ刄渡リ約四寸八分ノ肉切庖丁ヲ持チ來リ之ヲ右手ニ振リ左手ニテはるノ咽喉ヲ扼シツツ左頸部ニ突キ刺シタル爲メはるヲシテ頸動脈切斷ニ因ル失血ノ爲メ死ニ至ラシメ且はるノ懷中セル現金六圓餘在中ノ蟇口一個ノ外簞笥ノ抽斗ヨリ現金三十三圓餘ヲ強取逃走シタルモノナリ

既往歴

（本項ハ被鑑定人ノ實父富田平助ノ陳述ニヨルモノナリ）

本籍　東京市品川區南品川町千二百二十番地

現住所　東京市品川區北品川町二丁目九百六十三番地

富田次郎

明治四十一年十二月十二日生

家族史

被鑑定人ノ父ハ平助ト云ヒ五十二歳現存ス酒ハ寧ロ不堪症　少量喫煙ス

父ノ同胞ハ第一ハ男丸次ト云ヒ七十二歳中氣トナリ一年位ニテ死亡セリ第二ハ生後直ニ死亡ス第三女とみ六十七歳健存ス第四生後直ニ死亡　第五ハ女のぶ子五十四歳現在ス　第六ハ平助ナリ　父方祖父ハ角治ト云ヒ八十歳ニテ老衰死亡セリ　同胞三人ト云フモ不詳ナリ

父方祖母ハとせト云ヒ六十一歳ノ時呼吸器病ニテ死亡セリ　同胞三人ナルモ詳カナラズ

被鑑定人ノ母ハマサ子ト云ヒ三十三歳ノ時心臟病ノ爲メ半身不隨トナリテ死亡セリ　同胞五人ニテ第一ガマサ子　第二ハ男健存ス　第三ハ女きそ病死ス　第四ノ男健一ハ十三、四歳ヨリ精神異狀ヲ呈シ癡呆症ニナリテ死亡セリ　第六ハ男不詳ナリ

母方祖父ハ粂三郎ト云フモ詳ナラズ　同胞三人ト云フモ二人健存スト云フノミ不詳ナリ　母方祖母ニ就テハ生死モ不明ナリ

本　人　歴

被鑑定人ノ胎生期ニハ母ガ心臟病ナリシモ其ノ他ハ普通ナリ　出産時平産ナリ

幼時言語歩行ノ發育モ尋常、智慧附キモ普通ナリ

學校ハ尋常ヲ卒業セルモ成績ハ惡シキ方ニテ甲ハ少ク乙ト丙多シ

性質ハ内氣無口ナルモ特ニ風變リト思ハズト云フ

小學校卒業後鼻ノ病氣アリテ之ヲ手術ナドシ一定ノ職ニ就カズ　東京ト新潟ノ親戚等ヲ往復シ居タリ

病氣トシテハ盲腸炎ヲ病ミタリ　軍隊ニ入營ス

未婚ナリ

繼母トノ折合頗ル惡ク之ハ母モ次郎モ兩方ガ惡シキモノト認メラルト云フ　今迄ノ窃盜等ノ犯罪等ハ全ク知ラズト云フ
只十年前父ノ金ヲ十圓程持出シタルコトアリ
今回ノ犯行ノ前日及當日ノ朝モ普通ニテ何等變リタルコトナカリキ

現在的症候

精神的症候

先檢診時ノ主ナル問答ヲ記シ後之ヲ總括スベシ

第一回檢診　昭和八年三月二十七日

問　姓名ハ
答　富田次郎
問　年齢ハ
答　二十六
問　生年月日ハ
答　明治四十一年十二月二十六日
問　今月ノ日ハ
答　三月二十七日
問　茲ハ
答　市ケ谷刑務所

問　何時カラ玆ニ居ルカ

答　去年ノ四月四日

問　何ヲシテ玆ニ來タカ

答　實ハ去年三月五日繼母ヲ殺シタノデス

問　眞實カ

答　事實デス

問　何故ニ

答　戸籍ノコトヤ其ノ他ノコトデ折合ガ惡カツタカラデス

問　其ノ日ノ事ヲ概略話シテ御覽

答　其ノ日モ戸籍ノコトカラ口論シテ僕ノ云フ事ヲ聞イテ呉レナイ　母ハ氣短ノ者デ鋏ヲ投ゲツケタノデ直グムカ〳〵トシテ腹ガ立ツタ僕ガ立上ツテトメタ所　急ニ向ツテ來タカラ平素カラ實母ノ位牌ヲ燒イタリシテ憤慨シテ居タカラ手ヲ振リ上ゲルト手ニ噛ミツイタ　當時殺ス意ハナカツタ　打ツタ所ガ又カヽツテ來タカラ臺所ノ肉切庖丁ヲ持ツテ來テ之デ咽喉ヲ刺シタラ血ガ出タ　左ノ頸動脈ヲヤツタラシイ

問　ヨク記憶シテ居ルカ

答　ソンナニ判然デハナイガ判ル　苦シガツテ居タ　僕ハ其ノ場ニ立ツテ居タ　兇器ハ其ノ場ニ置イタ

問　死ンデ仕舞ツタノカ

答　後デ聞イタノデス

問　今ハツキリ頭ニ浮ンデ居ルカ

答　判然判リマセン

問　善イカ悪イカ判ラナカツタカ

答　ソンナ事ハ考ヘテ居ナカツタ

問　今カラミテ悪イ事ヲシタト思フカ

答　罪トシテハ悪イト思フ　然シ個人的ニハ大シテ済マナイトハ思ハナイ

問　ソレカラ其ノ時ハドウシタ

答　…………

問　ヨク判ルノ何時カ

答　三月十日ニ警視廳ヘ行ツタコトハヨク覺ヘテ居ル

問　何處カラ警視廳ヘ行ツタノカ

答　警察デス　場所ハ知ツテ居ルガ名前ハ知ラナイ

問　警察ヘ行ツタノハ何時カ

答　忘レタ

問　ズツト家ニ居タノカ

答　家ニハ居ナカツタ

問　何カ覺ヘテ居ルコトガアルダラウ

答　上野驛ヘ行ツタ事ハ覺ヘテ居ル

問　何故上野驛ヘ行ツタノカ

答　新潟ノ祖母サンノ處ヘ行カウト思ツテ

問　何故行カナカツタノカ

答　誰カ居ルヨウニ思ヘテ……

問　金ガナクテ行ケナカツタノカ

答　金ハ父親ノヲ二十圓持チ出シマシタ

問　何時カ

答　苦シガツテ居ル頃デスガ時間ハ判リマセン

問　金ハ二十圓ダケカ

答　其ノ他ニハアリマセン

問　何處カラ持ツテ來タノカ

答　其ノ邊判然覺ヘテ居リマセン

問　嘘ノコトハナイネ

答　ハイ

問　家ハ何處カ

答　東京市品川區北品川町二丁目九百六十三番地

問　父母ハ
答　富田平助五十二歳母ハはる四十九歳
問　實母ハ
答　マサ子
問　何時逝クナツタノカ
答　四月二日ハ覺ヘテ居マス　僕ノ十歳ノ時デス　三十三歳ノ時デス
問　生立ヲ話シテ御覽
問　小學校ヲ出テカラ家ニ居テ田舍ヘモ行ツタガ之ハ親戚ノ菓子屋ヘ手傳ノ爲メデス　十八ノトキ東京デ食堂ノ給仕ノ見習ニ行ツテ病氣ノ爲メ止メマシタ
問　何ノ病氣カ
答　鼻ノ病氣デス
問　學校ハ何時マデ
答　高等一年デス　品川ノ東海小學校デス
問　成績ハ
答　普通デス
問　性質ハドンナ性質カ
答　全然考ヘテ居リマセン

問　何故カ

答　考ヘルノガイヤ

問　嘘ヲツク性質ハナイカ

答　ナイデス

問　豫審判事ノ名ヲ知ツテ居ルカ

答　知リマセン

問　今度ノ事以外ニ惡イコトハナイカ

答　………………

問　刑務所ヘ來タコトガアルカ

答　刑務所ヘハ來ナイ

問　警察ヘハドウカ

答　目黑署ヘ行ツタ事ハアル

問　何ヲシタノカ

答　ソレハ幼イ時ノコトデ自轉車ヲ無斷デ乘ツタカラデス

問　金ハ二十圓デハナクテ六圓入ノ蟇口モアツタノデハナイカ

答　覺エガナイ

問　現金ハ三十三圓餘デハナイカ

答　自分デハ二十圓ト思フ

問　未ダ他ニ惡イ事ヲシタ事ガアルダラウ

答　…………

問　思ヒ出セナイカ

答　…………

問　呉服屋ニ奉公中三圓五十錢云々ト云フノハ何カ

答　判リマセン

問　何カ他ノ犯罪デ思ヒ出スコトハナイカ

答　…………

第二回検診　昭和八年四月六日

問　私ヲ覺ヘテ居マスカ

答　エヽ隣ノ室デ見マシク（正）

問　今日ハ何日カ

答　四月六日

問　身體ノ具合ハ如何

答　脚氣ガ惡ルイノデ藥ヲ貰ツテ居リマス

問　前ノ話ニ間違ハナイカ
答　間違ハアリマセン
問　考ヘテ見テ足リナイ點ハナイカ
答　足リナイコトハナイ
問　感化院ニ行ツタコトハ
答　行ツタ覺ヘハナイ
問　他ニ惡イコトハナイカ
答　今度ノ他ニ自轉車ノコトガアリマス
問　ソレカラ
答　呉服屋ニ居ルトキ品物ヲ無斷デ持ツテ歸ツタ
問　何品カ
答　包ンデアツタカラ判ラナカツタ　捨テテ仕舞ツタ
問　今度ノ事件デ金ヲ持ツテ居ツタノハ
答　判然判リマセン
問　何處カラ持出シタノカ
答　簞笥ダト思ツタ
問　何程カ

答　判然シマセン

再問

答　二十五、六圓デス

問　繼母ノ身體カラハ何程トツクノカ

答　兩方デ二十五、六圓デス

問　蟇口ヲ取ツタノデハナイカ

答　……………

問　抽斗カラ取出シタノハ何カ

答　財布デス

問　以前ニ强盜强姦トアルガ眞カ

答　ソレハ嫌疑デス

問　眞實デハナイカ

答　全然ナイコトデス

問　ドンナ性質カ

答　倦キ易イ方デス

問　怒リ易クハナイカ

答　アマリソウデハナイ

問　趣味、娯樂ハ何カ
答　音樂ヲ聽クコト讀書ナドデス
問　活動ヤ芝居ハ
答　見ルコトハ見マス
問　學校ハ何處マデ行ツタノカ
答　高等一年
問　成績ハ
答　普通デス
問　今日ノ日ハ
答　昭和八年四月六日
問　昭和ノ前ノ年號ハ
答　大正
問　大正ハ何年續イタカ
答　十五年
問　何時迄
答　十二月二十五日
問　大正ノ前ハ

答　明治

問　明治ハ何時迄續イタカ

答　四十五年七月三十日

問　日本ト外國トノ戰爭ハ

答　最近デハ日清ガ二十、七八年　日露ガ三十七、八年

問　其ノ他ニハ

答　アマリ知リマセン

問　日露戰爭ノ時ノ大將連ハ

答　乃木、東郷、大山

問　大地震ハ何時カ

答　大正十二年九月一日

問　日本ノ人口ハ

答　約八千萬以上

問　東京ノ人口ハ

答　知ラナイデス

問　東京ノ區ハ幾ツカ

答　十五區

問　ソノ名ハ

答　芝、麻布、麴町、日本橋、京橋、小石川、牛込、四谷、淺草、下谷、本鄕、本所、深川、愛宕

問　今ノ總理大臣ハ

答　齋藤サン

問　東京市ノ市長サンハ

答　永田サンデハナイデスカ

問　貴方ノ崇拜スル人ハ誰カ

答　別ニアリマセン

問　德川家康ハドンナ人カ

答　明治維新前幕府ヲ開イタ第一ノ將軍

問　何年位前ノ人カ

答　三百年前

問　感情ハドンナカ　愉快ノコトガアルカ

答　矢張リ愉快デハナイ騷グコトモナイ

問　何カ希望スルコトガアルカ

答　可成早ク調ベテ貰ヒ度イ

問　嬉シイコトガアツタカ

答　旗日ニラヂオヲ聽クコトナド……

問　一體貴方ハ罪ヲ被ルト思フカ

答　アマリ考ヘナイ

問　今考ヘテ見ナサイ

答　罪ヲ被ルト思フ

問　其ノ後ハドウスル

答　今考ヘテ居ルノハ今度更生シテ自活スル　教誨師ニ相談シテカラデ今ノ所判リマセン

問　死刑ニナルヨウナコトハナイト思フカ

答　絶對ニナラナイトモ思ハナイ

問　ソウナルト不平カ

答　不平ニモ考ヘナイ

問　本デモ讀ンデ居ルカ

答　漱石ノ心ト云フノヲ讀ンデ居ル

問　近日中ニ貴方ノ父ニ會フ積リダガ何カ用事ガアルカ

答　コンナ所ヘ來テ居ル以上考ヘテ居ルコトモ話ガ出來ナイカラ　此ノ後ハ服罪シテ社會ヘ出テカラ自活スルカラト話シテ欲シイ

第三回檢診　昭和八年四月十九日

問　其ノ後身體ノ具合ハ如何

答　未ダ脚氣ノ方ガ癒リマセン

問　今日ハ何日ダカ判ルカ

答　四月十八日……四月十九日デス

問　今度ノ事件ハ確カナ事カ

答　確カデス

問　一體貴方ハ學校ハ何處迄行ツタカ

答　………………

問　成績ハドンナカ

答　普通デス

問　日本ノ高山ハ

答　富士山　高イノデハ新高山

問　他ニハ

答　知リマセン

問　日本ノ大河ハ

答　信濃川、利根川　ソンナモノデス

問　花ノ名ヲ云ツテ御覧

答　バラ、百合、紫陽花、牡丹、櫻、梅、桃…………

問　獸ノ名ヲ云ツテ御覧

答　ライオン、象、虎、熊、馬、牛…………

問　家畜ニハドンナノガアルカ

答　猫、犬

問　水中ニ棲ム獸類ハナニカ

答　河馬、水牛

問　胎生トハ何カ

答　知リマセン

（胎生、卵生ヲ説明シテ後）

問　卵生ニハ何ガアルカ

答　鷄…………

問　牛ト馬ノ相違ハ

答　角ノ有ル無シ馬ハ寢ルトキ起ツテ居ルガ牛ハ膝ヲ折ル　馬ハ瘦セテ居テ牛ハ肥ツテ居ル　馬ハ坂ヲ上ル時苦シイガ牛ハ坂ヲ下ル時苦シイ

問　吝嗇ト節儉ノ違ハ

答 ………………

問 犧牲ト云フコトハドンナコトカ

答 ………………

問 木片ハ水ニ浮カンデ石ガ沈ムノハ何故カ

答 石ヨリ木ノ方ガ輕イカラ

問 權利、義務ト云フ事ヲ知ツテ居ルカ

答 義務トハ小學校ヘ行クコト

問 義務ハ一體何カ

答 務メルコト

問 權利トハ

答 ………………

問 日本人ノ義務ハ何カ

答 三大義務デス

問 ソレハ何カ

答 小學校ヘ入學、徴兵、納税

問 權利ハ

答 判リマセン

問　稅金ノ種類ハ

答　營業稅、他ハ知ラナイ

問　直接國稅、府縣稅等ヲ知ツテ居ルカ

答　知リマセン

問　稅金ハ何ノ爲ニトルカ

答　將來ノ國費ニ當テル

問　反對ノ言葉ヲ云ツテ御覽

問	答
廣イ	狹イ
高イ	低イ
靜カ	騷シイ
丸イ	四角
動ク	止ル
白イ	黑イ

聯想語ノ試驗

刺戟語	反應語	時間
椅子	腰掛ケル	速

風　動ク
雪　白イ
百姓　働ク
藥　飲ム
法律　裁判所

計算問題

問　百カラ十三ヲ引クト
答　八十七
問　八十七カラ十三ヲ引クト
答　七十四
問　七十四カラ十三ヲ引クト
答　六十二
再問
答　六十三、六十一
問　六十一カラ十三ヲ引クト
答　五十八
再問

答　四十八

問　四十八ノ三倍ハ

答　百五十四

再

問

答　百四十八

問　十一ノ十一倍

答　百十一

再

問

答　百二十一

問　十二ノ十三倍ハ

答　百五十六

問　三ツ三錢ノ菓子ハ十個デ何程カ

答　十二錢

再問　一ケ何程カ

答　…………

　以上ノ如ク智力薄弱ナルヲ認メシ故如何ナル程度ナルカヲ現今廣ク行ハレ居ル久保良英博士ノ智能檢査法ニヨリテ之ヲ檢セリ

九歳兒童、十歳兒童ニ檢スベキ問題ハ正解セリ
十一歳兒童、十二歳兒童ニ試ムベキ問題モ略良シ　此ノ内三分間ニ六十語以上ノ單語ヲ述ブル問題ニ就テハ次ノ如シ
机、椅子、卓子、硯、墨、窓窓掛ケ、黒板、黒板拭キ、白墨、電氣、笠、門、扉、通リ、電燈、汽車、電車、馬車、馬、羊、牛、虎、麹町、赤坂、麻布、六本木、四谷、小石川、本郷、深川、本所、淺草、日本橋、京橋、下谷、澁谷、芝學校、グランド、庭球、野球、川、海、野、山、水、鳥、魚（計四十九）
十三歳兒童ニ試ムベキ問題ハ約半數ノ合格率ナリ
十四歳兒童ニ試ムベキ問題ニ就テハ可成リ不良ナリ
問　貴方ハ相當ノ頭モアルガ今度ノコトハ良イト思フカ惡イト思フカ
答　良イ事デハナイ
問　ソレデハドチラカ
答　惡イ方デス
問　其ノ時モ惡イト思ツタカソレトモ惡イトハ思ハナカツタカ
答　何モ考ヘナカツタ
問　良イト思ツタカ
答　ソレモ考ヘナカツタ
問　ソレデハ夢中ダツタノカ
答　……………

問　判ル様ニナツタノハ何時カ

答　玆ニ來テカラ

問　貴方ノ母ハ生キテ居ルト思フカ、死ンダト思フカ

答　死ンダト思フ

問　其ノ時ハドウデアツタカ

答　其ノ時ハ氣ガツカナカツタ

問　其ノ事件後ドウシタカ話シテ御覧

答　（躊躇ノ色見ユ）新潟ヘ歸ラウト思ツテ上野ヘ行キマシタ

問　ドウシテ捕ハレテ警察ヘ行ク様ニナツタノカ

答　上野ヘ行ツタガ又歸ツタノデス

問　何故新潟ヘ行クコトニシタノカ

答　警察ガ五月蝿イカラ田舍ヘ行ツテ相談スル心算デス

問　上野カラドウシタ

（以下躊躇シツツ述ブル所ヲ綜合スレバ次ノ如クナル）

答　上野驛ヲ出テ徘徊シテ吾妻橋一丁目ノ山城屋ヘ泊ツテ二泊シテ愈々新潟ヘ行カウト思ツテ出ルトソノ時近所ノ交番ノ前ヲ通ルト刑事ガ居テ寫眞ヲ見タノカドウカ知ランガ一緒ニ來テ呉レト云ツテ交番ヘ行ツテ所持品ヲ檢査シタガ軍、隊手帳ヲ見テソレデ判然判ツテ直グ警察ヘ行キマシタ

以上ノ如キ問答ト檢診時ノ狀況ヨリ總括スルコト次ノ如シ

姿態ハ特ニ屈伏、倣然、無頓着、不行儀等ノコトナク尋常ナリ

立居振舞ハ從順ニシテ應對着衣モ尋常ナリ

顏貌モ爽快、怒、憤悲哀等ノコトナク略尋常ナルモ割合ニ平氣ノ點見ユ

談話ハ問ニノミ答ヘ多辯、緘口ノコトナク迂遠、奇變ノコトモナク先々尋常ナリ

指南力卽時、場所、周圍等ニ對スル認識ハ略正常ナリ

病識ハ缺如ス

領取ハ略尋常ニシテ散亂性ナラズ

注意ハ略尋常ナリ

記憶力モ尋常ニシテ物品ヲ示シテ之ヲ記銘セシムル試驗モ略完全ナリ

記憶力モ概シテ良好、尠クモ健忘ト稱スルモノナク又主徵候ヲナスモノナラズ

智識ハ稍惡ク實ニ所謂癡愚ト魯鈍ノ境ヲ爲ス程度ナリ

辨識能力ニ多少ノ缺陷アルモ著シキモノナラズ

計算モ特ニ不良ト云フ程ナラズ

妄覺及妄想ハ之レナシ

觀念聯合ハ奔逸、迂遠、散亂等モナク概シテ著變ナク僅カニ澁滯ト認ムベキ程度ナリ

强迫觀念ハ之ナシ

感情ハ爽快、憂鬱、轉變性等ノコトナク若干ノ鈍麻殊ニ高等感情ノ鈍麻ガ認メラル
意志ハ發揚、興奮ナク又拒絶、抵抗、衒奇等ナキモ減弱ハ明ニ認メラル
要スルニ現在ニ於テ特ニ目立チタル症狀ハ尠ク既往歴ヲ參考トシテ診斷シ得ル程度ナリ

身體的症候

身長約一六〇仙米、體格中等、榮養稍衰フ、身體ノ發育狀況、四肢、軀幹ノ比例等尋常、左右不均ナシ、變質畸形ナシ
感覺機能ハ視力、聽力其ノ他尋常ナリ
運動機能ハ眼球、眼瞼、顏面、舌、言語、步行等正常ナリ
反射機能ハ瞳孔、腱反射等一般ニ著變ナク膝蓋腱反射ハ殆ド缺ク（脚氣ニヨル）
胸腹其ノ他内臓器ニ著變ナシ
之ヲ要スルニ精神病ノ原因ト認ムベキ又結果ト思ハルル身體症狀認メラレズ

診斷ト說明

診斷上ノ根據トナル點ハ次ノ如シ

既往歴ヨリハ

一、母方叔父ニ精神病患者アリ　長年病ニテ癡呆狀ニナリテ死亡セリ
一、被鑑定人ハ學校成績可成リ惡シク又軍隊ニ於テモ非常ニ成績不良ナリ
一、今迄ニ父ノ金ヲ持出シタルコトアリ　其ノ他二、三回ノ窃盜行爲アリ　今迄ニ定業ナシ
一、感情激シ易ク意志薄弱ニシテ而カモ意志ノ制止尠シ

現在症ヨリハ

一、虛言所謂ゴマ化ス傾アリ

一、智力稍薄弱ニシテ癡愚ト魯鈍トノ境ニアルモノト認メラルルモノナリ

一、高等感情鈍麻ス

斯クノ如クニシテ本例ハ生來性ノ精神缺陷狀態ニアルモノト認ム

生來性ノ精神缺陷狀態ハ智力ノ缺陷ヲ主トスル白癡ト感情、意志ノ缺陷ヲ主トスル精神變質症トアリ　本例ハ實ニ此ノ兩者ノ症狀ヲ倂有スルモノニシテ共ニ輕度ナガラ癡愚兼精神變質症ト診斷スルモノナリ　今之等ニ就テ一通說明ヲ加ヘ後本例ノ犯行時ノ說明ヲナスベシ

精神變質症ハ又精神々經症、性格異常、異常人格、精神病的體質、精神病的低格等ノ別名アリ

原因ハ主トシテ遺傳原因ニ基ク

症候ハ多種多樣ナリ而カモ或者ニ存スル症候ハ他ノ人ニハナク又却テ反對ノ方向ノ異常ヲ呈シ又各種ノ異常ヲ倂有スルモノアルモ大體ハ數種ノ病型ヲ分チ得ル

概シテ云ヘバ叡智界ノ方面ニテハ認識、指南力ハ大ナル障碍ナシ

注意ハ散漫輕動性ノモノ多シ

領會記銘力ハ注意散漫ノ結果トシテ來ルコト多シ

想像力ハ特ニ活潑ニシテ空想的虛談症ヲ呈スルモノアリ

聯想ハ異常ナキモノアレド澁滯、急促、奔逸等ノコトモアリ

强迫觀念ハ甚多ク疑惑症、穿鑿症恐怖症等多シ
判斷モ種々ノ障碍アリ粗漏、杜撰ニシテ輕卒ナリ
妄想、妄覺ハ普通ナシ
智力ハ甚優秀ナルモノアルモ多クハ淺薄不完全ナリ　時ニ怜悧狡猾ナルモノアリ
精神作業力ハ種々ノ異常ヲ呈シ興味ヲ喚起スルコト能ハザルモノ、疲勞性大ナルモノアリ　一事ヲ遂行スルコト能ハザルモノアリ
感情界ノ障碍ハ甚顯著ナリ　或者ハ自家感情ノ亢進アリテ陽氣質ノモノアリ　或ハ又反對ニ抑欝性ニテ厭世ニ傾クモノアリ又刺戟質、病的嫌忌症等アリテ憎惡ノ念、復讐心强キヲ常トス
意志ノ障碍モ重要ナルモノアリ　或者ハ浮躁ニ或者ハ躊躇逡巡性ニシテ疲勞性ノ亢進モ屢々見ル　意志薄弱ニシテ誘惑ニ陷リ易キモノ多シ　或ハ意志ノ影響性減退シ頑固一徹ナルモノアリ　或ハ奇矯ナル行動ヲナスモノアリ　病的性慾モ屢々見受ケラル

病　型

神經質（體質性神經衰弱症）
最モ多キ病型ナリ　注意散亂、記銘困難空想的ニシテ精神作業力減退ス厭世苦悶ノモノ多シ
病的輕佻症
注意散漫、智識淺薄、判斷輕卒、聯想奔逸性ノ外感情ノ爽快陽氣或ハ諧謔性アリ
感情ノ表出ハ演劇的誇張的ナルモノ多シ又感情刺戟性轉變性ナリ

意志ハ常ニ輕ク興奮性ニシテ多辯、多動影響性亢進ス　意志薄弱著シク誘惑ニ陷リ易ク永ク定業ニ從事スルコトナク擧動不定不靜ニシテ容易ニ住所、職業ヲ轉ジ其ノ行爲ハ性慾本能ノ向フガ儘ニ放逸ニシテ猥リニ徘徊旅行シ金錢ヲ浪費シ各種ノ遊戲ニ耽リ嗜好品ニ濫溺シ色情亢進ノ爲メニ遊蕩ヲ事トシ猥褻行爲ニ陷リ易シ窃盜、詐欺、無錢飲食等ノ犯罪多シ

病的虛言欺騙症

大體病的輕佻症ニ似ルモ想像ガ極度ニ旺盛ニシテ空想ト事實トノ限界ヲ失シ徹頭徹尾虛言ヲ事トス

其ノ行爲モ亦空想ニ基キ無計畫突飛ニシテ冒險的行爲ニ出ルモノ多シ

病的奇矯症

自我感情ノ亢進、行爲ノ奇矯ヲ特徵トス

觀念ノ被影響性減退シ他ノ意見ヲ容レズ偏奇ナル信念ヲ固執シテ行爲ハ屢々無計畫ニシテ常規ヲ失シ矛盾、不可能ナルモノ多ク社會ノ習慣、道德ヲ顧慮セズ或ハ故意ニ多衆ニ反對ノ行爲ニ出ヅルガ如キコトアリ

病的不德症

道義的感情ノ缺陷ヲ主徵候トスルモノニシテ其ノ行動ハ目前ノ欲望ニノミ支配セラル

家族ヲ虐待シ長上ヲ尊敬セズ金錢家財ヲ手當リ次第ニ持出シテ費消シ學校ニ於テハ搔擾惡戲ヲ事トシ社會ニテハ共同生活ニ反シ道德的制裁、法律的懲戒モ效果ナク放浪生活ニ入リ職業的犯罪者トナルモノアリ

病的紛爭症

本症ノ特徵ハ自我感情ノ亢進ト感情興奮性ノ亢進トニアリ　其ノ考慮總テ自己中心的ニシテ追想ニモ自己的着色多キタメニ追想誤謬ヲ來スコトアリ　判斷モ亦自己中心的狹隘偏頗誇張的ナリ　而シテ感情興奮性亢進ノ爲メニ些細ノ事ニ激

昂シ不平不滿トナリ周圍ヲ曲解シテ自已ガ迫害、妨害セラルル如クニ思惟シテ抗爭シ敵視シ自己ノ過失ニ心付カズシテ他ノ缺點ノミヲ非難シ斯クシテ自己ト關係アル事毎ニ周圍ト紛議ヲ釀シ時ニハ訴訟ヲ起スコトサヘアリ

色情異常症

色情違期症、淫亂症、色情倒錯症（虛待淫亂症、被虐待淫亂症、節片淫亂症、同情淫亂性）等アリ

白癡（廣義）

白癡ハ生來又ハ發育期ニ於ケル故障ニヨリ全精神作用ノ發育一程度ニ停止シテ生涯ヲ通ジ精神薄弱狀態ヲ持續スルモノニシテ精神發育制止症ト稱ス

其ノ原因ハ胚種ハ勿論胎生期ヨリ小兒期ニ亘ル期間ニ於テ腦ニ加ハル害毒ハ悉クナリ即遺傳、胚種毀損、胎生期ニ於ケル故障、小兒期ニ於ケル高度ノ榮養障礙、出産時ノ故障、頭部外傷、熱性病ノ際ノ腦症、中毒、自家中毒等ヲ擧ゲ得

其ノ症狀ハ全精神作用（叡智、感情、意志）ノ發育ガ不完薄弱ナルモノニシテ其ノ程度ハ原因ノ加ハリシ時期、腦ノ侵サレタル强度等ニヨリ一定セザルコト論ヲ俟タズ　從テ實地ニハ之ヲ數同ノ階級ニ分類サル　普通智力程度ヲ標準トシ成人後モ尋常兒ノ六、七歲以下ノ智力程度ニ止マルモノヲ狹義ノ白癡トシ、十四、五歲以下ニ止マルモノヲ癡愚ト云ヒ常人ニ近キ程度ノモノヲ愚鈍ト稱ス元ヨリ三者ニ判然タル區劃ハナシ又三者各々ニモ高度ト輕度トアリ

白癡ニ就テノ記載ハ略ス

癡愚ノ程度ニ達シタルモノニアリテハ其ノ精神發育白癡ニ比シテ大ニ進ミ日常生活ニ必要ナル言語アリ　具象的觀念ニ富メドモ概念ノ構成、抽象的觀念ノ所有甚貧弱ナルガ故ニ類同差別ノ比較因果關係、是非善惡ノ判斷不能又ハ唯漠然タル智識ヲ有スルノミ　機械的記憶ニヨリ六ケ敷キ文句、高尙ナル名詞ヲ口ニスルモ其ノ意義ヲ知ラズ　聯想ハ迂遠ニテ

談話簡結ナラズ注意ハ輕動性ニテ從テ領會遲シ記銘力、記憶力ハ不確實ニシテ且ツ時間的排例ナク追想ニ誤謬多シ

感情ハ小兒的ニシテ輕ク動キ轉變シ易シ或者ハ温順ナレドモ或者ハ執拗、自恣、憤怒性、復讐ノ念旺ナリ

食慾、色慾ノ異常亢進、減退、倒錯アリ一般ニ感情ノ興發小兒的ニシテ肉體的感情ノミ旺盛ニシテ道德審美等ノ高等感情發露セズ

日常ノ行動ハ小兒的ニシテ目前ノ刺戟ニ支配セラレ行爲ハ無計畫ニテ獨立性ヲ缺キ輕卒ニテ忍耐力ナク虛言ヲ敢テシ信用シ難シ　善惡ニ拘ラズ强者ノ命令教唆ニヨリテ動キ　之ヲ放任スレバ性慾ニノミ從テ行動シ高等感情ノ制肘ヲ受ケルガ故ニ動物ヲ虐待シ弱者ヲ凌辱シ竊盜、猥褻行爲、放火、殺人等ヲ反復シテ愧ヅルコトナシ　斯ル重大ナル犯罪モ極メテ輕微ナル動機ニヨリ行ハルルコトハ特異ニシテ例ヘバ僅カナル憤怒、云フニ足ラザル怨恨ノ爲メ殺人ヲ行ヒ少許ノ金錢ヲ得ンガ爲メ或ハ多人數ノ騷擾ヲ見ルコトヲ快トシテ反復放火スルノ類ナリ

學校教育ニ堪エザルモノ多シ

魯鈍ハ癡愚ト普通人トノ中間ニ位スルモノニシテ其ノ程度强キモノハ癡愚ニ近ク從テ精神異常顯著ナレドモ其ノ程度輕キモノハ一見常人ト同ジ　然レドモ精神病學的ニ檢スレバ明カニ異常アリ

斯ル人ハ注意鈍ク或ハ散亂性ナルガ故ニ領會不完全ニシテ事物ノ眞相ヲ洞察スルコト能ハズ　具象的觀念ノ貯蓄ニ富ムモソレ等ノ觀念ヲ消化シテ概念ヲ構成スルコト困難ナリ　其ノ有スル概念ハ漠然不確實ナルガ故ニ事ニ當リテ確乎タル判斷ヲ下シ得ズ　從テ容易ニ他ノ所說ニ影響支配セラル　算數ハ拙劣ニシテ爲メニ算術ハ學校成績中不良ナルヲ常トス　高等教育ニ堪エル能ハズ　空想ニ富ミ事實ト空想トヲ混同シテ虛談症ヲ呈スルコトアリ　淺薄ナル詭計ヲ事トスルモノアリ　聯想ハ單化迂遠ナリ

感情ハ或ハ温和或ハ剌戟性ナリ　一般ニ感情轉變性ニシテ推感ニヨリ容易ニ爽快トナリ又容易ニ沈鬱、憤怒ス

高等感情ノ發育不良ニシテ行爲ニ指導制肘スルノ力弱シ

意志、機械的記憶習慣ニヨリテ手技勞働ニ堪エ得ルモ意志ノ獨立性ナク自ラ確乎タル目的計畫ヲ建テテ事ヲ處理遂行スルコト能ハズ他ノ監督使役ニ盲從シ容易ニ誘惑ニ從ヒ犯罪ニ陷リ或ハ酒色ニ荒ムコト多シ　幸ニ適當ノ保護監督ノ下ニ生活スルモノハ精神薄弱ヲ著シク暴露セズシテ經過スルモ單獨ニ社會ニ出ルモノハ常ニ劣敗者トシテ下級勞働者、醜業婦等ニ甘ンズルノ他ナシ

白痴、癡愚及魯鈍共遲鈍型ト興奮型トヲ區別シ得

遲鈍型ハ溫順、遲鈍ニシテ茫乎トシ居ルモ興奮性ハ剌戟性ニシテ些事ニ劇怒シ暴行シ、復讐ノ念ニ富ミ强情執拗ニシテ御シ難ク絶エズ浮躁ニシテ惡戯犯罪ヲ事トス

本例トノ比較

本例ハ小學校ノ成績モ不良ニシテ又軍隊ニ於ケル成績モ甚不良ナリシト云フ

窃盜ノ犯行二、三回アリ

强姦ノ嫌疑ヲ受ケタルコトアリ

意志薄弱ニシテ一定ノ職業ヲ選ビ之ニ從事スルコトナク愚圖々々セル生活ヲナシ居タリ.

如何ニ繼母ガ惡キ性質ナリトモ常ニ之ト衝突絶ヘザルハ本人ニモ相當ノ缺點アルベク又實父モ兩方ガ五分〳〵ニ惡イト云ヘリ

之等ヨリスレバ賓ニ低能者、變質者ニ相當セル生活狀態ヲナシ居リシモノニテ又上述ノ如ク現在モ然リト認メラルルナ

リ

犯行ノ説明

本件犯行ニ就テハ記錄ニアル所ニヨレバ昭和七年三月五日繼母はるトロ論ノ末腕力ヲ用ユルニ至リ繼母ガ鋏ヲ投ゲツケシヨリ之ニ對シテ急ニ赫トナリ咽喉ヲ締メ遂ニ肉切庖丁ヲ以テ斬リ付ケ死ニ至ラシメシモノナルガ被告ハ此ノ事實ヲ常ニ肯定シ居レリ

サレド之ハ單ニ此ノ事實ガ突發セシモノナラズ　平素ヨリ感情疎隔シ居リ繼母ガ被告ノ實母ノ位牌ヲ破毀シ又ハ被告ノ戸籍ヲ勝手ニ移動セシヲ恨ミ居リシニ端ヲ發スルモノニシテ恐ラク何時カハ其ノ恨ヲ霽ラサント思ヒ居リシナルベク此ノ無意識的或ハ有意識的ノ念慮ガ與テ力アリシモノニテ之ニ本病者ノ症狀トシテ考ヘラルル所ナリ犯行當時ノ狀況ハ可成リ激シ居リシコト突嗟ノ場合ニテ烈シキ感情ノ爲メニ冷靜ヲ失ヒ判斷ヲモ誤ヲ來セシモノト認メラル

從テ後日ノ追想モ充分ナラザルモノナリ

其ノ犯行ニ就テハ普通低能者、變質者等ニ見ル些細ノ動機ヨリ重大ナル結果ヲ來スモノト同樣ニ考ヘラル

予ハ最近本例ト同樣ナル精神低格者ガ職業ノ紹介上不親切ナリトノ理由ニテ放火シタル例及魚ノ賣子ガ魚ニケチヲ付ケ而モ買ハザリシヲ怒リ其ノ客ノ家ニ放火セシ例ヲ知ル　本例ハ之ト異ナルモ病的感情興奮ニ基因スルモノナルガ平素ヨリノ感情衝突、復讐心ガ大ニ關係シ全ク病的ノ精神機能ニ關聯スルモノナリ　然レドモ感情激烈ノ餘リ全然意識溷濁シタルモノトハ思ハレズ殺傷ノ後所持ノ金ヲ持チ出シタルアタリ更ニ少時ノ後新潟ヘ行カント計畫シ而カモ警官ニ會フヲ恐レテ二、三日宿屋ニ過セシアタリ大ニ冷靜ヲ持シ居タルナリ

犯行直後ヨリ殆ド平素ト同樣ナリシナリ　要スルニ犯行ハ妄想妄覺等ノ支配ニヨリテ全然判斷ヲ失ヒシ狀況ノ下ニ於テ

行ハレシモノナラズ

平素ノ怨恨的感情ノ下ニ加フルニ一時的激烈感情ノ爆發ニヨリテ行ハレシモノニシテ可成リ強度ニ激シ居リシ爲メ意志ノ制肘ヲ失ヒ追想モ不完全ナル程ナルガ而モ全然意識喪失セシモノニモ非ラズ相當考慮ノ餘裕存セシモノナリ　然レドモ殺害其ノ物ニ關シテハ感情激烈ニシテ殆ンド是非ノ辨別ヲナシ得ザル程ト認ムヘク強盜殺人事件ト雖モ兩者ノ行ハレシ際ノ精神狀態ニハ短時間トハ云ヒ乍ラ可成リノ相違アルモノト認メラル

唯孰レニシテモ精神的ニ可成リノ障碍アル狀況ノ下ニ行ハレシモノナルハ事實ナリ　而モ殺人ナル犯行ト強盜ナル犯行トノ際ノ精神狀態ノ差違ハ紙一重ニテ可成リノ懸隔アリナガラ又見方ニヨリテハ判然タル區劃ナキ程ナリ

感情可成リ激烈ナリトハ云ヘ追想モ不完全ナリシトハ云ヘ全然意識喪失セリトハ認メズ之レ當時ノ狀況ヲ可成リニ陳述シ尚ホ其ノ他ノ點ニ就テハ虛構ノ陳述アリト認メラルル故之等ヲ參考ニナシ得ルナリ

卽其ノ程度ハ所謂心神耗弱ノ稍髙度ノ狀態ナリシモノト認メラル

以上ノ如クニシテ犯行時ニハ現在ノ精神狀態ニ加フルニ感情ノ激烈ヲ以テセルモノナリ

依テ鑑定ヲ下スコト左ノ如シ

鑑　定

一、強盜殺人被告富田次郎ハ現在ハ主トシテ輕度ノ癡愚ニ相當スル精神發育制止ノ狀態ニアリ且精神變質症ノ色彩ヲ帯ビ其ノ精神機能ハ明カニ病的ニハアレド比較的輕微ニシテ所謂心神耗弱ノ輕度ノモノト認ム

一、昭和七年六月五日本件犯行當時ニハ現在ト同樣輕度ノ癡愚兼精神變質ノ基礎狀態ノ上ニ繼母ト口論上平素ノ不快感情、怨恨ガ爆發シ感情的ニ可成リ激シ居リ意志ノ制肘ヲ失ヒ是非ノ辨別能力モ可成リ障碍セラレ居リ平素ニ比シ精神機

能可成リ著シク不良ナルガサリトテ全然喪失狀態トモ考ヘラレズ　心神耗弱狀態ノ最モ高度ノモノト認メラルルモノナリ

以　上

右鑑定候也

本鑑定ハ昭和八年三月二十日ヨリ同年四月三十日ニ至ル四十二日間トス

昭和八年四月三十日

東京市四谷區鹽町五十四番地

鑑　定　人　　醫學博士　宮　野　精　一㊞

〔註二二二〕　鑑定人ガ鑑定ノ結果爲シタル報告卽鑑定書デアル（刑訴法第二二一條）。

〔註二三〕

請求書

金壹百貳拾五圓也（強盜殺人被告富田次郎精神狀態鑑定ニ對スル一切ノ費用）

內譯

金五圓也（同上昭和八年三月二十日出廷ニ對スル日當）

金壹百貳拾圓也（同上昭和八年三月二十日ヨリ四月三十日ニ至ル鑑定ニ對スル特別技能料）

右請求候也

昭和八年四月三十日

東京市四谷區鹽町五十四番地

鑑定人 宮野精一㊞

豫審判事 遠野茂三郎殿

認可
昭和八年五月一日 東京地方裁判所 豫審判事㊞

〔註二三〕　鑑定人ハ旅費、日當及止宿料ノ外鑑定料及立替金ノ辨償ヲ請求スルコトガ出來ル（刑訴法第二二九條）。

然シコレ亦請求スルノナラ刑事訴訟費用法第六條ニ規定スル期間中ニ請求シナケレバナラナイ。

其ノ他訴訟費用等ノ關係ニ付テモ證人ノ場合ト同樣ニシテ既ニ說明シタル豫審ノ部〔註一一〕檢事ノ部〔註八〕ヲ見ラレ度イ。

第三回訊問調書

被告人　富田次郎

右強盜殺人被告事件ニ付昭和八年五月三日市ケ谷刑務所ニ於テ豫審判事遠野茂三郎裁判所書記多木清立會ノ上前回ニ引續キ右被告人ニ對シ訊問スルコト左ノ如シ

一、問　之迄ノ申立ニ相違ナイカ

　答　相違アリマセン

二、問　此ノ嫌疑ノ原由ニ付キ何カ辯解スルコトガアルカ

此ノ時豫審判事ハ被告人ニ對シ嫌疑ヲ受ケタル原由ヲ告知シタリ

　答　私ハ之迄詳シク申上ゲテ來タ通リデ繼母ヲ殺シマシタ　夫レカラ鄕里ノ祖母ノ處ヘ行カウトシタ處旅費ガナカツタ爲ニ繼母ノ持ツテ居タ金ヤ家ノ金ヲ持出シタノデアリマス　繼母ヲ殺ス前ニ繼母ヲ殺シテ繼母ノ持ツテ居ル金ヲ奪ツテ高飛ショウト考ヘヲ起シタノデアリマセヌ

其ノ他ニハ別段辯解スル事ハアリマセン

三、問　他ニ何カ申立テ度イ事ハナイカ

　答　御座イマセン

四、問　今什ウ思ツテ居ルカ

　答　假リニモ繼母トナツタ人ヲ子デアル私ガ手ヲカケテ殺シタト云フ事ニ付テハ惡カツタト思ヒマスガ繼母ガ生前

私ニ對シテ情愛ノ無イ態度ヲ取ツタ事ヲ考ヘルト繼母個人ニ對シテハ今デモ餘リ氣ノ毒ナ事ヲシタトハ思ツテ居リマセヌ

右讀聞ケタル處無相違旨申立テ署名捺印シタリ

被告人　富田次郎（拇印）

同日於同所作之

東京地方裁判所

裁判所書記　冬木　清㊞

豫審判事　遠野茂三郎㊞

〔註二四〕　既ニ度々前ニ爲シタル訊問調書ノ說明ヲ見ラレ度イ。

只此ノ訊問調書ニハ「此ノ嫌疑ノ原由ニ付何カ辯解スルコトガアルカ」ト問フテ「此ノ時豫審判事ハ被告人ニ對シ嫌疑ヲ受ケタル原由ヲ告知シタリ」トノ記載ガアルガ之ハ刑事訴訟法第三百一條ニ基イテ爲シタルトコロノ事柄デアル。

〔註二五〕

豫審終結求意見書

被告人　富田次郎

右被告事件ニ付取調終了候條意見ヲ求メ候也

昭和八年五月五日

東京地方裁判所

豫審判事　遠野茂三郎㊞

檢事　本郷隆一殿

〔註二五〕　刑事訴訟法第三百六條ニ依ツテ豫審判事カラ檢事ニ對シテ意見ヲ求メタモノデアル。

〔註二六〕

豫審終結意見書

强盗殺人　富田次郎

右被告事件左ノ理由ニ因リ東京地方裁判所ノ公判ニ付スル決定可相成モノト思料候也

昭和八年五月十日

東京地方裁判所檢事局

檢事　瀧田謙一　印

東京地方裁判所

豫審判事　遠野茂三郎殿

理由

本件公訴事實ハ公判ニ付スルニ足ルベキ犯罪ノ嫌疑十分ニシテ被告人ノ行爲ハ刑法第二百四十條ニ該當スル犯罪ト思料ス

〔註二六〕　檢事ガ豫審判事ヨリ意見ヲ求メラレタルニ對シ刑事訴訟法第三百八條ニ則リ意見ヲ付シタモノデアル。檢事ガ若シ豫審判事ノ取調ガ十分デナイト思ツタトキニハ其ノ事柄ヲ指摘シテ取調ヲ請求スルコトガ出來ル。若シ豫審判事ガ檢事ノ請求ニ應ジタトキニハ更ニ其ノ取調ニ關スル書類ヤ證據物ヲ檢事ニ送付スベキモノデ、又請求ニ應ジナケレバ速ニ其ノ旨卽チ請求ニ應ジナイカラト云フコトヲ檢事ニ通知シナケレバナラナイ（刑訴法第三〇七條）。

〔註二七〕

勾留更新決定

市ケ谷刑務所在所

被告人　富田次郎

右强盗殺人被告事件ニ付昭和七年四月四日被告人ニ對シテ爲シタル勾留ハ尚ホ繼續ノ必要アルヲ以テ昭和八年六月四日ヨリ之ヲ更新ス

昭和八年五月十九日

東京地方裁判所

豫審判事　遠野茂三郎㊞

原本領收　昭和　年　月　日
右謄本
昭和八年五月二十日
檢事局送付
裁判所書記　中村積三㊞

〔註二八〕

送達報告書

送達書類ノ表示	受送達者
東京地方裁判所 昭和七年(ヨ)第一八四號 一、被告人富田次郎ニ對スル强盜殺人被告事件ノ勾留期間更新決定謄本　一通 東京地方裁判所書記課發	富田次郎宛

書類受領者ノ記名捺印	送達ノ年月日時	送達ノ場所	送達方法
川村敬二㊞	昭和八年五月二十日午后八時四十分	東京市牛込區市ケ谷富久町市ケ谷刑務所	受送達者不在ニ付事理ヲ辨識セル左ノ者ニ渡シタリ 所長代理看守長川村敬二ニ交付ス 左ノ者正當ノ事理ナクシテ受取ヲ拒ミタルニ付其場ニ差置キタリ

右之通送達候也

昭和八年五月二十八日

東京區裁判所執達吏　村上武三代理

田村一郎㊞

職第一五七三號

〔註二七〕〔註二八〕孰レモ前ニ說明シタ所ノ勾留更新決定ノト、送達證書ノトコロヲ見ラレ度イ。

〔註二九〕

豫審終結決定書

本籍　東京市品川區南品川町一二二〇番地
住所　東京市品川區北品川町二丁目九六三番地

無職　富田次郎

當二十六年

右ノ者ニ對スル強盗殺人被告事件ニ付豫審ヲ遂ゲ終結決定ヲ爲スコト左ノ如シ

主文

本件ヲ左記殺人被告事件トシテ東京地方裁判所ノ公判ニ付ス

理由

被告人ハ十歳ノ頃實母マサ子ニ死別シ翌年實父平助ガ富田はるト入夫婚姻ヲ爲シタルヨリ共ニ富田方ニ入籍セラレ爾來繼母はるニ養育セラルルニ至リタルガ成長スルニ從ヒ不良性ヲ帶ビ少女ヲ犯サントシタル爲大正十五年二月頃ヨリ施無農學園ニ收容セラレ其ノ後同園ヨリ歩兵第一聯隊ニ入營シタルガ昭和六年十一月退營スルニ及ンデ實父繼母ノ許ニ歸宅シ昭和七年一月十四日同人等ト共ニ東京市品川區北品川町二丁目九百六十三番地ニ移轉シ爾來同所ニ同居シ就職口ヲ求メタルモ得ズシテ徒食シ居タルモノナルトコロ幼少ノ頃ヨリ兎角繼母ト折合惡シク且稍長ジテ繼母はるガ平助ト同棲後間モナク實母マサ子ノ位牌等ヲ燒キ棄テタルコトヲ知リ大ニ憤リ居タルニはるニ於テモ亦被告人ニ富田家ヲ相續セシ

ムルコトヲ欲セズシテ昭和四年三月以降平助ニ無斷ニテ被告人ヲ或ハ除籍シ或ハ戸主トシテ屆出ヅル等妄リニ戸籍面ノ移動ヲ謀リタル爲益々繼母ヲ怨ムニ至リ前叙退營後モ屢々繼母ニ戸籍ヲ元通リニ訂正スベク迫リタル爲はるトロ論ヲ重ネ平助不在中ハ繼母ト食事ヲ共ニセザルハ勿論談話スラ交ハサザルニ至レリ

偶昭和七年三月五日午後一時頃モ亦同家勝手ニ續ク六疊ノ間ニ於テはるト戸籍上ノ事ヨリ口論ヲ始メ憤慨ノ餘リ同女ヲ突キ飛バシタルニはるハ疊ノ上ニ在リタル鋏ヲ被告人ニ投ゲ付ケ次イデ立チ上リテ被告人ノ右手ニ咬ミ付キタルヨリ激怒ノ末はるヲ押倒シ手拳ニテはるノ顔面ヲ數回毆打シタル爲はるハ殆ト抵抗力ヲ失ヒ且其ノ鼻腔等ヨリ出血スルニ至リタルヨリ斯クナリテハ寧ロハルヲ殺害スルニ如カスト決意シ直ニ臺所ヨリ刄渡四寸餘ノ肉切庖丁ヲ持チ來リ之ヲ右手ニ握リ左手ニテはるノ肩ヲ押ヘツツ左頸部ニ突刺シ因テはるヲシテ該刺創ニ基ク失血ノ爲卽死セシメテ殺害ノ目的ヲ遂ゲタルモノニシテ被告人ハ前示犯行當時心神耗弱ノ狀態ニ在リタルモノナリ

右被告人ノ所爲ハ刑法第二百條ニ該當シ尚同法第三十九條第二項ヲ適用處斷スベキ犯罪トシテ之ヲ公判ニ付スルニ足ルベキ嫌疑アリト思料スルヲ以テ刑事訴訟法第三百十二條第一項ニ則リ主文ノ如ク決定ス

昭和八年五月二十二日

東京地方裁判所

豫審判事　遠野茂三郎㊞

原本領收　昭和八年五月二十二日
右謄本
昭和八年五月二十四日
檢事局送付
裁判所書記　中村積三㊞

〔註二九〕豫審判事ハ檢事ノ意見ノ如何ニ拘ラズ自分ノ自由心證ニヨリテ證據ヲ判斷シテ豫審ノ終結決定ヲ爲スベキモノデアル。其ノ決定ニハ次ノ如キ(イ)乃至(ニ)ノ四種類ノ決定ガアル。(只大審院ノ特別權限ノ事件ニ付大審院長ヨリ豫審ヲ命ゼラレタル判事被告事件ニ付取調ヲ終ヘタルトキハ意見書ヲ添ヘ書類及證據物ヲ大審院ニ送付スベキモノデアル)。(刑訴法第四八二條)

(イ)　管轄違ノ決定(刑訴法第三〇九條、第三一〇條、第三一一條)。

(ロ)　免訴ノ決定(刑訴法第三一三條、第三一四條)。

(ハ)　公訴棄却ノ決定(刑訴法第三一五條)。

(ニ)　公判ニ付スル決定(刑訴法第三一二條)。

本件ニ付テハ公判ニ付スルノ決定デアルガ、其ノ罪トナルベキ事實及法令ノ適用(刑訴法第三一二條第二項)ヲ見ルト檢事ノ意見ト違ツテ居ル。檢事ハ強盜殺人罪ダトノ意見ヲ付シタノデアルガ、豫審判事ハ本事件ヲ殺人罪ダトシテ公判ニ付シタノデアル。

有罪ノ決定卽チ公判ニ付スル決定ニ對シテハ抗告ヲ許サナイ（刑訴法第三一六條、第四五六條、第四五七條）。ダカラ其ノ決定ハ送達ト同時ニ確定スルモノデアツテ、其ノ事件ハ公判ニ繋屬シ公判ニ於テ其ノ決定ニ記載セラレタル事實及法律上其ノ事實ノ範圍內タルベキ事實ニ付キ審判セラルルニ至ルノデアル。

管轄違、免訴、公訴棄却ノ決定ニ對シテハ卽時抗告ヲ爲スコトガ出來ル（刑訴法第三一六條）。此等ノ決定ガ確定シタトキハ（1）管轄違ノ決定ノ場合ハ檢事ハ更ニ相當ノ管轄裁判所ニ同一事件ヲ起訴スルコトガ出來ルシ、（2）免訴ノ決定ノ場合ハ同一事件ヲ再ビ起訴スルコトガ出來ナイノガ原則デアツテ、只刑事訴訟法第三百十七條ノ場合ニ限リ例外トシテ再起訴ガ出來ルノデアル。（3）公訴棄却ノ決定ハ公訴權消滅（公訴權消滅ノコトハ檢事ノ部（註一）ヲ參照セラレタイ）ノ事由ニ基イテ爲サレタ場合ヲ除イテ更ニ起訴ニ付テノ相當條件ヲ備ヘタナラバ公訴ヲ提起スルコトガ出來ルノデアル。

尙免訴、公訴棄却又ハ管轄違ノ言渡ノ決定ヲ爲シタルトキハ勾留セラレタル被告人ト押收物トニ付キ如何樣ニ爲スベキカニ付テハ刑事訴訟法第三百十八條ト第三百十九條トヲ見ラレ度イ。

〔註三〇〕

送達報告書

送達書類ノ表示

東京地方裁判所 昭和八年(と)第一四七號

一、被告富田次郎ニ對スル强盜殺人被告事件ノ豫審終結決定謄本 一通

東京地方裁判所書記課發

受送達者

富田次郎殿

書類受領者ノ記名捺印

北田義一㊞

職第一九二〇號

送達ノ年月日時

昭和八年五月二十九日午後七時四十分

送達ノ場所

東京市牛込區市ケ谷富久町市ケ谷刑務所

送達方法

受送達者不在ニ付事理ヲ辨識セル左ノ者ヘ渡シタリ

所長代理看守長北田儀一ニ交付ス

左ノ者正當ノ事理ナクシテ受取ヲ拒ミタルニ付其場ニ差置キタリ

右之通送達候也

昭和八年五月二十九日

東京區裁判所執達吏 村上武三代理

田村一郎㊞

〔註三〇〕 豫審ノ決定ニハ皆何々ノ言渡ヲ爲スベシト云フ風ニ法文ニ書イテアルガ、豫審ハ云フ迄モナク公判ニアラズ公判廷モナイノデアルカラ、其ノ裁判ハ宣告ニヨツテ告知スベキコトハアリ得ナイノデアル（刑訴法第四八條、第五〇條）、其ノ裁判即チ其ノ豫審決定ハ其ノ裁判書ノ謄本ヲ送達シテ之ヲ爲スノデアル（刑訴法第五〇條）。

コレハ卽チ其ノ送達シタ所ノ送達報告書デアル（送達ニ付テハ豫審ノ部〔註七〕ヲ參照セラレ度イ）。

尙檢事ニ對スル送達ハ書類（決定ノ謄本）ヲ檢事局ニ送付シテ之ヲ爲スノデアツテ（刑訴法第七七條）、其ノ送達ノ證明ハ豫審終決決定書ノ末尾欄外ニ書記ガコレヲ記入シテ爲シテ居ルノヲ注意セラレ度イ。

〔註三一〕

訴訟記錄送付書

被告人　富田次郎

東京地方裁判所
8. 6. 1
第16326號
檢事局

右強盜殺人被告事件ニ付豫審手續ヲ了シ候條訴訟記錄及送付候也（檢證調書添付）

昭和八年六月一日

東京地方裁判所
裁判所書記　中村積三㊞

東京地方裁判所檢事局御中

東京地方裁判所
昭和8.6.—7受付
第147號

東京地方裁判所
昭和8.6.7
第一刑事部

〔註三一〕　檢事ハ刑事ニ付公訴ヲ起シ其ノ取扱上必要ナル手續ヲ爲シ法律ノ正當ナル適用ヲ請求シ及判決ノ適當ニ執行セラルルヤヲ監視スルノ職權ヲ有スルモノデアルカラ（裁判所構成法第六條）、訴訟ガ段階的ニ進展シテユク場合ニハ一應訴訟記錄ハ之ヲ檢事ニ送付シテ檢事カラ其ノ事件ノ繫屬スル所へ記錄ヲ送付スルコトニ定メラレテ居ル。コノ事ハ控訴ト上告ノ場合ニハ（刑訴法第三九八條、第四二一條）明文ヲ以テ定メラレテ居ルガ、豫審ト公判トデハ別ニ審級ヲ異ニスル譯デハナイケレドモ、其ノ審判ノ目的カラ見テ訴訟手續上ニ於テ一ツノ段階的ナ差異ヲ認メルコトガ出來ル上ニ一面檢事ノ豫審終結決定ト謂フ裁判ノ執行ナル觀念カラモ古イ治罪法ノ時代カラ訴訟法ニハ別段ニ規定ハナイガ、控訴ヤ上告ノ場合ト同樣ニ豫審カラ檢事へ檢事カラ公判へト記錄ヲ送付スル樣ニ取扱ハレテ居ルノデアル。（豫審有罪ノ決定ヲ爲シタルトキノ訴訟記錄ノ送付先ニ付キ、前橋所長ヨリ豫審有罪決定ト爲リタル刑事記錄豫審掛ヨリ檢事局へ送付スヘキモノナルヤ將タ豫審掛ヨリ直ニ公判部ニ送付スベキモノナルヤトノ問ニ對シ、舊法ノ下ニ於ケル取扱ト同樣ニ處理スベキモノト思料ス、ト答ヘタル大正十三年二月二日刑事局長通牒ガアル。其ノ「舊法ノ下ニ於テ」ト謂フハ明治十五年二月十一日中村始審廳檢事ノ「豫審終結ノ申渡ヲ爲シタル時ハ一件書類ヲ檢事ニ送リ檢事之ヲ公判ニ付スベキ爲メ書記へ送付スベキヤ或ハ豫審終結ノ申渡アリタル時ハ其ノ申渡ニヨリ書記ヨリ直ニ公判ニ送付スベキヤ、治罪法第二百六十條第三項ニ依レバ一應檢事ノ手ヲ經ルモノノ如ク又同法第三百四十七條第二項ヲ見レバ豫審終結ノ申渡ヲ以テ直ニ公訴ヲ受理シタルモノノ如シ何レヲ是トシ可然哉」トノ問合ニ對シ「檢事ハ其ノ言渡ノ執行ヲ爲スベキニ付豫審判事ニ於テ某裁判所ニ移スト言渡ヲ爲シタルトキハ、其ノ書類ヲ檢事ニ送付シ檢事ハ其ノ言渡ニ因リ其ノ事件ヲ其ノ裁判所書記局ノ簿冊ニ登記スベキヲ請求ス」トノ明治十五年三月九日ノ回答ガアル）。

〔註一〕

送達報告書

送達書類ノ表示	受送達者
東京地方裁判所 昭和八年(と)第一四七號 一、被告富田次郎ニ對スル殺人被告事件準ニ付昭和八年六月二十七午前九時ノ公判準備期日召喚狀 一通 東京地方裁判所書記課發	富田次郎宛

書類受領者ノ記名捺印	送達ノ年月日時	送達ノ場所	送達方法
松富哲二㊞	昭和八年六月十二日午后八時三十分	東京市牛込區市ケ谷富久町市ケ谷刑務所	受送達者不在ニ付事理ヲ辨識セル左ノ者ニ渡シタリ 所長代理看守長松富哲二ニ交付ス 左ノ者正當ノ事理ナクシテ受取ヲ拒ミタルニ付其場ニ差置キタリ

右之通送達候也

昭和八年六月十二日

東京區裁判所執達吏 村上武三代理

田村一郎㊞

〔註一〕 サテ愈々コレカラ公判ノ取調ニ這入ル次第デアル。

公判中心主義ト云フ樣ナコトガ謂ハレルノモ畢竟ハ公判ハ刑事訴訟ノ中心デアツテ公判ニ來ル迄ニ爲サレタ手續ハ

ヤガテ公判ト云フモノヲ目的トシコレヲ中心トシテ發展シテ來タモノナノデアル。捜査(司法警察官、檢事ノ活動)ハ勿論豫審(判事ノ取調)デモ、結局公判カラ見レバ公判ノ準備的手續タル性質ヲ持ツニ過ギナイノデアル。既ニ豫審ノ部ニ於テ(豫審ノ部〔註一〕)說明シタ樣ニ豫審モ裁判所(判事)デアツテ審理及裁判ヲ爲スモノデアルガ、其ノ審理ハ證據集取ヲ主タル目的トシテ行ハレ其ノ裁判ハ事件ヲ公判ニ付スベキカドウカヲ決定スルダケデ、證據ノ上カラ公判ニ付スルコトガ難シイト考ヘ又ハ事件ガ罪トナラナイト考ヘタナラ免訴ノ決定ヲ爲スノデアルガ、決シテ無罪ノ裁判ヲ爲シタ譯デハナイ(然シ訴訟法上ハ原則トシテ本案ノ確定裁判ト同一ニ取扱ヒ例外ノ場合ニ再起訴ヲ許シテ居ル刑訴法第三一七條)。又公判ニ付スル決定ヲシタカラトテ斷定的ニ有罪ノ裁判ヲ爲シタ譯デハナイ、公訴ノ客體タル國家ノ刑罰請求權ノ存在、種類及範圍ヲ終局的ニ審判スルコトハ公判ニ於テノミ爲サルルノデアル。

公判ト云フ用語ハ色々ニ用ヒラレル。捜査ダトカ、豫審ダトカ、公判トカ云フ樣ナ訴訟手續上ノ一ツノ段階的ナ活動範圍ヲ表ハスモノトシテ使用セラルル場合ガアルガ、コノ意味ニ於テハ公判準備ノ手續ヤ色々ナ附隨ノ手續ヲ包含スルモノデアル(公判ノ期日ヲ定メテ訴訟關係人ヲ呼出シタリ、次ノ公判期日ノ準備ノ爲ニ公判廷外ニ於テ證人ヲ調ベタリ、檢證ヲ爲スコトヤ又勾留トカ、保釋ニ關スル取扱ナドデアル)。狹義ニ於テ公判トハ卽チ期日ニ於テ公判廷ヲ開キ裁判所、檢事、被告人ノ三個ノ訴訟主體ガ合シテ辯論ヲ爲シ之ニ基キ審理ヲ爲ス手續ヲ謂フノデアル(刑訴法第三二九條、第三三〇條)。

公判ハ刑事訴訟ノ中心デアルカラ訴訟ニ關スル主義ヤ原則卽チ講學上ノ所謂直接審理主義トカ、實體的眞實發見主義トカ、口頭審理主義トカ、公開主義ナドハ主トシテ公判手續ニ付テ適用セラルルモノデアル。ダカラ辯論ヲ主トスル公判期日ニ被告人ガ出頭シナケレバ別段ノ規定アル場合ハ格別通常ノ場合ニ於テハ公判廷ノ審理ガ出來ナイシ(刑訴法第三三〇條）、又被告人ガ心神喪失ノ狀態ニ在ルトキ或ハ疾病ニ因リ出頭スルコトガ出來ナイトキニハ例外ノ場合ハ格別原則トシテハ公判手續ヲ停止スルシ（刑訴法第三五二條）、又開廷後何等カノ理由デ引續キ十五日以上開廷シナカツタ場合トカ、開廷後判事ガ更迭シタ樣ナ場合ニハ始メカラ公判手續ヲヤリ直サナケレバナラナイノデアル（刑訴法第三五三條、第三五四條）。

一般ノ公衆ニ訴訟ノ經過ヲ示シテ公平適切ナルコトヲ期シ、同時ニ裁判ニ對スル信賴ヲ得ル爲ニ公判期日ニ於ケル辯論ヤ裁判ヲ公開スルコトハ公判手續トシテ極メテ大切ナモノデアル。然シ公開スルト却テ公ノ安寧秩序又ハ善良ノ風俗ヲ害スル虞アルトキハ公開ノ停止ガ出來ル。只判決ヲ言渡ス場合丈ハ常ニ公開デナケレバナラヌ（憲法第五九條、裁判所構成法第一〇五條、第一〇六條）。

如何ナル場合ニ公判ノ開始ガアルカト云フニ勿論事件ガ公判ニ來タ時ニ公判ガ始マル譯ダガ、然ラバ事件ハ如何ナル經過ヲ以テ公判ニ來ルカト云フニ（一）檢事ガ公訴ヲ提起シ直ニ公判ヲ求メタルトキ（刑訴法第二八八條）、（二）檢事ガ略式命令ヲ求メテ公訴ヲ提起シタルトキハ裁判所ガ正式裁判ヲ相當ト認メタトキ又ハ被告人ヨリ略式命令ニ對シ正式裁判ノ請求アリタルトキ（刑訴法第五二五條、第五二八條）、（三）公判ニ付スルノ豫審終結決定アリタルトキ（刑訴法第三一二條）、（四）上級裁判所又ハ他ノ裁判所ヨリ事件ノ移送又ハ差戾ヲ受ケタルトキ（刑訴法第六條、第七條、第二三條、第四〇二條、第四四九條、第四五〇條、第四八三條第二號）、（五）大審院ガ其ノ特別權限ニ屬スル事件ヲ公判ニ付スルノ決定ヲ爲シタルトキ（刑訴法第四八三條第一號）、（六）違警罪ノ即決言渡ニ對シ正式裁判ノ申立アリタルトキ（違警罪即決例第三條）

狹義ノ公判手續卽チ公判廷ノ審理ニ附隨シテ公判準備ノ手續ナルモノガアル。刑事訴訟法第三百二十條乃至第三百二十八條ニ規定セラルル所ノモノガソレデアル。（イ）公判期日ノ指定、（ロ）訴訟關係人ノ召喚、（ハ）證據物若ハ證據書類ノ提出、（ニ）證人、鑑定人、通事若ハ飜譯人ヲ召喚スルコト、（ホ）被告人ノ訊問、（ヘ）證人ノ訊問、（ト）鑑定若ハ飜譯ヲ命ズルコト、（チ）檢證、捜索若ハ押收ヲ爲スコト、（リ）公務所ニ照會スルコト、コレラノ處分中例ヘバ公判期日ヲ定メテ關係人ヲ召喚シ期日ヲ檢事ニ通知スルガ如キハ必ズ爲サネバナラヌ處分デアルガ、其ノ他ノ處分ハ必要ニ應ジテ爲スコトヲ得ルモノデ必ズシモ常ニ公判準備トシテ爲サネバナラヌモノデハナイ。又刑事訴訟法第三百二十三條ハ第一回ノ公判期日ニ於ケル取調準備ノ爲メ云々ト規定シテ居ルノデ、コノ第一回ノ公判前ノ被告人訊問ノ場合ハ格別其ノ他ノ公判準備ノ手續ハ必ズシモ第一回ノ公判前ニ限ルコトハナク、既ニ公判ノ審理ガ開カレテカラデモ次ノ公判期日ヲ目標トシテ其ノ公判期日前ニ爲シ得ルノデ、此等モ即チ公判準備ノ手續デアルコト勿論デアル。トコロデ本件ハ豫審終結決定ニ掲グル事實ヤ法令ニ依リテ明カナル如ク、殺人事件トシテ公判ニ付セラレタノデアル。殺人罪ハ刑法第百九十九條ニヨツテ死刑又ハ無期懲役又ハ三年以上ノ有期懲役ニ該ル罪デアルカラ、ソウスルト陪審法第二條ニヨツテ此ノ事件ハ一應陪審裁判ニ付セナケレバナラナイ事件トナツテ居ルノデアル（斯様ニ法律上當然陪審ニ附セラルル事件ヲ法定陪審事件ト謂フテ居リ、次ノ第三條ニ掲ゲラルル様ナ事件デ被告人カラ請求シタ場合ニ於テ始メテ陪審ニ付セラルル事件ヲ請求陪審事件ト謂フテ居ル）。ソコデ通常手續デハ公判準備期日ヲ定メテ下調ヲスルト否トハ裁判所ノ裁量ニアルガ、陪審手續トシテハ必ズ公判準備期日ヲ定メテ公判ノ準備ヲシナケレバナラナイノデ、先ヅ裁判長ハ公判準備期日ヲ定メテ其ノ期日ニ被告ヲ呼出ス所ノ召喚狀（召喚狀ニ付テハ刑訴法第八四條參照）ノ送達ヲ爲シタノガ此ノ送達報告書ナノデアル（陪審法第三五條、第三七條、第三八條、尙送達ニ付テハ豫審ノ部（註七）ヲ見ラレ度イ）。

〔註二〕

上申書

先日御質問ノ被告人自ラ辯護人選任スルヤ否ニ付テハ自ラ辯護人選任致シマセン

被告人　富田次郎㊞

東京地方裁判所
昭和
8. 6. 20
第一刑事部

東京地方裁判所第一刑事部
裁判長判事　浪花博殿

〔註二〕本事件ハ刑事訴訟法第三百三十四條ニ規定スル所ニ從ツテ辯護人ナクシテハ公判廷ヲ開クコトノ出來ナイ事件即チ必要辯護ノ事件デアリ、シカモ本件ハ法定陪審事件(註一參照)デアルカラ其ノ公判準備期日ニハ辯護人ガ出頭シナケレバ取調ガ出來ナイ點カラ見テモ辯護人ヲ必要トスル(陪審法第四〇條第二項)(通常手續ノ公判準備ノ取調ニ付テハ辯護人ニハ通知サヘシテ置ケバ立會フト否トハ辯護人ノ自由デアル、刑訴法第三二三條第二項、第三項、第三二六條第二項、第三二七條、第一五八條、第一五九條、第一七八條、第二二七條)。ソコデ本件デハ既ニ陪審ノ公判準備期日マデキメテ被告人ニハ召喚狀マデ出シタノダガ、被告人ノ方カラ自分デ辯護人即チ私選辯護人ヲ選ンデ來ナイカラ、裁判所カラ被告人ニ非公式ニ自分デ選ブノカドウカヲ尋ネタトコロガ、斯樣ナ上申書ヲ以テ自分カラ辯護人ヲ選任シナイトノコトヲ返答シタ譯デアル。何ニモ裁判所カラ尋ネテヤラナケレバナラナイ義務ハナイノデアルガ、豫メ裁判所ニソウ云フコトガワカツテ居ル方ガ事件ノ進行ヲ計ル爲メニ便宜デアツテ斯樣ナ處置ハ妥當ナ處置デアラウ。(若シ公判準備期日ノ其ノ日ニナツテモ辯護人ガ付イテ居ナケレバ裁判所ハ其ノ日ニナツテ誰カ辯護人ヲ官選シテ頼ンデ付ケルコトハ出來ルガ俄カニ頼マレタ辯護人ハ迷惑デアラウ)。

〔註三〕

官選辯護人選任書

辯護士　秋山輝夫

被告人富田次郎ニ對スル殺人被告事件ノ辯護人ニ選任ス

昭和八年六月二十七日

東京地方裁判所

裁判長判事　廣瀬　肇㊞

〔註三〕　一面所謂重罪事件デアリ、一面陪審事件タル本件ニ付テ被告人モ私選辯護人ヲ選任シナイカラ、裁判長ハ所謂職權ヲ以テ官選辯護人ヲ選任スルノ必要アリコレガ其ノ選任書デアル（刑訴法第三三四條第二項）。裁判長ガ官選辯護人ヲ選任スル場合ニハ、通常ハ裁判所所在地ノ辯護士カ又ハ司法官試補ノ中ヨリ選任スルノデアルガ（刑訴法第四三條）、陪審事件ニ付テハ辯護士ノミノ中ヨリ選任シナケレバナラナイ（陪審法第三六條）。（尤モ後ニナツテ被告人ガ自白、辭退、請求取下等ヲ爲シタル爲メ事件ガ通常手續ニ移サレ而カモ辯護人辭任シテ辯護人ヲ缺キ且其ノ事件ガ

重罪事件デアル樣ナ場合ニハ司法官試補ノ中カラ辯護人ヲ選ンデモ差支ヘナイ)。必要辯護(强制辯護)ニ對シテ必ズシモ辯護人ノ付クコトヲ要シナイ場合ヲ不必辯護又ハ任意辯護ノ事件ト謂ツテ居ル(尤モ輕罪事件デモ被告人ノ請求ニヨリ事件ガ請求陪審事件トナツタラ必要辯護ノ事件デアル)(陪審法第三六條)。

トコロガ刑事訴訟法第三百三十五條ノ場合ニ於テハ不必辯護ノ一種デハアルガ、若シ私選辯護ガナクテ裁判所ガ辯護人ヲ必要ト考ヘタ場合ニハ官選辯護ヲ付スルコトガ出來ルノデ之ヲ適宜辯護トカ、權能辯護トカ謂フテ居ル。

官選トハ裁判所辯護人ヲ選任スルコトヲ謂フノデアツテ其ノ場合ハ(イ)所謂重罪事件ノ場合(刑訴法第三三四條)、(ロ)刑事訴訟法第三三五條ノ場合、(ハ)陪審事件ノ場合(陪審法第三六條)デアルガ、其ノ選任ハ上告裁判所ニ於ケル場合ト陪審事件ノ場合トハ辯護士中カラ選任スベキモノデ、其ノ他ノ場合ハ辯護士又ハ司法官試補ノ中ヨリ之ヲ選任スルコトガ出來ル(刑訴法第四三條、第四三〇條、陪審法第三六條)。以上孰レノ場合デアツテモ既ニ私選辯護人アルトキハ官選ノ要ナキハ勿論、後ニ至ツテ辯護人ノ私選ガアツタナラ官選ノ方ハ取消スベキデアル。私選トハ被告人側ニ於テ辯護人ヲ選任スルコトヲ謂フノデ、選任ノ權利者ハ刑事訴訟法第三十九條ニ、選任スベキ辯護人ハ辯護士ニ限ルヤニ付テハ第四十條ニ、選任ノ方式ハ第四十二條ニ、辯護關係ノ效力存續ニ付テハ第四十一條ニ夫々規定セラレテ居ルカラ見ラレ度イ。

一體辯護トハ攻擊ニ對ズル防禦或ハ擁護デアツテ、國家ノ代表タル檢事カラ刑罰請求權ヲ被告人ニ對シテ主張スレバココニ被告人ヨリ之ニ對シ防禦スルコトトナルノデアルガ、然シ裁判官ハ勿論公益ノ代表者タル檢事モ法ノ正當ナル行使ヲ爲スベキモノデアリ、被告人ガ法律上當然ニ受クベキ利益ヲ失ハシメザル樣注意スベキ義務ガアルノデアツテ、カカル見地ヨリスレバ裁判官モ檢事モ極メテ廣義ナ抽象的觀念ニ於ケル辯護ナルモノヲ一面ナシツツアルノデハアルガ、今日ノ訴訟ニ於テ被告人ノ地位ヲ訴訟ノ客體タル地位ヨリ原告タル地位ニ進メ種々防禦的ナル規定ヲ設ケタル以上、被告人ガ法律上正當ニ享クベキ利益ヲ充分ニ具體的ニ現實的ニ擁護スル爲メ專ラ其ノ職ニ當ルベキ辯護人ヲ選クノ制度ヲ設クルノ必要ヲ生ジタ次第デアル。從テ辯護人ナル者ハモトヨリ被告人ノ不利益ノ爲ニ實體的眞實主義ヲ實行スル義務ハナイカラ被告人一身ノ利益ヲ度外スルコトハ許サレナイケレドモ、同時ニ辯護人ハ單ナル被告人ノ延長ニアラズシテ多分ニ公益的ナ性質ヲ有スルモノナルコトヲ注意シナケレバナラナイ。

辯護人ハ訴訟上被告人ニ對シテ一面保護的ナ地位ト他面代理的ナ地位トヲ兼有スルモノデアッテ、其ノ保護的ナ地位ヨリ訴訟法上固有ノ權利ガ生ジ、代理的ナ地位カラ被告人ノ權利ノ傳來的權利ガ生ジテ來ルノデアル。權利トシテハ（イ）訴訟記錄ヲ謄寫シ若ハ閲覽スルノ權（刑訴法第四四條、第三〇三條）、（ロ）被告人ト交通ヲ爲スノ權（刑訴法第四五條、第一一二條）、（ハ）處分ニ立會ヲ爲スノ權（刑訴法第一五八條、第一七八條、第二二七條、第三〇二條、第三二三條、第三二六條、第三五一條）、（ニ）辯護行使ノ權（刑訴法第三三八條第三項、第三二五條、第三四四條、第三二四條第三項、第三四九條第二項、第三四八條、第三五七條、第二五條、第一六條第二項）、（ホ）被告人ノ爲メ上訴ヲ爲スノ權（刑訴法第三七九條）、（ヘ）自費ヲ以テ判決ノ謄本又ハ抄本ノ交付ヲ求ムルノ權（刑訴法第五三條）等ヲ掲グルコトガ出來ル。

本件ニ付尙一言シテ置クコトハ此ノ辯護人ノ選任ハ其ノ書面ノ日附デ判ル通リ恰モ公判準備期日ノ其ノ日ニ官選サレテ居ルノデアルガ、本來ナラ陪審法第三十八條ノ規定ニ從テ先ヅ選任シテ置イテカラ期日迄ノ間ニ五日ノ猶豫期間（本期間ニ付テハ刑事訴訟法第八十二條ニ定メラレタル里程猶豫ノ適用アルモノヲ存スルノデアルガ、召喚ヲ受クル者ニ於テ何等異議ガナケレバ必ズシモ此ノ期間ヲ存スル必要ハナイ（刑訴法第三二一條第二項參照）。若シ又既ニ公判準備期日ヲ定メタ後ニ被告人カラ辯護人ヲ選任シテ來ル樣ナ場合ニハ、其ノ辯護人ニハ猶豫期間ヲ存セズシテ直ニ召喚狀ヲ發スレバ足リルノデアル。通常手續ニ於テハ被告人ニ對シテ丈ソレモ第一回ノ公判期日ニ付テノミ三日ノ猶豫ヲオイテ召喚スルコトニナツテ居ルガ(尤モ被告人異議ナイトキニハ此ノ猶豫期間ヲオカナクトモヨイ)(刑訴法第三二一條)、辯護人ニハ何等猶豫期間ノ定メハナイノデアル。

公判準備調書（陪審）

被告人　富田次郎

右ノ者ニ對スル殺人被告事件ニ付昭和八年六月二十七日東京地方裁判所第一刑事部ニ於テ

裁判長判事　廣瀬　壁
判事　萩村　勳
判事　北村鐵之助
裁判所書記　奥山三朗

列席ノ上檢事河路稔立會公判準備ノ取調ヲ爲ス
辯護人　秋山輝夫　出頭ス
裁判長ハ被告人ニ對シ訊問スルコト左ノ如シ
問　氏名、年齡、職業、住居、本籍及出生地ハ如何
答　氏名ハ　富田次郎
年齡ハ　二十六年
職業ハ　無職
住居ハ　東京市品川區北品川町二丁目九百六十三番地

本籍ハ　同區南品川町千二百二十番地
出生地ハ　新潟縣中蒲原郡金津村字浦ケ濱以下不詳

問　被告人ニ對スル殺人被告事件ニ付昭和八年五月二十五日附豫審終結決定書ガ出來テ居ルガ其ノ謄本ノ送達ヲ受ケタカ

答　貰ヒマシタ

問　ソレニヨルト本件ハ斯樣ナ事ニナツテ居ルガ是ニ付テ何カ述ベタイ事ガアルカ

此ノ時裁判長ハ被告人ニ對スル豫審終結決定書記載ノ理由ニ基キ公訴事實ヲ讀聞ケタリ

答　其ノ事實ハ相違アリマセン

問　昭和七年三月五日午後一時頃東京市品川區北品川町二丁目九百六十三番地ノ父方ノ勝手ニ續ク六疊間ニ於テ戸籍上ノ事カラ被告ノ繼母トロ論シタノハ間違イナイカ

答　間違アリマセン

問　其處デ被告ハ繼母ヲ突飛シタトコロ繼母ハ鋏ヲ投ゲ付ケ立上ツテ來テ被告ノ右手ニ咬ミ付イタノデ被告ハ繼母ノ顔ヲ數回毆ツタトコロ繼母ハ抵抗力ヲ失ヒ鼻カラ血ヲ出シタノデ刄渡四寸餘ノ肉切庖丁ヲ持ツテ來テ夫レヲ右手ニ握ツテ左手デ繼母ノ肩ヲ押ヘテ頸部ヲ突キ刺シタト云フガソレハ殺ス積リデヤツタノニ相違ナイカ

答　殺ス積リデ肉切庖丁デ刺シタノニ相違アリマセン

問　其ノ原因ハ矢張リ戸籍ノ事カラデアツタカ

答　直接ノ原因ハ戸籍上ノ事カラデアリマスガ前カラ繼母トハ折合ガ惡ク私ノ實母ノ位牌ヲ燒棄シクリサレタノデ左樣

ナ事等モ原因トナツテ殺ス氣持ニナリマシタ

問　ソレデハ三月五日ノ日被告ハ繼母ヲ毆ツテ鼻血等ヲ出シテ抵抗シナクナツタノデ斯ウナツタ以上ハ一層殺シタ方ガヨイト思ツテ庖丁ヲ持ツテ來テ刺シタカ

答　左樣デアリマス

問　最初カラ殺ス氣持デ口論シタノデハナイカ

答　左樣デハアリマセンガ私ガ毆ツタノデ鼻血等ヲ出シテグツタリト倒レテ抵抗シナクナツタノデ一層殺シタ方ガ良イト思ツテ庖丁ヲ持テ來テ刺シタノデアリマス

裁判長ハ

被告人ノ右自白ニ依リ本件ハ通常ノ手續ニ從ヒ審理スル旨ヲ告ゲ公判期日ハ追テ指定スル旨ヲ告ゲタリ

昭和八年六月二十七日

東京地方裁判所第一刑事部

裁判所書記　奥山三朗㊞

裁判長判事　廣瀨肇㊞

〔註四〕 公判準備期日ニ於テ取調ヲ爲シタル所謂公判準備調書デアル（陪審法第四四條、第四五條、第四六條）。準備期日ニ於テハ先ヅ被告人ニ對スル訊問ヲ爲スノデアルガ（陪審法第四二條）、本件ニ於テハ此ノ調書ヲ見ルト被告人ガ事實ヲ認メタル（自白）ガ故ニ、何等ソレ以上ノ取調ヤ證據調ノ決定（陪審法第四三條）ナドモナクシテ濟ンダモノデアル。被告人ノ訊問自體ニ付テハ嘗テ豫審ノ部〔註三〕ニ於テ爲シタル説明ヲ參照セラレ度イ。

ソシテ此ノ調書ノ終リニ「裁判長ハ被告人ノ右自白ニ依リ本件ハ通常ノ手續ニ從ヒ審理スル旨ヲ告ゲ公判期日ハ追テ指定スル旨ヲ告ゲタリ」トノ記載ガアルガ卽チ本件ハ被告人ガ公判準備ノ取調ニ於テ公訴事實ヲ認メタルガ故ニ事件ハ陪審裁判ニカカラズ通常手續デ審理スルコトトナッタ譯デアル（陪審法第七條）。

斯樣ニ一度陪審事件トナッタモノデ、其ノ後ノ事情デ通常手續デ審理セラルル（陪審法第五一條第一項）樣ニナル場合ハ（1）本件ノ如ク被告人ガ公判カ又ハ公判準備デ自白スレバ（タトヘ請求事件デモ）陪審ニハカカラナイノデアル（尤モ陪審法第七條但書デ共同被告人中否認シテ居ルモノガアレバ共ニ陪審ニカケラレルノデアルガ、然シ陪審ヲ辭退スルカ請求ヲ取下ゲレバ勿論陪審ニハカカラナイ）。（2）法定陪審事件デ被告人ガ檢事ノ被告事件陳述前（刑訴法第三四五條）陪審ヲ辭退スレバ陪審ニハカカラナイ。從テ法定陪審ニ於テハ當然一應ハ被告人ノ意思如何ニ拘ラズ陪審事件トナッテ居ルノデ被告人ノ意思ヲ尊重シ、コレヲ知ラシメテ陪審ヲ希望スルヤ否ヤヲ反省セシムル機會ヲ與フル爲ニ、裁判長ハ辭退ノ途アルコトヲ知ラセルコトニナッテ居ル（陪審法第四一條）。（本件ノ調書ニハ此レヲ知ラシタ旨ノ記載ガナイガ、オソラク自白シテ居ツテモウ陪審ニカカラヌト云フコトガ明白ニナッテ居ルカラコレヲ知ラスル必要モナイト云フ考ヘデアルラシク、又通例斯樣ナ取扱例ニナッテ居ル樣デ、被告人ガ事實ヲ否認シタ時ニ更ニ辭退スルカドウカヲ訊ネテ居ル樣デアルガ、理論トシテハ法定陪審ニナッテ居ルコトニ付キ未ダ被告人ノ事實ノ認否ノ何レナルカノ前ニ於テ、被告人トシテハ手續トシテ陪審ヲ希望スルヤ否ヤヲ先ヅ初メニ訊ヌルノガ本旨ノ樣ニ思ハレル）。（3）請求事件ニ於テ被告人ガ請求シタルガ故ニ陪審トナリタル事件ハ更ニ檢事ノ被告事件陳述前請求ヲ取下グルコトニヨツテ陪審ニカカラナイ。

右ノ樣ナ事情發生デ陪審事件ガ通常事件トナツタ場合ニハ、其ノ事項ガ公判準備期日ニ於テ發生シタノナラ、其ノ準備期日ヲ直グ通常手續ノ公判期日ト爲スノデアル。從テ場合ニヨリテハ直グ其ノ日ニ於テ公判ノ審理ヲ爲スコトモ出來ルノデアル（陪審法第五一條第二項）。

送達報告書

送達書類ノ表示	受送達者
東京地方裁判所 昭和八年(と)第一四七號 一、被告富田次郎ニ對スル殺人被告事件ニ付昭和八年七月十一日午前九時ノ公判期日召喚狀　一通 東京地方裁判所書記課發	秋山輝夫宛

書類受領者ノ記名捺印	送達ノ年月日時	送達ノ場所	送達方法
辯護人 中野一郎 職第三七一一號	昭和八年六月二十九日午后〇時十分	東京市神田區神保町一ノ五	受送達者不在ニ付事理ヲ辨識セル左ノ者ニ渡シタリ 同居者 中野一郎 左ノ者正當ノ事理ナクシテ受取ヲ拒ミタルニ付其場ニ差置タリ

右之通送達候也

昭和八年六月二十九日

東京區裁判所執達吏　村山新吉代理

鈴木重助㊞

〔註五〕本件重罪事件ノ公判ニ付テハ必ズ辯護人ヲ要スルモノナルコトハ既ニ前〔註三〕ニ説明シタ通リデアッテ、コレハ辯護人ニ對シ公判期日ノ召喚狀ヲ送達シタトコロノ送達報告書デアル（刑訴法第三二〇條、第八四條、第九九條）。送達ニ付テハ豫審ノ部〔註七〕ヲ參照セラレ度イ。

（註六）

公判調書

被告人　富田次郎

右者ニ對スル殺人被告事件ニ付昭和八年七月十一日東京地方裁判所第一刑事部ニ於テ

裁判長判事　國井武夫

判事　廣瀨擘

判事　萩村勳

裁判所書記　奥山三朗

（註イ）列席ノ上檢事河路稔立會シ公判ヲ開廷ス

（註ロ）被告人ハ公判廷ニ於テ身體ノ拘束ヲ受ケス

（註ハ）辯護人秋山輝夫出頭ス

（註ニ）裁判長ハ被告人ニ對シ訊問スルコト左ノ如シ

問　氏名、年齡、職業、住居、本籍及出生地ハ如何

答　氏名ハ　富田次郎

年齡ハ　二十六年

職業ハ　無職

住居ハ　東京市品川區北品川町二丁目九百六十三番地

本籍ハ　同區南品川町千二百二十番地

出生地ハ　新潟縣中蒲原郡金津村蒲ケ濱以下不詳

（註ホ）檢事ハ

豫審終結決定書記載ノ理由ニ基キ公訴事實ノ陳述ヲ爲シタリ

（註ヘ）裁判長ハ被告人ニ對シ

被告事件ヲ告ゲ之ニ就テ陳述スベキ事アリヤ否ヲ問ヒタルニ

被告人ハ

答　事實ハ其ノ通リ相違アリマセン

問　學校ハ何處迄行ツタカ

答　高等小學一年迄行キマシタ

問　其ノ後神田正則豫備學校ヘ行ツタノデハナイカ

答　左樣デアリマス　豫備學校ヘ二年迄行キマシタ

問　其處ヲ何ウシテ廢メタノカ

答　病氣デ廢メマシタ

問　何ウ云フ病氣デ廢メタノカ

答　蓄膿症デアリマシタ

問　學校ヲ廢メテカラ何ウシタカ

答　暫ラク田舍デ家事ノ手傳ヲ致シテ居リマシタガ又東京ヘ來マシタ

問　被告ハ手ニ職ヲ持ツタ事ハナイカ

答　左樣ナコトハアリマセン

問　東京ヘ來テ奉公シタノデハナイカ

答　東京ヘ來マシテカラ呉服屋ヘ一度奉公シタ事ガアリマス

問　ソウスルト被告ハ今一本立デ生活スルニハ人ニ雇ハレルヨリ他ニ途ハナイノカ

答　左樣デアリマス

問　兩親ガアルカ

答　實父ハアリマスガ實母マサ子ハ私ノ十歳ノ時ニ死亡シマシタ

問　被告ノ姓ハ今モ富田ト云フノカ

答　左樣デアリマス

問　被告ノ姓ハ元川村ト云ツタソウデハナイカ

答　左樣デアリマス　私ノ十歳ノ時實母ガ亡クナツテカラ父平助ガ私ヲ連レテ富田はるノ所ヘ入婿シタサウデアリマス
其處デ私モ富田家ノ者ニナツテ姓ガ變ツタノデアリマス

問　ソレデ富田はるハ被告ノ繼母ニナルノカ

答　左樣デアリマス

問　其ノ頃ノ被告ハ何處ニ住ンデ居タカ
答　父ヤ繼母等ト東京市品川區南品川ニ住ンデ居リマシタ
問　被告ハ兄弟ガナイノカ
答　アリマセン
問　被告ノ繼母ニモ子供ガナカツタノカ
答　左樣デアリマス
問　之マデ刑事上ノ處分ヲ受ケタ事ガアルカ
答　前科ハアリマセンガ少年審判所ニ送ラレタ事ガ二度許リアリマス
問　少年審判所ニ送ラレタノハ四回デハナイカ
答　サウデハアリマセン二回丈デアリマス
問　最初ハ何日カ
答　大正十四年頃デアリマシタ
問　其ノ時何ウシタノカ
答　其ノ頃マデ奉公シテ居タ松屋呉服店カラ暇ヲ取ツテ出ル時其處カラ太物ヲ無斷デ持ツテ來タノデ少年審判所ニ呼バレタノデアリマス
問　二度目ニ審判所ニ呼バレタノハ何日頃カ
答　大正十五年ノ春頃デアリマシタ

問　其ノ他ニ大正十四年十月頃ト同年十一月頃ニ自轉車ヲ盜ンダ事デ二度許リ少年審判所カラ呼バレタノデハナイカ
答　其ノ時ハ警察マデ呼バレタ丈デ審判所ノ方カラ呼出ヲ受ケマセンデシタ
問　二度同ジ少年審判所ヘ呼バレタノハ何ヲシタカラダ
答　私ノ近所ノ女ノ子ニ惡戯ヲシタ事デ呼バレマシタ
問　其ノ時被告ハ何歳デアツタカ
答　十九歳デアリマシタ
問　幾人ニモ惡戯シテ居ル樣デハナイカ
答　警察デハ左樣ニ申シマシタカソレハ間違デ此ノ前豫審デモ申上ゲマシタ樣ニ一人丈ケデアリマス
問　ソレデ少年審判所ニ廻ハサレ保護處分ニナツタノカ
答　左樣デアリマス
問　ソレカラ何處ニ遣ラレタノカ
答　施無農學園ニ預ケラレマシタ
問　施無農學園ニ居ル間ノ行狀ハヨカツタト思フカ
答　施無農學園ニハ小林サント云フ方ガ居テ良ク私ノ面倒ヲ見テ下サイマシタガ其ノ方ガ吉祥寺ノオ寺ノ副住職ヲシテ居タノデ學園カラ其ノ寺ノ方ヘ行ツテ手傳ヲスル樣ニナリマシタ位デアリマスカラ自分トシテハ段々良クナツタト思ヒマス
問　學園ヲ無斷デ出タノデハナイカ

答　無斷デ出タ事モアリマスガソレガ爲ニ近所ニ迷惑ヲ掛ケタ事ハアリマセン

問　被告ハ兵隊ニ行ツタ樣デアルガ施無農學園カラ入營シタノカ

答　左樣デアリマス

問　何處ノ聯隊ヘ入營シタノカ

答　赤坂ノ第一聯隊ニ入營致シマシタ

問　入營ハ昭和五年一月カ

答　左樣デアリマス

問　除隊ハ何時シタノカ

答　昭和六年十二月ニ除隊致シマシタ

問　何ウ云フ資格デ除隊シタノカ

答　上等兵デ除隊致シマシタ

問　被告ハ軍隊デモ餘リ成績ガ良クナカツタ樣デアルガ上官カラ特ニ注意ヲサレタリ戒メラレタリシタ事ハナイカ

答　左樣ナ事ハアリマセン

問　軍隊カラノ知ラセニヨルト斯樣ニナツテ居ルガ何ウカ

此ノ時裁判長ハ赤坂憲兵分隊長ノ素行調査ニ關スル件回答ト題スル書面ヲ讀聞セタリ

答　左樣ナコトハアリマセン

問　被告ハ繼母ト一緒ニナツテカラ繼母トノ折合ガ惡カツタサウデハナイカ

答　左樣デアリマス

問　何ウシテ左樣ニ折合ガ惡カツタノカ

答　初メノ內ハ何モ知ラズニ居リマシタガ其ノ後新潟ノ祖母サンガ東京ヘ來タ時祖母サント繼母ガ私ノ實母ノ事デ口論ヲシマシタ　其ノ頃私方ノ近所ニ住ンデ居タ永田ト云フ內儀サンカラ後デ聞キマシタガソレガ私ノ實母ニ關係スル事デアリマシタカラ其ノ話ヲ聞イテカラハ大キクナルニ從ツテ繼母ニ對シ良イ感情ヲ持テナクナツタノデアリマス　其ノ後私ガ十四ニナツタ頃新潟ノ祖母ノ所ヘ行キマシタガ其ノ時祖母サンカラ繼母ノはるハオ前ノ母ニナツテ居ルカラ話スマイト思ツタガはるハオ前ノ死ンダ母ノ惡口ヤ自分達ノ惡口マデ云ツタト聞カサレマシタノデ益々繼母ガ信ゼラレナクナツテ私トノ仲ガ惡クナツタノデアリマス

問　繼母ハ單ニ被告ノ實母ノ惡口ヲ云ツタ丈ダト聞イタガ

答　左樣ナ惡口ヲ云ツタ許リカ實母ノ位牌ヤ寫眞等ヲ燒捨テタト云フ事モ聞キマシタ

問　左樣ナ話ヲ聞イテ被告ハ憤慨シタカ

答　私ハ非常ニ腹ガ立チマシタ

問　ソレカラはるハ戶籍ヲ何ウトカシタソウデハナイカ

答　繼母ハ自分勝手ニ戶籍ヲ動カシマシタ

問　何ウ云フ風ニシタカ

答　第一戶籍ヲ動カスニハ當然父ニ相談スベキデアリマスガ繼母ハ父ニハ何ノ相談モナク自分勝手ニ動カシマシタノデ私ハ非常ニ不滿ニ思ツテ其ノ譯ヲ繼母ニ度々訊ネマシタガ繼母ハ何時モ子供ノ癖ニ生意氣ダト云ツテ其ノ譯ヲ聞カセ

テ與レマセンデシタノデソレハ私ノ一番癪ニ觸ル事デアリマシタ

問　戸籍上被告ハ今富田家ノ戸主ニナツテ居ル事ヲ知ツテ居ルカ

答　ソレハヨク知リマセン

問　實父モ繼母モ被告ノ一ツ戸籍内ニアルコトハ知ツテ居ルカ

答　ソレハ大體知ツテ居リマス

問　最初ハ父ガ戸主デ被告ガ其ノ相續人トナツテ居タガ昭和四年三月親達ハ夫婦別レヲシタノデ被告ガ富田ノ家ノ戸主ニナツタノデハナイカ

答　左樣デアリマス

問　ソレカラ昭和七年ノ一月ニ又親達ガ一緒ニナツテ被告ノ家族トシテ戸籍ニ屆出タノデハナイカ

答　左樣デアリマス

問　其處デ被告ハ現在デハ富田家ノ戸主ニナツテ居ルノデハナイカ

答　左樣デアリマス

問　ソウシテ見ルト繼母ガ被告ノ父ヤ被告ニ無斷デ戸籍ヲ動カシタトシテモ左樣ニヒドク腹ヲ立テル事モアルマイト思ハレルガ何ウカ

答　例ヘ誰ガ戸主デアツタトシテモ私ニハ異存ハアリマセンガ戸主デアル父ニ相談モセズニ動カス事ハ良クナイト思ヒマシタ

問　ソレデハ被告ハ父ガ生キテ居ル内ハ相續人トナツテ居タクナツタノカ

答　其ノ點ニ付テハ私ハ繼母ニ度々申シマシタ

問　被告ガ除隊シテカラ其ノ戸籍ノ事デ母ト云ヒ合ツタカ

答　度々戸籍ノ事ニ付テ云ヒ合ヲ致シマシタ

問　母ハ誰カ他ノ人ニデモ後ヲ繼ガセ度イト考ヘテ居ルトテモ被告ハ想像シタカ

答　ソレハヨク判リマセンガ新潟ニ私ノ從妹ニ吉田よしト云フ娘ガ居リマスガよしハ私ノ入營中繼母ガ病氣ニナツタノデ看護ニ來テ居タソウデアリマス　其ノ時繼母ハよしニ向ツテ次郎ハ學園ノ子ニナツテ歸ヘツテ來ナイカラ何時迄モ居テ呉レト申シタソウデアリマスガ私ハ其ノ事ヲよしカラ聞イテ良イ氣持ハシマセンデシタ

問　母ハ其ノよしト被告ヲ夫婦ニスル積リデ居タノデハナイカ

答　ソレハヨク判リマセン

問　戸籍ノ事デ被告ガ母ニ元通リニ直シテ呉レト云フト母ハ何ト返事ヲシタカ

答　何時モ曖昧ナ事許リ云ツテ居リマシタ

問　被告ト母ガ戸籍ノ事ニ付テ元通リニ直セトカ何ウ云フ譯デ勝手ニ動カストカ云ツテ喧嘩ヲシテ居ル事ヲ父ハ知ツテ居タノカ

答　知ツテ居リマス

問　被告ハ戸籍ノ事デ母ト喧嘩ヲスルト夫レニ對シ父ハ何ト云ツテ居タカ

答　其ノ場〳〵デ違ヒマスガ一口ニ云ヘバオ母サンノ方ガ年上ダカラオ母サンノ云フ樣ニシテ置ケバ良イ餘リ左樣ナ事デ喧嘩ヲシナイ樣ニト申シテ居リマシタ

問　父ハ自分カラ母ニ良イ樣ニ云ツテヤルカラト云ハナカツタカ
答　左樣ナ事ヲ云ツタ事ハアリマセン
問　被告ハ除隊スルト直ニ兩親ノ許ニ歸ヘツタカ
答　左樣デアリマス
問　除隊ノ時ニハ兩親共迎ニ來テ呉レタカ
答　迎ニ來テ呉レマセンデシタ
問　被告ガ除隊シタ當時兩親ハ何處ニ居タカ
答　東京市品川區南品川町千二百二十番地ニ居リマシタ
問　本件ノ家屋デアル東京市品川區北品川町二丁目九百六十三番地ニハ何時越シタノカ
答　昭和七年一月十五日デアリマス
問　除隊ヲシテカラハ何ヲシテ居タカ
答　別ニ職業モアリマセンノデ暫ク遊ンデ居リマシタ
問　遊ンデ居テモ仕方ガナイノデ職デモ探シタ樣ナ事ハナカツタカ
答　職ハ探シマセンデシタ
問　何カ職ヲ見付ケタカ
答　除隊後暫ラクシテカラ巡査ニナラウト思ツテ志望シテ愛宕警察署デ身體檢査ヲ受ケマシタガ胸ノ幅ガ少シ狹イト云フ事デ採用ニナリマセンデシタ

問　其ノ後モ職ヲ探シタカ

答　其ノ後父ノ勤メテ居ル大井工場長ニ頼ンデ居リマシタガ其ノ中ニ此ノ事件ガ起ツタノデ其儘ニナツテ仕舞ヒマシタ

問　兵隊カラ歸ツテカラ夜遊等ヲシタ事ハナイカ

答　左樣ナ事ハ一度モアリマセン

問　酒ヤ煙草ハ好キカ

答　全然ヤリマセン

問　前ニ蓄膿症ヲ患ツタト云フ事デアルガ其ノ他ニ病氣ヲシタ事ハナイカ

答　其ノ他ニハアリマセン

問　蓄膿症ノ方ハ今ハ何ウカ

答　其ノ後起リマセン

問　職ガナイノデ家ニ遊ンデ居テ母ト度々喧嘩ヲシタノデハナイカ

答　致シマシタ

問　喧嘩ヲスルト毆リ合フ事モアルノカ

答　ソンナ事モアリマス

問　母ガ毆レバ被告モ毆リ返ス樣ナ事モアルノカ

答　アリマス

問　又突飛シタリスル事モアルノカ

答　左様ナ事モアリマシタ

問　父ガ働キニ出テ後中食ハ母ト一緒ニシタカ

答　中食ハ母ト一緒ニシタ事ハアリマセン

問　別ニ中食ヲスルノカ

答　喧嘩ヲシナイ時デモ大抵二食デアリマスカラ中食ハ取ラナイノデアリマス

問　母ト喧嘩ニナル時ハ何時モ戸籍ノ事カラカ

答　左様デアリマス

問　此ノ事件ハ昭和七年三月五日ニ起ツタノカ

答　左様デアリマス

問　其ノ日父ハ何時モノ通リ仕事ニ出掛ケテ不在デアツタカ

答　左様デアリマス

問　何ウシテ斯様ナ事ニナツタノカ

答　其ノ日ノ朝十一時頃ニ奥六疊ノ炬燵ニ入ツテ報知新聞ヲ見テ居リマシタ

問　被告方ノ間取ハ此ノ通リカ

此ノ時裁判長ハ昭和七年三月五日東京地方裁判所豫審判事濱野茂三郎ガ檢證シタル際作製シタル檢證調書添付ノ圖面ヲ示シタリ

答　其ノ通リデアリマス

問　奥六疊ト云フノハ臺所ニ續ク部屋カ

答　左樣デアリマス

問　其ノ奥六疊デ被告ガ新聞ヲ見テ居ルト母ハ何カ云ツタノカ

答　私ガ新聞ヲ見テ居ルト繼母ハ突然私ノ祖母サンノ事ヲ云ヒマシタ

問　何ント云ツタノカ

答　祖母サンガ私ヲ田舍ヘ連レテ行クト云ツテ居ルト繼母ガ申シマシタノデ私ハソレハ何カノ間違デアラウト云ヒマスト繼母ハ夫レハ決シテ間違ヒデハナク自分ハ左樣ナ事ヲ聞イタト申シマスノデ私ハ繼母ニソンナ詰ラナイ話ハ聞キ度クナイト云ツテ又新聞ヲ讀ンデ居リマシタ

問　ソレカラ何ウシタカ

答　ソレカラ暫ラク默ツテ居リマシタガ今度ハ私ノ方カラ戸籍ノ事ヲ持出シタノデアリマス　スルト繼母ハ子供ノ癖ニ左樣ノ生意氣ヲ云フタト云ツテ二時間近クモ口論ヲシテ居リマシタガ其ノ内ニ繼母ハ立上ツテ桐ノ簞笥ノ抽斗カラ書面ヲ取出シマシタ何ウ云フ譯デ左樣ナ書面ヲ抽斗カラ取出シタノカ判リマセンガ之レマデモ繼母ハ人ノ話ノ中途デ座ヲ離レル嫌ナ病ガアリマスノデ其ノ時ニ私ハ其ノ癖ガ出タノデアラウト思ヒマシタ
繼母ガ取出シタ書面ヲ一寸見マスト戸籍謄本ノ樣デアリマシタカラ夫レヲ私ニ見セテ吳レルノデアラウト思ヒマシタガ繼母ハ其ノ儘又抽斗ニ藏ツテ終ヒマシタノデ私ハ非常ニ不愉快ニナツテ一寸見セテ吳レト申シマシタ處繼母ハ之ハオ前ノ樣ナ子供ノ見ルモノデハナイト申シマシタ

問　ソレカラ何ウシタカ

答　暫ラクシテ今度ハ其ノ箪笥ノ開戸ニナツタ所ヲ開イテ別ナ書面ヲ取出シマシタ其ノ中ニハ黒表紙ノ帳面モ見エマシタカラ夫レハ繼母ノ日記帳デアルト思ヒマシタガ夫レモ取出シテ置キ乍ラ私ニ見セテ呉レマセンノデ繼母ハ故ラニ左樣ナ意地惡ヲスルノデアルト思ヒ非常ニ癪ニ觸リ左樣ナ意地惡ヲスルノデアレバ强制的ニ取ツテ見テ遣ラウト云フ氣ニナツテ繼母ガ持ツテ居ルノヲ奪ヒ取リマシタ
スルト繼母ハオ前ノ見ルモノデハナイト云ツテ直グヒツタクツテ取リマシタノデ私ハ何ウシテ左樣ナ意地惡ヲスルカト云ヒマスト繼母ハ意地惡デハナイト云ヒマスノデ夫レナラ一寸見セテ呉レテモ良イテデハナイカト云ツテ其ノ帳面ヲ取ラウト致シマスト繼母ハ私ノ手ヲ拂ツタノデ私ハカツトナツテ繼母ヲ突飛シマシタスルト繼母ハ其ノ場ニ在ツタ鋏ヲ取ツテ私ニ投ゲ付ケマシタ

問　其ノ時繼母ハ立チ上ツテ來タカ

答　ソウデス繼母ハ立上ツテ私ニ向ツテ來マシタノデ又突キ飛シテ毆ツタノデアリマス

問　ソレカラ何ウシタカ

答　ソレカラ立向ツテ私ニ嚙ミ付テ來タノデ續イテ繼母ヲ五、六囘毆リマシタノデ鼻ヤ口カラ血ヲ出シテ抵抗モシナクナツテ仕舞ヒマシタノデ斯ウナツタ以上一層繼母ヲ殺シテ仕舞ハウト云フ氣ニナツタノデアリマス

問　ソレハ何時頃デアツタカ

答　午後一時頃デアツタト思ヒマス

問　左樣シテ殺サウト云フ氣ニナツテカラ何ウシタカ

答　ヨク覺ヘテ居リマセンガ繼母ハ何カ云ツテ私ニ怒鳴ツタ樣デアリマシタカラ私ハ兩手デ繼母ノ咽喉ヲ押ヘテ締メ直

グ臺所ヘ行ツテ庖丁ヲ持ツテ來テ夫レヲ右手ニ持チ左手デ繼母ノ肩ヲ押ヘテ繼母ノ左頸動脈ノ邊ヲ刺シタノデアリマス

問　何回刺シタノカ

答　一回刺シマシタ

問　夫レカラ何ウシタ

答　繼母ヲ殺シタノデアルカラ自分モ生キテ居ル事ガ出來ナイト思ツテ恰度簞笥ノ開戸ニナツタ所ニ用箋ガアリマシタカラ夫レニ書置シテ家ヲ出マシタ　外ヘ出テカラ之ハ新潟ノ祖母サンノ所ヘ行ツテ相談シヤウト云フ氣ニナツテ上野驛マデ行キマシタガ祖母サンノ所ヘ行ツテモ最早手ガ廻ツテ居ルダラウト思ツテ新潟ヘ行ク事ヲ中止シ二、三日東京ニ居テ樣子ヲ見ヤウト思ツテ本所ノ安宿ニ泊ツテ居リマシタガ三月九日ノ午前二時頃吾妻橋ヲ通ル時巡査ニ調ベラレテ其ノ時持ツテ居タ軍隊手帳ニ私ノ寫眞ガアツタノデ遂ニ捕ヘラレタノデアリマス

裁判長ハ昭和七年押第四〇七號ノ一ヲ示ス

問　其ノ書置ト云フノハ之カ

答　左樣デアリマス

問　被告ガ家ヲ出ル時繼母ハ既ニ死ンデ居タカ

答　死ンデ居リマシタ

問　母ヲ刺シタ肉切庖丁ハ之レカ

裁判長ハ前同號ノ十四號ヲ示シタリ

答　左樣デアリマス

問　母ガ被告ニ投ゲツケタ鋏ハ之レカ

裁判長ハ前同號ノ十五ヲ示シタリ

答　左樣デアリマス

問　尙被告ハ家ヲ出ルトキ金ヲ取ツテ出タソウデハナイカ

答　左樣デアリマス

問　何ノ位取ツテ出タカ

答　繼母ノ懷カラ五、六圓ト簞笥ノ中カラ三十圓合計三十五、六圓取出シテ出マシタ

問　被告ハ今何ウ思ツテ居ルカ

答　繼母ヲ殺シタノハ繼母モ惡イノデアルカラ今更後悔スル事ハアリマセン

（註ト）　裁判長ハ

證據トシテ被告人及被告人ニ對スル豫審ニ於ケル各訊問調書

各鑑定書　戸籍謄本及豫審ニ於ケル檢證調書ヲ順次讀聞カセ押收ニ係ル證據品全部ヲ示シ其ノ都度意見辯解ヲ求メ

利益トナル證據アラバ提出シ得ル旨ヲ告ゲタルニ被告人ハ無之旨答ヘタリ

裁判長ハ

事實證據取調終了ノ旨ヲ告ゲタリ

（註チ）　檢事ハ

事實及法律ノ適用ニ付左ノ如ク意見ヲ述ベタリ
本件公訴事實ハ被告ノ認ムルトコロニシテ豫審ニ於ケル各訊問調書其ノ他諸般ノ證據ニ依リ其ノ證明十分ナリ依ッテ刑法第二百條ヲ適用シテ被告ヲ無期懲役ニ處スルヲ以テ相當ト思料ス

辯護人ハ
本件ノ事實ニ付テハ爭ヒナキトコロナルモ本件犯行當時被告ハ精神耗弱ナリシ事ハ昭和八年四月三十日附鑑定書ニ依リテ明カナレバ其ノ點情状酌量シテ相當減刑アリ度キ旨辯論シタリ

(註リ) 裁判長ハ被告人ニ對シ
問　最後ニ何カ云フ事ハナイカ
答　別ニ申上ル事ハアリマセン

(註ヌ) 裁判長ハ
辯論ヲ終結シ裁判ハ來ル七月十五日午前十時宣告スル旨ヲ告ゲ訴訟關係人ニ各出頭ヲ命ジ閉廷シタリ

昭和八年七月十一日

東京地方裁判所第一刑事部
裁判所書記　奥山三朗　印
裁判長判事　國井武夫　印

〔註六〕　公判期日ニ於ケル訴訟手續ニ付テハ公判調書ヲ作ラナケレバナラナイ（刑訴法第六〇條第一項）。作成者ハ勿論公判立會ノ裁判所書記デアル（刑訴訟第三二九條第二項、第五四條）。コノ調書ニ記載スル事項ニ付テハ法律ニハ先ヅ一應重要ニシテ最少限度ニ記載スベキ事項ヲ掲ゲ、尚其ノ他一切ノ訴訟手續ヲ記載セヨト命ジテ居ル（刑訴法第六〇條第二項）。公判廷ニ於ケル取調ハ其ノ期日毎ニ一個ノ取調ノ內容ヲ爲スモノデアルカラ、個々ニ觀察スレバモトヨリ被告人訊問アリ、證人訊問アリ、鑑定人訊問モアルコトモアラウガ、コレラノ訊問ニ付其ノ訊問毎ニコレガ調書ヲ作ルニアラズシテ、其ノ公判廷ノ審理アリタル順序ニ從ヒテ一個ノ公判調書ニ之ヲ記載スル次第デアル（刑訴法第六〇條第二項第七號、第五六條第二項）。　從テ公判調書ニ付テハ個々ノ訊問調書ニ要シタル方式ヲ必要トシナイモノガアツテ（刑訴法第六一條第一項）、　コノ點ニ付テハ別ニ規定ガ置カレテ居ル（刑訴法第六一條第二項）。　公判調書ハ開廷日ヨリ五日內ニ之ヲ整理セヨト云フ規定（刑訴法第六二條）ガアルガ一種ノ訓示規定デアル。　尚公判調書ニハ刑事訴訟法第六十三條ノ如キ方式ヲ要スルノ外官吏ノ作ルベキ書類デアルカラ、同法第七十一條、第七十二條ノ規定ニ從フコトヲモ要スルノデアル。

尚公判調書ノ效力トシテハ公判手續ガ如何樣ニ進展サレタルモノナルカ、訴訟關係人等ガ如何ナル陳述ヲ爲シ、如何ナル證據調ノ申請ヲ爲シタルカ等ニ付、之ヲ證明スルモノハ唯公判調書ノミデアツテ他ノ何等ノ方法ニヨルコトガ許サレナイノデアル。例ヘバ若シ判決ニ證據トシテ摘示サレタル證人ノ供述ガ、公判調書ニ記載セラルル所ト違ヘバ公判調書ノ記載ヲ正當トスルノデアル（刑訴法第六四條）。（昭和三年十一月二十六日大審院判決、第二回公判期日ノ公判調書ニ單ニ裁判長ハ前回ニ引續キ審理スト告ゲタル旨ノ記載アルニ止マリ同公判ニ關與シタル判事及檢事ノ氏名ノ記載ナキトキハ其ノ公判ハ適法ニ行ハレタルモノト認ムルニ由ナク同證書ニ於ケル證人ノ供述記載ハ證據トシテ援用スルコトヲ得ザルモノトス)。

辯護人ハ裁判所ノ許可ヲ受ケ速記者ヲシテ公判ニ於ケル被告人又ハ證人ノ供述ヲ筆記セシムルコトガ出來ル（刑訴法第六五條）ト謂フ規定ガアルガ、然シ其ノ速記ハ法律上別段何等ノ證明力ヲ有スル等ノ效力ハナイ。

公判開廷中ノ秩序維持ノ爲メ裁判長又ハ裁判長ノ職ヲ行フ判事ハ法廷警察權ヲ行使スルコトガ出來ル（裁判所構成法第一〇七條乃至第一一三條）。　裁判長ハ公判ノ開廷閉廷ヲ爲シ、訊問ノ順序ヲ定メ、訴訟關係人ノ發言ヲ許シタリナド公判手續ヲ適法ニ滯リナク開始進行スル樣相當ノ處置ヲ爲ス訴訟指揮權ヲ行使スル。

コノ訴訟手續上ノ處分ニ付テ異議ノ申立アリタルトキハ、裁判所ハ決定ヲシナケレバナラナイ（裁判所構成法第一〇四條、刑訴法第三四八條）。

サテ公判ノ審理ガ如何ナル方式ノモトニ如何ナル順序ニ爲サルルモノナルカハ、此ノ調書ニ記載セラルル所ヲ見レバ判明スルト思フガ一應簡單ニ說明シテオカウ。

公判期日ニ於ケル取調ハ公判廷ニ於テ爲サナケレバナラヌ、ソシテ公判廷ニハ判事、檢事及裁判所書記ガ列席スルコトヲ要スル（刑訴法第三二九條）。（註イ）

原則トシテ口頭辯論主義ヲ採用シテ居ルカラ被告人ガ公判廷ニ出頭シナイ時ハ原則トシテ開廷スルコトガ出來ナイ（刑訴法第三三〇條）。舊法ノ如キ闕席判決ノ制度ハ之ヲ認メナイノデアル。出頭シタル被告人ハ裁判長ノ許可ガナケレバ退廷スルコトガ出來ナイシ、尚裁判長ハ被告人ヲシテ在廷サセル爲ニ相當ノ處分ヲ爲スコトガ出來ル（刑訴法第三三三條）。出頭シタル被告人ハ公判廷デハ身體ノ拘束ヲ受クルコトハナイ、只之ニ看守者ヲ附ケルコトハ出來ル（刑訴法第三三二條）（註ロ）

例外ノ場合トシテ被告人ガ出頭又ハ在廷シナクトモ開廷シ得ルコトガアル。（一）罰金以下ノ刑ニ該ル事件ノ被告人ハ代理人ヲシテ出頭セシムルコトガ出來ル。但シ裁判所ハ場合ニヨリ本人ノ出頭ヲ命ズルコトヲ得ル（刑訴法第三三一條）。（二）被告人ガ心神喪失ノ狀態ニ在ル場合デ無罪、免訴、刑ノ免除又ハ公訴棄却ノ裁判ヲ爲スベキ事由ガ明白ナル場合ハ被告人ノ出頭ヲ待タナイデ直ニ其ノ裁判ヲ爲スコトガ出來ル（刑訴法第三五二條、尤モ召喚狀ハ送達セラレテ居ラナケレバナラナイ）。（三）被告人陳述ヲ肯セズ、許可ヲ受ケズシテ退廷シ又ハ秩序維持ノ爲裁判長カラ退廷ヲ命ゼラレタルトキハ其ノ陳述ヲ聽カズシテ判決ヲ爲スコトヲ得ル（刑訴法第三六六條、裁判所構成法第一〇九條）。（四）罰金以下ノ刑ニ該ル事件又ハ罰金以下ノ刑ニ處スベキモノト認ムル事件ニ付被告人出頭セザルトキハ被告人ノ陳述ヲ聽カズシテ判決ヲ爲スコトガ出來ル、然シ開廷後ノ取調ニ因リ禁錮以上ノ刑ニ處スベキモノト認ムルニ至ツタ場合ニハ被告人ノ陳述ヲ聽カズシテ公判手續ヲ行フコトヲ得ナイノデアル（刑訴法第三六七條）。（五）辯論ヲ閉ヂテカラハ被告人ガ出頭シナクトモ判決ノ宣告ガ出來ル（刑訴法第三六八條）。（控訴審ニ於テ右ノ外尙刑事訴訟法第四〇四條ノ規定ガアリ、上告審デハ事實ノ審理ヲ爲ス場合デナケレバ被告人ノ出頭ヲ要シナイノデアリ、事實ノ審理ヲ爲ス場合ニ於テハ以上全部ノ場合ノ適用ガアル（刑訴法第四五五條）。

事件ニ辯護人アルトキハ（必要辯護ノ事件ニ付キ若シ私選ナクバ官選ヲ付シ）必ズ辯護人ヲ公判期日ニ召喚シナケレバナラヌ（刑訴法第三二〇條第二項、第三三四條）。辯護人ヲ呼出サズシテ審理ヲスルト刑事訴訟法第四一〇條第十號、第十一號ニ該當シテ當然上告ノ理由トナル。任意辯護ノ事件ニシテ正當ニ呼出スモ辯護人ガ勝手ニ出頭シナイノハ自己ノ懈怠デアルカラ場合ニヨツテハ其ノ儘審理スルモ差支ヘナイ。（註八）

審理手續ノ順序ハ、

（一）被告人ニ對シ先ヅ人違ヒナキヤ否ヤノ訊問（刑訴法第三四五條第一項、第一三三條、第三三八條第一項）。（註ニ）

（二）檢事ノ被告事件ノ陳述（刑訴法第三四五條第一項）（註ホ）（口頭辯護主義ニ則リタル基本的手續トシテ檢事ハ直公判ナレバ公判請求書、豫審經由ナレバ豫審終結決定書ニ基イテ之ヲ述ブルノデアル。檢事ガコノ外ニ公判開廷中ニ口頭ノ起訴ガ出來ルト謂フ刑事訴訟法第二百九十條第二項ノ規定ハ公訴提起ノ規定デアツテ全然別個ノ觀念デアル）。

（三）被告人ノ訊問（刑訴法第三四五條第二項、第一三四條）（註ヘ）（被告人訊問ハ裁判長ガ爲スノデアルガ陪席判事、檢事、辯護人モ或ル條件ノ下ニ訊問ガ出來ルコトハ刑事訴訟法第三百三十八條第二項ニ規定ガアル、又同第三項ニ被告人ガ裁判長ニ對シ第三者ヲ訊問スベキコトヲ請求シ得ルコトヲモ認メテ居ル）。（尙被告人訊問ニ付テハ豫審ノ部（註三）ヲモ參照セラレ度イ）。

（四）證據調（刑訴法第三四五條第二項）（註ト）（先ヅ通常ノ順序トシテハ被告人訊問ノ後ニ證據調ガ爲サレルノデアルガ、實際ニ於テハ往々被告人訊問中同時ニ證據調ガ爲サレ、又交互ニ爲サレタリスルコトガアルガ訴訟ノ指揮トシテ何等差支ヘナイコトデアル）。（證據調トハアル事實ヲ證明スル材料ノ取調ヲ爲スコトデアツテ、コノ證據ノ材料ノコトヲ學問上證據方法ト謂フテ居リ、證據方法ニハ人的證據方法卽チ被告人―被告人ハ一面訴訟ノ當事者デアルト同時ニ一面證據方法デアル―證人、鑑定人ト物的證據方法卽チ書證ト物證トガアル。其ノ證據調ノ方法ハ人證ハ之ヲ訊問シ―刑訴法第三三八條、第三三九條―書證ハ之ヲ朗讀シ―刑訴法第三四〇條―物證ハ之ヲ示スノデアル―刑訴法第三四一條）。（裁判長ガ各個ノ證據ニ付取調ベヲ終ヘタル毎ニ被告人ニ意見ヲキキ、利益ノ證據アラバ出スコトガ出來ルト告ゲナケレバナラヌト謂フ刑訴法第三百四十七條ノ規定モ、被告人ノ防禦權ノ行使ヲ重ンジタル大切ナ規定デアル)。(證據調ニ付テ區裁判所ニ於テ被告人ガ自白シタルトキハ訴訟關係人ニ異議ガナカツタナラ他ノ證據ヲ取調ベナイデモ宜シイ(刑訴訟法第三四六條)ト謂フノデアルカラ、他ノ證據ヲ取調ベタイト思ツタラ判事ハ勿論自由ニ出來ルコト謂フ迄モナイ)。(ソレカラ又證據ニ關シテハ刑事訴訟法第三百四十三條ノ重要ナル規定ガアルコトニ注意シナケレバナラナイ、コレニ付テハ嘗テ説明シタル警察ノ部〔註一一〕ヲ參照セラレ度イ)。

(五) 檢事、被告人、辯護人ノ意見ノ陳述(刑訴法第三四九條第一項、第二項)。(註チ)

(六) 最終陳述ノ機會ヲ與フルコト(刑訴法第三四九條第三項)。(註リ)

(七) 裁判所ハ審理ヲ盡シタルモノト認メタ場合ニハ裁判長ハ辯論ヲ閉ヂテ裁判ノ言渡期日ヲ宣言スルトカ、又ハ言渡期日ヲ追テ定ムルトカ宣言スルノガ普通デアル。法律ニハ別段コレヲ宣言セヨトハ命ジテナイガ、訴訟手續上當然ノ處分デアル。(註ヌ)(裁判所ハ審理ヲ盡シタト認メテ一旦辯論ヲ閉ヂタ場合ニ於テモ必要アラバ辯論ヲ再開スルコトガ出來ル――(刑訴法第三五〇條)――辯護人カラ往々コノ再開ノ申請ト云フコトガアルガ、コレハ法律上辯護人ノ權利トシテ請求スルコトハ出來ナイノデ只裁判所ノ職權ニ屬スル事項ニ付テコノ行使ヲ促スノニ過ギナイ行爲デアルト解スベキモノデアル)。

〔註七〕

第二回公判調書

被告人　富田次郎

右者ニ對スル殺人被告事件ニ付昭和八年七月十五日東京地方裁判所第一刑事部法廷ニ於テ

裁判長判事　國井武夫
判事　廣瀬登
判事　萩村勳
裁判所書記　奥山三朗

列席ノ上檢事河路　稔立會公判ヲ開廷ス　被告人ハ公判廷ニ於テ身體ノ拘束ヲ受ケズ
裁判長ハ判決ノ宣告ヲ爲ス旨ヲ告ゲ判決主文ヲ朗讀シ同時ニ理由ノ要旨ヲ告ゲ且上訴期間及上訴申立書ヲ差出スベキ裁判所ヲ告知シタリ

昭和八年七月十五日

東京地方裁判所第一刑事部

裁判所書記　奥山三朗㊞
裁判長判事　國井武夫㊞

〔註七〕 本件ハ第一回ノ公判期日ニ於テ全部審理ヲ盡シタノデ（若シ第一回ノ公判デ審理ヲ盡サナケレバ殊ニ新ニ證人ノ申請等アリテ之ヲ許シタ場合ナド第二回、第三回ト公判期日ノ續行スル例ハ少クナイノデアル）、第二回ノ公判期日ハ卽チ判決ノ言渡期日デアリ其ノ公判調書デアル（刑訴法第六〇條第二項一三號）。公判ノ開廷並ニ公判調書ノ說明ニ付テハ前〔註六〕ヲ參照セラレ度イ。

裁判ノ宣告ハ裁判長ガ爲スノデアツテ判決ノ宣告ヲ爲スニハ主文及理由ヲ朗讀シ又ハ主文ノ朗讀ト同時ニ理由ノ要旨ヲ告ゲルノデアル（刑訴法第五一條）。凡ソ裁判ハ判決タルト決定タルト命令タルトヲ問ハズ相手方ニ知ラセルコト卽チ告知ガナケレバ效力ヲ發生シナイ。宣告（言渡）ハ告知ノ方法トシテ最モ簡明直截ナルモノデ、公判廷ニ於ケル裁判（判決、決定、命令）ノ告知方法ハ常ニ此ノ宣告ニ依ルノデアルガ、公判廷デナイ場合ノ告知ハ特別ノ場合ハ格別、普通ニハ裁判書ノ謄本ヲ送達シテ爲スノデアル（刑訴法第五〇條）。トコロガ裁判ノ中デモ判決ハ刑事訴訟法第五十一條第二項ニ規定セラルル通リ「判決ノ宣告ヲ爲スニハ」トアリテ判決ハ必ズ宣告ニ依ラナケレバナラナイノデ、若シ審理ノ公判期日中ニ卽時ニ判決ヲ宣告シナイ限リハ必ズ判決ノ宣告ノ爲メノ公判ヲ開イテ其ノ期日ニ宣告ニヨリテ告知シナケレバナラナイト云フコトニナルノデアル。

尙判決ノ宣告ニ付テハ必ズシモ被告人ノ出頭ナクシテモ適法ニ爲スコトガ出來ルコトハ（刑訴法第三六八條）既ニ前〔註六〕ニモ說明シタトコロデアル。

ソレカラ此ノ公判調書ニ「上訴期間及上訴申立書ヲ差出スベキ裁判所ヲ告知シタ」トノ記載ガアルガ、コレハ刑事訴訟法第三百六十九條ノ規定ニ則リタルモノデアル。（具體的ニハ裁判長ハ被告人ニ對シテ「若シコノ判決ニ不服ナラバ七日ノ間ニ東京控訴院ニ宛テ當裁判所ニ控訴狀ヲ差出スコトガ出來ル」ト告ゲル次第デアル）（刑訴法第三九五條、

第三九六條)。

判決ノ告知ヲ爲シタル後裁判長ハ刑事訴訟法第三百七十條規定ノ訓諭ト謂フコトヲ爲スコトガ出來ルノデアルガ、コレハ裁判長ノ裁量ニヨルコトデ必ズシモ爲スベキモノト定メラレタモノデハナイカラ、例ヘ爲シタ場合ニ於テモ必ズシモ公判調書ニ記載スルヲ要シナイノデアル。

〔註八〕

昭和八年七月
十五日宣告
裁判所書記
奥山三朗㊞

判決

本籍 東京市品川區南品川町千二百二十番地
住居 同市同區北品川町二丁目九百六十三番地 無職

富田次郎

當二十六年

右ノ者ニ對スル殺人被告事件ニ付當裁判所ハ検事河路 稔關與審理ヲ遂テ判決スルコト左ノ如シ

主文

被告人ヲ懲役十五年ニ處ス
訴訟費用ハ全部被告人ノ負擔トス

理由

被告人ハ十歳ニシテ實母マサ子ニ死別シ翌大正七年六月實父川村平助ガ富田はるト入夫婚姻ヲ爲スニ及ビ平助ノ長男トシテ共ニ富田家ニ入籍セラレ爾來繼母はるニ養育セラレ居リタルガ其ノ間再三非行ヲ重ネ遂ニ施無農學園ニ收容セラルルニ至リ後兵役ニ服シ昭和六年十二月除隊セラレテ以降再ビ繼母ノ許ニ同居シ居リタルモ終始繼母はるトノ折合良カラズ加フルニ同人ガ嚢ニハ被告人ノ實母マサ子ノ位牌等ヲ燒キ棄テ又被告人ヲシテ富田家ヲ相續セシムルコトヲ欲セザル爲メ夫平助ニ無斷ニテ昭和四年三月十二日同人ノ入夫離婚及はる自身ノ分家ノ各屆出ヲ爲スガ如キ策ヲ弄シテ被告人ヲ

單身戸主トシテ其ノ戸籍ヲ孤立セシムル等ノ措置ニ出デタルヲ知リ繼母はるニ對シ憤怨ノ情ニ堪エザルモノアリシガ其ノ後被告人ヨリ促リテ平助、はる及被告人ノ三名相圖リテ昭和七年一月二十九日實父平助ヲ被告人ノ家族トシテ入籍シ次イテ同年二月一日はるガ平助ト婚姻シ右同樣入籍スル旨ノ各屆出ヲ爲シタル結果右三名ハ戸籍ヲ同ジクシ從テはるハ再ビ被告人ノ繼母ト爲ルニ至リシモ未ダ戸籍上平助ヲ戸主トシ自ラ其ノ家族タル長男トシテノ地位ニ在ラザルコトニ不滿ナリシ彼告人ハ猶モ繼母はるニ對シ同人ノ前示戸籍面變更ノ專横ヲ責ムルト共ニ舊ノ如ク戸籍ノ訂正ヲ求メテ止マズ之ガ爲メ同人トロ論ヲ重ネ不和ヲ續ケ來リタルトコロ偶々昭和七年三月五日東京市品川區北品川町二丁目九百六十三番地ナル居宅ノ臺所ニ續ク六疊ノ間ニ於テ繼母はるト前示ノ如キ戸籍上ノ事ヨリ約二時間ニ亙リロ論ヲ續ケ居リタルガ午後一時頃ニ及ビ遂ニはるノ仕打ニ憤慨ノ餘リ同人ヲ突キ飛バシタルニはるハ其ノ場ニ在リタル鍬ヲ被告人目掛ケテ投ゲ付ケ猶モ立チ向ヒ來リ被告人ノ之ヲ突キ倒スヤ立チ上リテ其ノ右手ノ甲ニ咬ミ付キタル爲メ被告人ハ激怒ノ末はるヲ押シ倒シ手拳ヲ以テ其ノ顏面ヲ數回毆打シタルニはるハ殆ド抵抗力ヲ失ヒ且其ノ鼻腔等ヨリ出血スルニ至リタルヨリ斯クナリシ上ハ寧ロ之ヲ殺害スルニ如カズト決意シ直チニ臺所ヨリ刃渡四寸餘リノ肉切庖丁ヲ持チ來リ之ヲ右手ニ握リ左手ニテはるノ肩ヲ押ヘツツ其ノ左頸部ヲ突キ刺シ因テ同人ヲシテ該刺創ニ基ク失血ノ爲メ其ノ儘死亡スルニ至ラシメタルモノニシテ被告人ハ右犯行ノ當時心身耗弱ノ狀態ニ在リタルモノナリ證據ヲ案スルニ判示事實中

一、被告人ガ川村平助及マサ子夫妻ノ長男ニシテ平助ガ富田はるト大正七年六月入夫婚姻ヲ爲シ被告人モ共ニ富田家ニ入籍シタル事實昭和四年三月十六日平助ノ入夫離婚及同日はるノ分家ノ各屆出ニヨリ被告人ガ單身戸主ト爲リタル事實昭和七年一月二十九日平助ガ被告人ノ家族トシテ入籍シ又同年二月一日はるガ平助ト婚姻シテ右同樣入籍スル旨ノ各屆出アリ該戸籍關係ハ同年三月五日はる死亡ニ至ルマデ變更ナカリシ事實ハ孰レモ本件記錄ニ添付シアル戸主富田

次郎ニ係ル戸籍謄本ニ同旨ノ記載アルニ徴シ之ヲ認メ得ベク尚以上ノ事實ニ據リ昭和七年三月五日當時富田はるト被告人トノ間ニ繼母子關係アリタルモノナルコト明カニシテ

二、右昭和七年一月二十九日ノ平助ノ入籍及同年二月一日ノはるノ婚姻入籍ノ各屆出ガ被告人ヨリ促リテ平助、はる及被告人ノ三名相圖リテ爲シタルモノナルコト及被告人ハ未ダ戸籍上平助ヲ戸主トシ自ラ其ノ家族タル長男トシテノ地位ニ在ラザルコトニ不滿ナリシコトハ證人富田平助ニ對スル豫審訊問調書中同人ノ供述トシテ被告人ヨリ自分及はるニ對シ戸籍ヲ元通リニセヨト促リテキカザリシ爲メ結局昭和六年十二月被告人ノ除隊後ニ於テ自分等夫婦ハ戸主タル被告人家族トシテ入籍シタリ此ノ時ニハ親子三人揃ヒテ代書人ノ處ニ行キ手續ヲシテ貰ヒタリ左樣ニシテモ被告人ハ戸主ハ厭ダ自分ガ戸主トナリ被告人ガ其ノ長男ナリシ昔ノ通リ直シテ呉レト促シタル旨ノ記載ト右一ニ於テ認定シタル平助ノ入籍及はるノ婚姻入籍ノ各屆出アリタル事實トヲ綜合シテ之ヲ認メ得ベク尚以上ノ事實ニ徴シ昭和七年三月五日當時被告人ニ於テはるガ自己ノ繼母タルコトヲ識リ居リタルモノト謂フベク

三、爾餘ノ事實中はるノ死因及死期竝ニ被告人ガ本件犯行當時心神耗弱ノ狀態ニ在リタリトノ點ヲ除ク外ハ凡テ被告人ノ當公廷ニ於ケル判示同旨ノ供述ニ依リ之ヲ認ムルニ足リ

四、はるノ死因及死期ニ付テハ鑑定人高山忠巳及同宮本敏男作成ニ係ル富田はるニ對スル死體解剖檢査記錄鑑定書ト題スル書面中判示同旨ノ鑑定ノ結果ノ記載ニヨリ之ヲ認メ得ベク

五、被告人ガ本件犯行當時心身耗弱ノ狀態ニ在リタリトノ點ハ鑑定人宮野精二作成ニ係ル强盜殺人被告富田次郎精神狀態鑑定書ト題スル書面中被告人ハ昭和七年三月五日本件犯行當時ニハ輕度ノ癡愚兼精神變質ノ基礎狀態ノ上ニ繼母トノ口論ノ上平素ノ不快感情怨恨ガ爆發シ感情的ニ可成リ激シ居リ意思ノ制肘ヲ失ヒ是非ノ辨別能力モ可成リ障碍セラ

レ居リ平素ニ比シ精神機能可成リ著シク不良ナル旨ノ鑑定ノ結果ノ記載ニヨリ之ヲ認定ス

尚以上擧示ニ係ル全證據ヲ綜合考覈スレバ判示事實ハ凡テ其ノ證明十分ナリトス

法律ニ照スニ被告人ノ判示所爲ハ刑法第二百條ニ該當スルヲ以テ其ノ所定刑中無期懲役刑ヲ選擇シ尚本件ハ心神耗弱ノ行爲ナルガ故ニ同法第三十九條第二項、第六十八條第二號ニ則リ法定ノ減輕ヲ爲シタル刑期範圍內ニ於テ被告人ヲ懲役十五年ニ處スベク尚訴訟費用ニ付テハ刑事訴訟法第三百三十七條第一項ニ從ヒ全部被告人ヲシテ負擔セシムベキモノトス

仍テ主文ノ如ク判決ス

昭和八年七月十五日

裁判長判事　國井武夫　印

判事　廣瀨肇　印

判事　萩村勳　印

〔註八〕 刑ノ言渡ヲ爲シタル判決即チ裁判書デアル（刑訴法第三五八條、第三六〇條、第六六條乃至第七二條）。裁判ハ其ノ性質カラスルト（1）終局裁判ト、終局前ノ裁判。（2）本案裁判（實體裁判）ト、本案外ノ裁判（形式裁判）ノ區別ガ出來ル。

（1） 終局裁判トハ訴訟ヲ或審級ニ於テ終局セシムル目的ヲ有スル裁判デアツテ有罪、無罪、免訴ヲ言渡ス裁判、公訴棄却又ハ管轄違ヲ言渡ス裁判等デアリ、終局前ノ裁判ハ訴訟ヲ尙繼續追行セシムル目的ヲ有スル裁判デアツテ豫審有罪決定、控訴審又ハ上告審ニ於ケル差戾ノ判決（刑訴法第四〇二條、第四四九條）ヤ事件移送ノ判決（刑訴法第四五〇條）等デアル。

（2） 本案ノ裁判トハ訴訟ノ實體即チ訴訟ノ客體デアル實體的公訴權ノ存否即チ刑事ノ實體的法律關係（訴ヘラレテ居ル犯罪事實其ノモノ）ニ付イテ爲ス裁判デアツテ公判ニ於ケル有罪、無罪、免訴ノ判決、豫審ノ有罪、免訴ノ決定ヤ、略式命令（刑訴法第五二三條以下）等デアリ本案外ノ裁判トハ訴訟關係又ハ訴訟手續即チ訴訟ノ形式ノ當否等實體的デナイ法律關係ニ關シテ爲ス裁判デアツテ、管轄違ヤ公訴棄却ノ裁判等（終局裁判ニ屬スルモノ）又ハ控訴審ヤ上告審ノ差戾ノ判決ヤ事件移送ノ判決等（終局前ノ裁判ニ屬スルモノ）デアル。

裁判ハ其ノ形式カラスルト判決、決定、命令ノ三種トナル。如何ナル場合ニ如何ナル裁判ヲ爲スベキカハ個々ニ條文ニ依ルノ外ハナイガ原則的ニ觀レバ（一）判決ハ最モ重要ナルモノニシテ公判ニ於テ爲ス終局裁判デ實體的裁判ニ屬スルモノハ判決ノ形式ニ依ルノデアル（形式裁判デモ刑事訴訟法第三百五十五條、第三百六十四條ノ如キハ判決ヲ以テ爲スノデアリ、第三百六十五條ハ決定ヲ以テ爲スノデアル）。（二）決定ハ公判前ニ於テ爲ス一切ノ裁判、公判ニ於テ爲ス一切ノ終局前ノ裁判ヤ豫審ニ於ケル裁判ハ決定ヲ以テ爲スコトニナツテ居ル（尤モ公判ニ於ケル終局裁判中刑事訴訟法第三百六十五條ノ如キ特殊ナルモノハ尙決定ヲ以テ爲スノデアル)。(三) 命令ハ裁判所ノ機關タル裁判長又ハ判事ノ爲ス裁判デアツテ訴訟手續上輕微ナル事項ニ付テ爲サルルモノデアル。

判決、決定、命令ニ付手續上多少異ナルモノガアルガソレヲ列擧シテ見ルト (イ) 判決ハ原則トシテ口頭辯論ヲ經テ即チ公判手續ヲ經テ爲スモノデアルガ、決定ハ公判廷デナケレバ訴訟關係人ノ陳述ヲ聽カナイデ之ヲ爲スコトガ出來ル(公判廷デモ職權デ爲ス場合ハヤハリ訴訟關係人ノ陳述ヲ聽ク必要ハナイ)。命令ハ如何ナル場合ニ於テモ訴訟關係人ノ陳述ヲ聽カナイデ之ヲ爲スコトガ出來ル(刑訴法第四八條)。(ロ) 裁判ニハ凡ソ理由ヲ附サナケレバナラヌガ、上訴ヲ許サナイ決定ヤ命令ニハ理由ヲ附セナイコトモ出來ルガ、判決ニハ常ニ理由ヲ附セナケレバナラヌ (刑訴法第四九條)。(ハ) 判決ニ對シテハ控訴、上告ヲ許スモ決定ニ對シテハ即時抗告又ハ抗告ヲ許シ、命令ニ對シテハ上訴ヲ許サナイ (刑訴法第三九四條、第四〇八條、第四五六條)。(略式命令ニ對シテ正式裁判ノ申立ヲ爲スノハ上訴デハナイ)。裁判ハ其ノ內容カラ次ノ如キ種類ニ區別スルコトガ出來ル (一) 管轄違ノ判決 (刑訴法第三五五條乃至第三五七條)。(二) 公訴棄却ノ裁判 (公訴ガ其ノ方式又ハ條件ヲ備ヘナイ場合ニ於テ爲サルル裁判デアツテ、刑事訴訟法第三百六十四條、第三百六十五條ガ之レデアル。只第三百六十五條ノ場合ハ公訴權消滅シタルコト又ハ事件ガ不適法ニ繫屬シテ居ルコトガ極メテ明瞭デアツテ、公判ヲ開イテ口頭辯論ヲ經ル必要ガナイカラ決定ヲ以テ終局裁判ヲ爲スコトガ出來ルモノトシタノデアル)。(三) 免訴ノ判決 (刑訴法第三六三條、免訴ノ判決ハ一旦國家ニ刑罰請求權發生シタルモ其ノ後所謂實體的公訴權ノ消滅シタル場合ニ於テ爲スベキモノデアル)。(四) 無罪ノ判決(刑訴法第三六二條)。(五) 刑ノ免除ノ判決 (刑訴法第三五九條、被告事件ニ付犯罪事實ノ證明アルモ法律上當然又ハ裁判所ノ裁量ニヨリ刑ヲ免除スベキトキハ刑ノ免除ノ判決ヲ爲スベキモノデアル、法律上當然免除スベキ場合ハ刑法第八十條、第二百四十四條、爆發物取締罰則第十一條等デアリ、裁判所ノ裁量ニ依リテ免除スベキ場合ハ刑法第三十六條第二項、第三十七條第一項、第百七十條、外國ニ於テ流通スル貨幣、紙幣、銀行劵、證劵僞造變造及模造ニ關スル法律第八條等デアル）。

(六) 刑ヲ言渡ス判決（刑訴法第三五八條）。

本件ハ審理ノ結果公訴事實タル犯罪事實ニ付犯罪ノ證明ガアツタ故ニ裁判所ハ有罪判決ヲ爲シテ居ルノデアル（刑訴法第三五八條）。犯罪ノ證明ガアツタトハ裁判所ガ證據調ノ結果其ノ證據ノ證明力ハ充分ダト判斷シタノデアル。凡ソ事實ノ認定ハ證據ニ依ルノデアツテ、其ノ證據ノ證明力ノ强弱、程度、價値等ノ一切ノ判斷ハ判事ノ自由ナル心證ニ任ゼラレテ居ルノデアル（刑訴法第三三六條、第三三七條）。

凡ソ裁判ニハ主文ト理由トガナケレバナラナイ（刑訴法第四九條、第五一條）。

主文トハ其ノ事件ニ對スル一切ノ斷案デアリ結論デアル（公判ノ裁判ニ於テ主文トシテ揭グベキモノハ刑又ハ刑ノ免除ノ言渡、無罪、管轄違又ハ公訴棄却ノ言渡ノ外、押收物ニ關スル言渡—刑訴法第三七二條、第三七三條—財產刑ノ言渡ト共ニ爲スベキ勞役場留置ノ言渡—刑法第一八條—訴訟費用負擔ノ言渡—刑訴法第二三七條—刑ノ執行猶豫言渡—刑訴法第三五八條第二項—）。

理由トハ主文ノ因テ生ズル事由デアル、理由ニ付テハ適當ニ其ノ主文ノ生ズル根據ヲ說示スレバ足リルノデアルガ、只法律ハ有罪ノ言渡ヲ爲ス判決ニ付スベキ理由ニ付テハ特別ノ規定ヲ設ケテ居ル、卽チ罪ト爲ルベキ事實及證據ニ依リテ之ヲ認メタル理由ヲ說明シ法令ノ適用ヲ示サナケレバナラナイ（刑訴法第三六〇條）。（本件ノ實際ノ判決ニ付キ會得セラレ度イ）。（罪トナルベキ事實トハ犯罪構成要素ヲ謂フノデアルガ、然シ十四歲以上デアツタトカ、通常ノ精神ノ持主デアル普通人デアツタトカ謂フ樣ナコトハ極メテ一般的ノ事デアツテ、ムシロ通常ヨリ異ナリタル場合デアツタラ却テソノ方ヲ特例トスルノガ吾人ノ社會通念ニ照ラシテ妥當ト考ヘラレルカラ、玆ニ罪トナルベキ事實トシテハ所謂犯罪構成ノ特別要件タル事實ノミヲ掲グルヲ以テ足ルノデアル。前科ハ罪ト爲ルベキ事實デハナイガ累犯加重ノ理由トナルカラ有罪判決ニハ之ヲ示サナケレバナラナイシ、犯罪ノ日時、場所ハ公訴ノ時效又ハ土地管轄ニ關係アルバカリデナク凡ソ時間ト空間トヲ離レテ人ノ行爲ノ個別性ヲ明確ニ爲シ得ナイカラ自然罪トナルベキ事實ト不可分ノ關係ニ立ツコトニナルデアラウ。犯罪ノ動機、原因、情狀等ハ罪トナルベキ事實デハナイガ、斯ノ如キ事實ヲ爲スニ至リタル一應ノ理念トシテ又主文ノ刑ヤ聽テハ執行猶豫ノ如キ處分ノ生ズル根據トモナツテコレヲ示スガ妥當デアラウ。只情狀ノ點ニ付テハモトヨリ罪トナルベキ事實デナイカラ法律上證據ヲ掲グルノ要ハナイガ、コレ又一應ノ證據上ノ根據ヲ示スノガ妥當ダト考ヘラレル）。

次ニ又有罪判決ニハ法律上犯罪ノ成立ヲ阻却スベキ原因例ヘバ心神喪失、刑事未成年中ノ行爲若ハ正當防衞ト謂フガ如キ又ハ刑ノ加重減免ノ原因例ヘバ累犯若ハ心神耗弱者ノ行爲ト謂フガ如キ事實上ノ主張ガアツタトキハ之ニ對シテ判斷ヲ示サナケレバナラナイ（刑訴法第三六〇條第二項）。（本件ノ判決ヲ見ルト裁判所ハ被告人ヲ心神耗弱者ト認定シテ刑法ノ規定ニヨリ減輕スルノ法令ノ適用ガ示サレテ居ル、コノ點ニ付キ辯護人カラタトヘ主張ガアツタニシテモ既ニカクノ如ク判斷シテアル以上別段辯護人カラモ主張ガアツタガト說示スルノ要ハナイ）。

裁判ヲ爲ストキニハ裁判書ヲ作ラナケレバナラナイ（刑訴法第六六條前段）。然シコノ原則ニ對スル例外ノ一ハ區裁判所ニ在リテハ上訴ノ申立ナキ場合又ハ判決宣告ノ日カラ七日内ニ判決書ノ謄本ノ請求ナキ場合ニハ、判決主文並罪ト爲ルベキ事實ノ要旨及適用シタル罰條ヲ公判調書ニ記載セシメテ之デ判決書ニ代フルコトガ出來ルシ（刑訴法第三六一條）、例外ノ二ハ決定又ハ命令ヲ宣告スル場合ニ限リテ裁判書ヲ作ラナイデ之ヲ調書ニ記載セシムルコトガ出來ル

（刑訴法第五〇條、第六六條但書）。ダカラ決定ヤ命令ヲ送達シナケレバナラナイ場合ニハ常ニ決定書、命令書ヲ作ラナケレバナラナイ。

裁判書ハ判事ガ作ラナケレバナラナイガ（刑訴法第六七條）、勿論草稿ニヨリ他人ヲシテ筆寫セシメ又ハ「タイプライター」其ノ他ノ方法ニヨリ印刷シテ作成スルコトヲ妨ゲナイノデアル（大正十三年十一月二十八日及昭和四年六月七日大審院判決）。

裁判書ニハ裁判ヲ爲シタル判事署名捺印シナケレバナラナイシ、裁判長又ハ他ノ判事ニ差支ヘガアツテ署名捺印ノ出來ナイ場合ニハ如何ニスルカノ規定モ定メラレテ居ル（刑訴法第六八條）。（署名捺印不能ノ事由ニハ絶對的ノ場合ノミデナク一時的ノ故障ニ因ル場合モ包含スルト謂フ昭和三年七月十九日ノ大審院判決ガアル）。

裁判書ニハ刑事訴訟法第六十九條ノ事柄ヲ記載シナケレバナラナイ。（本件判決ニモ見ラルル通リ普通ニ本籍ヲモ記載スルノガ慣例トナツテ居ルガ、一體コレラノ記載事項ハ同一人ナルコトノ正確ヲ期スルノ趣意ニ過ギナイノデアルカラ若干ノ相違ガアツタトシテモ別段ソレガ爲ニ判決ノ違法ヲ來タスト謂フガ如キモノデナイ。ソレカラ判決書ニ記載スル檢事ノ官氏名ニ關シテ大正十三年四月九日ノ大審院判決ニ「判決書ニ公判關與ノ檢事ト異ナル檢事ノ氏名ヲ記載スルハ刑事訴訟法第六十九條第二項ニ違反スルモノナレドモ、裁判ニ影響ヲ及ボサザルコト明白ナルヲ以テ之ヲ上告ノ理由ト爲スコトヲ得ズ」ト謂フノガアリ、又昭和二年四月十三日同院判決ニ「公判開廷中立會檢事ノ交替アルモ判決書ニハ其ノ中一人ノ官氏名ヲ記載スルヲ以テ足ルモノトス」ト謂フノガアル）。

裁判書モ亦官吏又ハ公吏ノ作ルベキ書類デアルカラ刑事訴訟法第七十一條、第七十二條ノ規定ニ從ハナケレバナラナイ。コノ中最モ大切ナ事柄ハ契印デアル。判決書ニ契印ヲ缺クト判事ノ署名若クハ捺印ヲ缺キタルトキト同樣ニ常ニ上告ノ理由トナルモノデアル（刑訴法第四一〇條第二十一號）。（大正十四年十二月十一日大審院判決「判決書ニ契印ヲ缺クトキハ其ノ判決ハ違法ナリ」）、（尤モ合議裁判所ノ裁判書ニハ裁判ヲ爲シタル判事全員ノ契印ヲ要セズ其ノ一員ノ契印アルヲ以テ足ル、大正十三年九月六日大審院判決）、其ノ他ノ事項ニ付テハ場合ニヨリ法定ノ方式ニ違フ所ガアツテモ直ニ無效トナルモノデハナイ。（大審院ガ大正十三年二月十五日判決スル通リ「官吏又ハ公吏ガ書類ヲ作成スルニ際シ文字ノ挿入、削除又ハ欄外記入ヲ爲シタルトキ法定ノ形式ヲ缺キタル場合ニ於テハ舊刑事訴訟法第二十一條ノ如ク直ニ之ヲ無效ト爲スベキニ非ズシテ其ノ效力ノ有無ハ專ラ裁判所ノ自由判斷ニ委スベキモノトス」デアル）、判決ハ常ニ公判廷ニ於テ宣告スルモノデアルガ他面必ズ裁判書トシテ作成シナケレバナラナイ。故ニ判決ノ作成月日ハ場合ニヨリテハ宣告ノ月日トハ異ナルコトガアリ得ルノデアル。正確ヲ期スル爲ニハ成立セル判決ヲ判決書ニ作成シテ之ヲ宣告スルノガ妥當デアラウガ、成立シタル判決ヲ公判廷ニ於テ宣告スルニハ草稿ニヨラウト覺書ニヨラウト差支ヘナク一度言渡サレタルヤココニ效力ヲ發生シ、其ノ判決ヲ後ニ至リテ判決書ト爲スコトモモトヨリ正當デアル。（作成日ト宣告日トノ差異アルコトカラ本件判決書欄外ニ見ラルル通リ念ノ爲メ裁判所書記ヲシテ宣告日ヲ記入セシムルコトトシテ居ル、民事判決書ニハ作成年月日ノ記載ヲ要件トシテ居ラナイカラドウシテモ民事訴訟法第百九十二條ノ如キ規定ヲ必要トスルノデアラウ）。（大正十二年十二月二十七日刑事第一〇、二一七號涌牒　大審院長、檢事總長、控訴院長、檢事長、地方裁判所長、檢事正宛「判決原本樣式配布ノ件」。新刑事訴訟法ニ依ル判決原本樣式爲御參考別紙差進候也　追テ新刑事訴訟法ハ判決書ニ判決ノ宣告ヲ爲シタル年月日ヲ記載スベキコトヲ規定セザルニ付別紙樣式ニ傚ヒ判決書ノ欄外ニ裁判所書記ヲシテ宣告ノ年月日ヲ記載シ之ニ署名捺印セシムル樣致度申添候「別紙樣式畧」）。既ニ説明シタル通リ裁判ノ成立ト告知トハ其ノ觀念ヲ明確ニ區別シナケレバナラナイ。告知（宣告或ハ送達ノアル爲ニハ其ノ前提トシテ必ズ成立ガナケレバナラナイ。成立ハ内部的デアリ、告知ハ外部的デアツテ告知ニヨリ裁判ガ效力ヲ生ズル（告知ニヨリ既ニ效力ヲ發生シタル裁判ハ、普通言渡シタル裁判所ヲ覊束スルモノ卽チ變更ノ出來ナイモノデアツテ、不服ノ申立ヲ許サナイ證據決定トカ、期日指定ノ決定ノ如キ特殊ナモノニ限ツテ變更ガ許サレテ居ルニ過ギナイノデアルガ、告知前ノ成立セル裁判ハ告知ノ瞬間ニ至ル迄單獨判事ハ獨自ノ考ニヨリ、合議裁判所ハ合議ニヨリ之ヲ變更スルコトガ出來ル譯デアル）。裁判ノ成立ハ單獨裁判所ノ場合ハ單獨判事ノ如何ニ裁判ヲ爲スベキヤノ決意ニ因リ成立シ、合議裁判所ノ場合ハ其ノ部ノ判事全員ノ議決ノ結果トシテ成立スル。裁判ノ評議ニ付テハ裁判所構成法第百十九條乃至第百二十四條ヲ見ラレ度ク、尙同法第五十四條、第四十九條等モ參照セラレ度イ。

次ニ裁判ノ確定ト謂フコトニ付テ一言シテオカウ。裁判ガアツタ以上何時カハキチント動カスコトノ出來ナイ狀態ニオカナケレバ國家ノ確定的ナ意思表示ト謂フモノガキマツテ來ナイ。ソレデ斯々ノ裁判ガアツテソレガキチントキマツテ遂ニ動カスコトノ出來ナクナツタコトヲ裁判ガ確定スルト謂フノデアル。先ヅ裁判ハ之ヲ言渡シタ者ノ側カラ考ヘテ見ルニ、言渡シテオイテ後カラ訂正シタリ變更シタリスルトシタナラ何時迄タツテモキリガナイ、ソコデ裁判所ハ言渡シタ以上自分デハ最早之ヲ變更スルコトガ出來ナイト謂フ樣ニ決メラルルコトガ原則デアル（尤モ不服ノ申立ヲ許ス決定ニ付テ抗告ガアツタトキハ刑事訴訟法第四百六十條、第四百六十八條ノ如ク更正ガ出來ルト規定セラルルモノガアル、又不服ノ申立ヲ許サナイ決定ハ其ノ執行前ニハ取消ヤ變更ガ出來ルノガ原則デアル。命令ハ不服ノ申立ヲ許ス命令例ヘバ略式命令ノ樣ナモノハ取消ヤ變更ハ出來ナイガ、普通ハ命令ハ何時デモ取消ヤ變更ガ出來ル）。ソレカラ裁判ハ言渡ヲ受ケタ者カラ考ヘテ見テ或程度迄ハ不服ダトテ之ヲ爭フコトヲ許ストシテモ無限ニ許スベキモノデナイコトハ勿論ノコトデアル。ソコデ不服ノ申立ヲ許サナイ豫審判事ノ有罪決定トカ、上告裁判所ノ裁判ノ如キハ其ノ言渡（豫審決定ハ裁判書ノ送達ヲ要ス）ト同時ニ、其ノ他ノ裁判ハ當事者ガ之ニ對シ上訴又ハ正式裁判ノ申立ヲ爲スコトガ出來ナクナツタトキ、從テ上訴又ハ正式裁判ノ申立ヲ許ス裁判ニ付テハ其ノ申立ノ期間ノ滿了ニヨツテ（又ハ上訴ノ拋棄、取下等ニヨツテ）確定スル。即チ總テ裁判ハ其ノ言渡以後之ニ對シテ不服ノ申立ヲ許サナクナツタトキニ至ツテ確定スルノデアル。

斯クノ如ク裁判ガ確定スルト最早コノ裁判ニ對シテハ何等ノ方法ヲ以テスルモ不服ノ申立ヲ爲スコトガ出來ナクナル所ノ效果ヲ發生スル次第デ、之ヲ裁判ノ形式的確定力ト謂フテ居リ、又確定裁判ヲ經タル犯罪事實ニ對シテハ更ニ訴ヲ起スコトノ出來ナイ效果ヲ發生スル次第デ、之ヲ裁判ノ實質的確定力ト謂フテ居ル。即チコノ形式的確定力ヲ有スル裁判デアツテ訴訟ノ本案即チ實體上ノ請求權ニ關スルモノニ限ツテ實體的確定力ヲ生ズルノデ、所謂講學上一事不再理ノ原則ノ適用アルノハ訴訟ノ客體デアル實體的公訴權ノ存否即チ公訴ノ客體タル刑罰請求權ノ存否ニ關スル裁判デ、其ノ裁判ガ形式的確定力ヲ生ジテ居ル場合デアル（刑ヲ言渡シタル裁判、無罪ヲ言渡シタル裁判其ノ他公訴權ノ消滅若ハ犯罪ノ證憑不十分ヲ理由トシテ言渡シタル免訴ノ裁判等ガ本案ノ裁判デアルコトハ前ニモ既ニ述ベタ。本案ノ確定裁判ニ付テ一事不再理ノ原則ノ適用ナイ例外ノ場合ハ、再審ノ場合—刑訴法第四八五條—豫審免訴ニ對スル再起訴ノ場合—刑訴法第三一七條—）。

裁判ガ確定スレバ執行シナケレバナラヌ。ソノ執行ガ檢事ノ執行指揮ヲ要スルモノデアツタナラ（刑訴法第五三四條、第五三五條、第五三六條）速ニ、裁判書又ハ裁判ヲ記載シタル調書ノ謄本又ハ抄本（刑訴法第六六條、第三六一條、第七〇條）ヲ檢事ニ送付シナケレバナラナイ（刑訴法五二一條）。然シ場合ニヨツテハ原本其ノモノヲ送付シナケレバナラナイコトモアル（刑訴法第五二一條但書）。例ヘバ勾引狀ヤ勾留狀ノ執行ノ如キ之レデアル（刑訴法第一〇〇條第三項、第一九三條）。

昭和八年七月十五日午后三時受領
市谷受第四六一號
㊞

〔註一〕

控訴申立書

東京地方裁判所
昭和
8.7.15
宿直

東京市品川區北品川町三丁目九六三番地
被告人　富田次郎

右殺人被告事件ニ付昭和八年七月十五日東京地方裁判所ニ於テ言渡サレタル公訴判決全部ニ對シ不服ニ付控訴申立候也

昭和八年七月十五日

右　富田次郎（拇印）

本人ノ拇印タルコトヲ證明ス

市ケ谷刑務所看守　津田久三郎㊞

東京控訴院長
判事神原時男殿

東京地方裁判所
1部
昭和8.7.17受付
8（と）8
第147號

東京地方裁判所
昭和
8.7.17
第一刑事部

〔註一〕 被告人ハ第一審ノ裁判ニ對シテ不服デ控訴ノ申立ヲ爲シタ其ノ申立書デアル（刑訴法第三七六條、第三九六條、第七三條、第七四條）。 尙在監セル被告人デアルカラ刑事訴訟法第三百九十一條ノ規定ニ則ツテ申立書ヲ出シテ居リ欄外ニ刑務所ノ印ガアルノハ同條第三項ノ通知デアル。 控訴ハ上告、抗告ト共ニ法律上上訴ト稱セラレテ居ルガ、上訴トハ卽チ上級裁判所ニ對シテ未ダ確定セザル裁判（控訴・上告ハ判決ニ對シ、抗告ハ決定ニ對シテ爲サレル）ノ更正變更ヲ求ムル手續デアル（尤モ抗告ノ內卽時抗告以外ノ一般抗告ハ確定裁判ニ對シテ行ハレルノデアツテ、一般ノ上訴トハ稍其ノ性質ヲ異ニスルモノデアル）。 再審（刑訴法第四八五條）、 非常上告（刑訴法第五一六條）ハ確定判決ニ對シテ爲サレルモノデアル。

上訴ノ申立ガアルト其ノ效力トシテ移審ノ效力ト、停止ノ效力ヲ生ズル。 移審トハ原裁判所ノ繫屬ヲ離レテ上訴裁判所ニ繫屬スルコトヲ謂フ。 停止ノ效力トハ裁判ノ確定ヲ停止シ、裁判ノ執行力ヲ停止スルノデアル。 只抗告ハ卽時抗告デナイ一般抗告ノ場合ニハ當然ニハ執行停止ノ效力ヲ生ジナイノデ場合ニヨリ決定ヲ以テ執行力ヲ停止スルコトハ出來ル（刑訴法第四六一條）。

上訴ヲ爲スコトノ出來ル者ハ（イ）檢事（刑訴法第三七六條）、檢事ハ被告人ノ不利益ノ爲バカリデナク被告人ノ利益ノ爲ニモ上訴ヲ爲スコトガ出來ルノハ、 檢事ガ公益ノ代表者タル職務ヲ有スルコトヨリ當然ノコトデアル。（ロ）被告人（刑訴法第三七六條）、被告人ハ自己ニ不利益ナル裁判ノミニ對シテ上訴ヲ爲スコトガ出來ル。（ハ）決定ヲ受ケタル者（刑訴法第三七七條）、證人ヤ鑑定人ガ過料ノ決定ヲ受ケタル場合ノ如キデアル（刑訴法第二一〇條、第二二八條）。（ニ）被告人ノ法定代理人、 保佐人又ハ夫（刑訴法第三七八條）。 （ホ）原審ノ代理人又ハ辯護人（刑訴法第三七九條）。此等ノ者ハ被告人ノ明示シタル意思ニ反シテハ上訴ガ出來ナイ。 代理人トハ刑事訴訟法第三百三十一條ノ代理人デアル。辯護人モ亦原審ノ辯護人デナケレバナラヌカラ、判決言渡後ニ選任セラレタ辯護人ハ記錄ハ未ダ原審ニ在ツテモ事件ハ既ニ其ノ審級ヲ離レテ居ルノデアルカラ原審辯護人トハ云ヘナイ、從テ上訴ノ申立ハ出來ナイ（大正十四年十一月十三日大審院判決參照）。

上訴ハ裁判ノ一部ニ對シテモ之ヲ爲スコトガ出來ル。（刑訴法第三八〇條）。只ココニ一部ト謂フノハ例ヘバ主文ニ於テアル確定裁判ヲ中ニシテ前後ニ發見シタル犯罪ノ裁判ノ言渡ノ如ク二個ノ主文ガアル場合トカ、又數罪ノ併合審判ヲ爲シ其ノ數罪ニ付各別ノ刑ヲ科スル樣ナ場合トカデアツテ、併合罪ニ付テ一個ノ加重刑ヲ科スル樣ナ場合ハ該ラナイ。併合罪中ノ或罪ニ付キ無罪ヲ言渡シタルトキ被告人ノ利益ニ於テコノ部分ハ分離セラレ被告人ヨリ之ニ對シ上訴出來ザルハ勿論ナルガ、檢事ハ此ノ部分ノミノ上訴モ出來ルコトトナル（連續犯ノ如キ一罪ニ付テハ常ニ不可分デアツテ、原審ガ斯々ノ事實ニ付テハ其ノ證據不十分デアルカラコレヲ罪ニ問ハナイガ、只連續犯ノ一部デアルカラ主文ニ於テハコノ部分ニ付テ特ニ無罪ノ言渡ヲシナイト謂フテ居ル場合ノ控訴審ハ起訴ニカカル全部ノ事實（豫審經由ノ場合ハ豫審終結決定ノ事實全部）ガ審判ノ目的トナルノデアルカラ全部ニ付テ審理判決シナケレバナラナイ。ソレカラ訴訟費用トカ、差押物還付ノ言渡ノ如キ主文中ノ從タル言渡ノ部分ノミニ關シテ一部上訴ト謂フガ如キコトハアリ得ナイ、コレラハ主タル主文ニ付テ上訴アリタル場合ニハ當然其ノ結果ニ從フモノデアル）。

上訴提起ノ期間（刑訴法第三九五條、第四一八條、第四五八條、第四五九條）ハ裁判告知ノ日ヨリ進行スル（刑訴法第三八一條）。判決ハ宣告ノ日ニ於テ、決定ハ宣告シタルトキハ其ノ日、其ノ他ノ場合ハ裁判書ノ謄本ヲ送達シタル日ニ於テ告知ガアツタノデアツテ、ソノ何レノ場合ニ於テモ期間計算ノ原則ニヨツテ初日ハ算入シナイノデアル（刑訴法第八一條）。

上訴ノ提起ハ上訴裁判所ヘ宛テテ申立書ヲ原裁判所ヘ上訴期間内ニ提出スルコトヲ要スルガ（刑訴法第三九五條、第四一九條、第四六〇條）、監獄ニ在ル被告人ノ上訴ニ付テハ刑事訴訟法第三百九十一條ニ特別ノ規定ガアルカラ見ラレ度イ。

刑事訴訟法第三百七十六條乃至第三百七十九條ノ規定ニ依リ上訴ヲ爲スコトヲ得ル者ガ、自己又ハ代人ノ責ニ歸スベカラザル事由ニ因リ上訴ノ提起期間内ニ上訴ヲ爲スコトガ出來ナカツタトキハ、原裁判所ニ上訴權回復ノ請求ガ出來ル（刑訴法第三八七條、尚上訴權回復請求ニ付テハ刑訴法第三八八條乃至第三九〇條ノ規定ヲ見ラレ度イ）。

上訴ニ付テハ其ノ拋棄及取下ヲ爲スコトガ出來ル（刑訴法第三八二條、未成年者ヤ準禁治産者ヤ妻ガ被告人デアル場合ニハ法定代理人ヤ保佐人ヤ夫ノ同意ヲ得ナケレバ拋棄ヤ取下ハ出來ナイシ、又法定代理人ヤ保佐人ヤ夫ガ獨立シテ上訴シタ場合ニ之ヲ取下ゲヨウトスルトキニハ被告人ノ同意ヲ得ナケレバナラナイ—刑訴法第三八三條）。上訴ノ拋棄トハ上訴期間内ニ於テ未ダ上訴ヲ提起シナイ前ニ原裁判所ヘ上訴ヲ提起シナイト謂フ意思ヲ表示スルコトデ、上訴ノ取下トハ上訴申立後ニ上訴裁判所ニ對シテ上訴ヲ取消スト謂フ意思ヲ表示スルコトデアル（刑訴法第三八四條、記錄ガマダ原裁判所ニアル間ハ上訴ノ取下書ヲ原裁判所ニ差出スコトガ出來ル）。上訴ノ拋棄又ハ取下ノ申立ハ書面ヲ以テ爲スノデアルガ、公判廷デハ口頭デ爲スコトガ出來ルノデアツテ此ノ場合ニハ其ノ申立ヲ調書ニ記載スルノデアル（刑訴法第三八五條）。（監獄ニアル被告人ニハ上訴申立ノ場合ノ規定ガ準用セラレル—刑訴法第三九二條）。上訴ノ拋棄ヤ取下ガアレバ其ノ上訴權ヲ失フカラ、一旦上訴ノ拋棄ヤ取下ヲ爲シタルモノハ其ノ事件ニ付テ更ニ上訴ヲ爲スコトガ出來ナイ（刑訴法第三八六條）。ダカラ外ニ上訴シタ者ガナケレバ上訴ハ消滅シテ裁判ハソノトキ確定スル。

サテ控訴デアルガ控訴ハ區裁判所（區裁判所ノ控訴審ハ地方裁判所）又ハ地方裁判所（地方裁判所ノ控訴審ハ控訴院）

デ爲シタ第一審判決ニ對スル覆審デアル（刑訴法第三九四條）。　覆審ト謂フハ決シテ第一審裁判ノ良シ惡シヲ批判スルノデハナクテ、新ニ繰返ストコロノ第二囘目ノ第一審ト謂フコトナノデアル（上告モ例外トシテ刑事訴訟法第四百十六條ノ如ク第一審判決ニ對シテ行ハルルコトガアルガ、コレハ專ラ法律點ニ付テノミノ判斷ヲ求ムルモノデアツテ、控訴審ハ一部控訴（刑訴法第三八〇條）ノ場合ナレバ其ノ範圍ニ於テ、然ラサレバ事實不可分ノ範圍ニ於テ事實點ト法律點トニ亙リ判斷ヲ下スベキ全然第一審ト同樣ノ性質ヲ有スルモノナノデアル）。

控訴ノ申立期間ハ七日デアリ、申立書ヲ第一審裁判所ニ差出サナケレバナラナイ。申立ノ理由ハ書ク必要ハナイ（刑訴法第三九五條、第三九六條）。

控訴ノ申立ガアツタナラ書記ハ直グ其ノ一方ノ相手方ニ之ヲ通知シナケレバナラナイ（刑訴法第三九三條）。控訴申立書ヲ受取ツタ第一審裁判所ハ控訴ノ申立ガ法律上ノ方式ニカナツテ居ルカドウカ又ハ控訴權ガ消滅シタ後ニ爲シタモノデハナイカドウカヲ審査シテ、不適法デアツタ場合ニハ第一審裁判所ハ檢事ノ意見ヲ聽イテ決定デ以テ控訴棄却ノ裁判ヲスルノデアル。此ノ決定ニ對シテハ卽時抗告ガ出來ル（刑訴法第三九七條）。

控訴ノ申立ガ適法デアツタ場合ニハ訴訟記錄ヤ證據物ヲ控訴裁判所ニ送ラナケレバナラナイノデアルガ、ソレハ第一審裁判所ノ書記カラ檢事ヘ、第一審ノ檢事カラ控訴審ノ檢事ヘ、控訴審ノ檢事カラ控訴審ノ裁判所ヘト謂フ順序デアル（刑訴法第三九八條、コレハ既ニ豫審カラ公判ヘノ記錄送付ノ時ニモ斯ル規定ハナイガ檢事ノ手ヲ經ルコトトナツテ居ルコトノ說明ヲシタガ、檢事ハ常ニ公訴權ノ請求者トシテタヘズ裁判ノ經過ニ對シ注意スベキ職務ヲ有スルコトヨリ生ズル事務的ニ必要ナ規定デアル）。尙在監セル被告人ヲ控訴裁判所所在地ノ監獄ニ移セト云フ規定モアル（刑訴法第三九八條第三項）。

控訴裁判所ノ檢事ハ辯論ノ終結ニ至ルマデ附帶控訴ヲ爲スコトガ出來ル（刑訴法第三九九條）。　附帶控訴ト謂フノハ相手方ノ控訴申立ニ附帶シテ第一審判決ノ刑ヨリ重キ刑ヲ求ムル爲ニ控訴裁判所ノ檢事ノ爲ス控訴デアル。附帶トハ名ノ示ス如ク主タル控訴ニ附帶スルノデアッテ、相手方ノ控訴ノ存在スルコトヲ條件トスルノデアルカラ、其ノ範圍ハ主タル控訴ノ範圍ニ限ラレ若シ相手方ガ控訴ヲ取下ゲルカ又ハ相手方ノ控訴ガ不適法トシテ棄却セラルル樣ナ場合ニハ勿論其ノ主タル控訴ガナクナルノデアルカラ附帶控訴モ當然ニ自然消滅スルノデアル。附帶控訴ノ申立ハ書面ノ外ニ公判廷デナラ口頭デデモ出來ル。

控訴審ノ審判ハ控訴申立ノ範圍ニ限ラレルケレドモ、其ノ審理手續ハ第一審裁判所ト同一ノ手續デ爲サレル（刑訴法第四〇七條）。　只控訴審トシテ特殊ナル規定ハ刑事訴訟法第四百四條ノ規定デアル。

控訴ノ裁判ハ（イ）控訴棄却ノ判決（刑訴法第四〇〇條）、（第一審裁判所ニ於テ刑事訴訟法第三百九十七條ニヨリ決定シナケレバナラナカツタノデアルガ、第一審裁判所ガ不注意ニモ看過シタ場合デアル）。（ロ）被告事件ニ付更ニ判決ヲ爲ス場合（刑訴法第四〇一條）、控訴ノ申立ガ適法デ差戻ス場合ニモ公訴棄却ノ場合ニモ該ラナイトキハ第一審ノ裁判ト同樣ニ有罪、無罪、免訴、管轄違又ハ公訴棄却ノ判決ヲ爲スノデアル。只第一審裁判所ガ不法ニ管轄ヲ認メタル場合ニ控訴裁判所ガ其ノ事件ニ付第一審ノ管轄權ヲ有スルトキハ第一審トシテ判決ヲ爲スノデアル（刑訴法第四〇一條第二項）。然シ控訴院ハ第一審ノ管轄ヲ有スル場合ハナイカラ、此ノ規定ノ適用アルノハ地方裁判所ガ區裁判所ニ於テ爲シタル裁判ニ對シ控訴審タル場合ニ限ルノデアル。例ヘバ刑法第二百四條ノ傷害罪トシテ區裁判所ニ起訴サレタ、區裁判所判事ハ其ノ審理中ニ被害者タル相手方ガ其ノ傷害ニ因リテ死亡シタル事實ヲ知ラズ從テコノ點ニ付取調ブル事ナクシテ傷害罪トシテ判決ノ言渡ヲ爲シタ。コノ事件ガ被告人カ又ハ檢事ヨリ地方裁判所ニ控訴サレタ、控訴審タル地方裁判所ハコノ事實アルヲ發見シ、若シ傷害ト致死トノ間ニ因果關係ヲ認メ傷害致死ト認定シテ裁判ヲ言渡スナラバ、其ノ結果第一審タル區裁判所ハ畢竟傷害致死罪タル重罪ニ付テ裁判ヲ爲シタコトトナリ、從テ不法ニ管轄ヲ認メタ場合ニ該ルカラ、コノ場合ニハ控訴審タル地方裁判所ハ更ニ第一審トシテノ判決ヲ爲スコトトナリ、コノ判決ニ對シテハ又控訴院ニ控訴ガ出來ルト謂フコトニナル。ソレカラ控訴審ノ判決ニ付テ重要ナル一ツノ規定ハ刑事訴訟法第四百三條デアル。講學上不利益變更禁止ノ規定ト謂フテ居ル。被告人又ハ被告人ノ爲ニ控訴ヲ爲シタル事件ト謂フ其ノ被告人ノ爲ニ控訴ヲ爲ストハ刑事訴訟法第三百七十八條及第三百七十九條ニ規定シタル上訴權者ヲ謂フノデアツテ、檢事ハモトヨリ被告人ノ利益ノ爲ニモ控訴ヲ爲スコトガ出來ルガココニ謂フ被告人ノ爲ニ控訴ヲ爲スト謂フ範圍ニハ包含シナイノデアツテ（昭和五年四月九日大審院第三刑事部判決參照）、從テ檢事ノ控訴アル場合（ソレハ被告人ノ利益ノ爲ニ爲サレタ場合デモ）又ハ控訴審ノ檢事ノ附帶控訴（刑訴法第三九九條）アル場合ニハ、所謂不利益ニ變更ガ出來ルノデアツテ原判決ノ刑ヨリ重イ刑ヲ言渡スコトガ出來ルノデアル。原判決ノ刑ヨリ重キ刑トハ、主文ノ刑ガ實質的ニ原判決ニ比ベテ重イ場合ヲ謂フノデ懲役ノ期間ヲ長クシタリ、罰金額ヲ增スコトガ重クナルコトハ勿論デアルガ、禁錮ヲ懲役ニ變更シタリ、原審ト刑ハ同一デアツテモ執行猶豫ノ言渡ヲ取消シタリ、未決勾留ノ通算ヲ原審ヨリ減少シタリスルコトハ尙重イ刑トナルノデアル。然シ刑ヲ重クスルコトサヘナケレバ押收物ノ處分ヤ（尤モ沒收ハ附加刑デ刑デアルカラ新ニ沒收ヲ言渡スコトハ重キ刑トナル）訴訟費用ノ負擔額ナド原審ト異ナツテモ重キ刑ト謂フコトニハナラナイシ、又事實ノ認定ガ原審ヨリ不利益ニナツテモ刑ノ重イト謂フコトニハナラナイノデアル。

（ハ）差戻判決（刑訴法第四〇二條）、然シ法文ニ「差戻スコトヲ得」トアルカラコノ場合ニハ控訴審タル第二審裁判所ハ自ラ第二審トシテノ本案ニ付テノ判決ヲ爲スコトモ出來ル。（ニ）公訴棄却ノ決定（刑訴法第四〇六條、第三六五條）。

控訴裁判所ノ判決ノ方式ハ第一審ノ判決ト同一ノ樣式デアルガ若シ控訴審タル第二審裁判所ノ認定シタル事實ヤ證據ガ第一審裁判所ノ判決ニ示サレタルトコロト一致スル場合ニハ、コノ第一審ノ判決ニ示サレタル所ノ其ノ記載ヲ控訴審タル第二審裁判所ノ判決ニ引用スルコトモ出來ル。 然シ法令ノ適用ニ付テハ第一審判決ヲ引用スルコトハ出來ナイ(刑訴法第四〇五條)。

〔註　二〕

八（と）第一四七號

控訴申立通知書

上訴　昭和八年　第二〇三號

被告人　富田次郎

右殺人被告事件ニ付昭和八年七月十五日當裁判所ノ宣告シタル判決ニ對シ被告人ヨリ昭和八年七月十五日控訴ノ申立有之候條及通知候也

昭和八年七月十七日

東京地方裁判所第一刑事部

裁判所書記　雲野達朗㊞

東京地方裁判所
事件係
8. 7. 17
接受
檢事局

同廳檢事局

檢事河路稔殿

〔註二〕　被告人ヨリ控訴申立アリタルコトヲ裁判所書記ヨリ相手方タル檢事ニ通知シタル通知書デアル（刑訴法第三九三條）。

通知スルト云フコトト送達スルコトトハ違フノデ送達ハ法律ニ定ムル（刑訴法第七十五條乃至第七十九條）方法デナケレバ有效ニ送達ガアツタト云ヘヌガ（例ヘバ檢事ニ對スル送達ハ刑事訴訟法第七十七條ニヨリ書類ヲ檢事局ヘ送付スルノデアルガ）、通知ハ何等カノ方法ニヨリ事實上通知スレバ足リルノデアル。尤モ記錄上其ノ通知シタルコトガ明トナツテ居ナケレバナラナイ。本件通知書ノ欄外ニ檢事局ノ接受印ガアルガコレデ通知ヲ受ケタコトガワカル。本件デハ上告ガアツタト謂フ控訴裁判所ノ書記カラノ檢事ヘノ通知ハコノ樣ナ通知書ガ見當ラナイ樣デアツテ、被告人ノ上告申立書自體ヲ檢事ヘ一度送ツテ上告ノアツタコトヲ知ラセ、檢事局ノ印ヲモラツテ返ヘシテモラヒ通知ニ代ヘテ居ル樣デアル。（上告審ノ部〔註一〕）ヲ參照セラレ度イ。）

〔註三〕

八（と）第一四七號

勾留更新決定

市ケ谷刑務所在所

被告人　富田次郎

右殺人被告事件ニ付昭和七年四月四日被告人ニ對シ為シタル勾留ハ尚繼續ノ原由存スルヲ以テ昭和八年八月四日ヨリ之ヲ更新ス

昭和八年七月十八日

東京地方裁判所第一刑事部

裁判長判事　國井武夫㊞

判事　廣瀬肇㊞

判事　萩村勳㊞

本決定謄本
昭和八年七月十八日
検事局送付
裁判所書記　霞野達朗㊞

送達報告書

送達證書ノ表示

東京地方裁判所

昭和八年(と)第一八四號

一、被告富田次郎ニ對スル殺人被告事件ノ勾留期間更新決定謄本　一通

東京地方裁判所書記課發

受送達者

富田次郎宛

右之通送達候

東京區裁判所執達吏　村山新吉代理

昭和八年七月十八日　田村一郎㊞

書類受領者ノ記名捺印	送達ノ年月日時	送達ノ場所	送達方法
川村敬二㊞	昭和八年七月十八日午後七時　分	東京市牛込區市ヶ谷富久町 市谷刑務所	受送達者不在ニ付事理ヲ辨識セル左ノ者ニ渡シタリ 所長代理看守長川村敬二ニ交付ス 左ノ者正當ノ事由ナクシテ受取ヲ拒ミタルニ付其場ニ差置タリ

〔註三〕 豫審ノ部〔註六〕、〔註四〕ヲ見ラレ度イ。

〔註四〕 豫審ノ部〔註七〕ヲ見ラレ度イ。

只コノ勾留更新決定ハ第一審裁判所ガ既ニ判決言渡ヲ爲シ其ノ事件ガ其ノ審級ヲ離脫シ居リ且被告人ノ控訴申立ニヨリ事件ハ第二審ニ繫屬シ居ルニモ拘ラズ第一審裁判所ノ爲シタルモノナルガ、コレモトヨリ適法ニ斯ル決定ヲ爲シ得ルコト論ヲ待タナイノデ、第一審裁判所ハ未ダ記錄ヲ送附シナイ內ハ事件ノ本體ハ審級ヲ離脫シテ居テモ記錄ガ存在スル間ハ其ノ身柄等ニ關スル處分ヲ爲シ得ルノデアル（刑訴法第一二一條、コノ法理ハ裁判所ヤ豫審判事ガ公訴棄却ヤ管轄違ノ言渡ヲ爲ス場合ニ於テモ、勾留狀ヲ存シ又ハ新ニ之ヲ發スルコトガ出來ルノ法理ト同様デアル—刑訴法第三一八條第二項、第三七一條第二項）。

〔註五〕

訴訟記錄送付書

被告人　富田次郎

東京地方裁判所
昭和8. 7. 27
第22414號
檢事局

右ノ者ニ對スル殺人被告事件ニ付控訴申立候條訴訟記錄及證據物送付候也

昭和八年七月二十七日

東京地方裁判所第一刑事部

裁判所書記　雲野達朗 印

同廳檢事局御中

〔註五〕　本件控訴ノ申立モ方式ニ違ハズ又控訴期間内ノ控訴デ即チ適法ナル控訴デアルカラ、訴訟記錄ヲ結局控訴審ニ送ラナケレバナラヌガ、先ヅ法律ノ規定ニ從テ第一審裁判所書記カラ同裁判所檢事局ヘ送ルト云フ送リ狀デアル（刑訴法第三九八條）、（尙既ニ説明シタ控訴審ノ部〔註一〕ヲモ見ラレ度イ）。

〔註六〕

上訴記録送付票

件名	殺人
公私訴ノ別	公訴
第一審裁判所	東京地方裁判所
宣告ノ日	昭和八年七月十五日
上訴申立ヲ為シタル日	昭和八年七月十五日
上訴申立ヲ相手人ニ通知シタル日	昭和八年七月十七日

上訴申立人氏名	上訴對手人氏名
被告人 富田次郎	檢事正 宮木壽郎

東京控訴院 檢事局	昭和八年八月三日	三〇九五

東京控訴院 第一刑事部	昭和八年八月四日	冂記一〇〇四

勾留ノ日	昭和七年四月四日　勾留 昭和八年八月四日　更新	釋放ノ日及事由	
記錄員數	壹　册	證據物	證據品別送
參考記錄員數	壹　册（檢證調書） 四　册（參考記錄）	訴訟費用金額	金百貳拾九圓也

昭和八年八月三日

東京地方裁判所檢事局

印

〔註六〕　刑事訴訟法第三百九十八條ニヨッテ第一審裁判所ノ檢事ヨリ控訴裁判所ノ檢事ニ記錄ヲ送付スル所ノ送付票デアッテ、現行法施行ノ際ニ斯クノ如キ書式ニ定メラレタモノデアル。尙控訴審ノ部〔註一〕竝ニ〔註五〕ヲ參照セラレ度イ。

（大正十三年一月八日刑事第一五七號通牒　大審院長、檢事總長、控訴院長、檢事長、地方裁判所長、檢事正宛、刑事訴訟用紙書式送付ノ件　今般刑事訴訟用紙書式別册ノ通改定相成候條……以下畧　（別册畧）

職第一三六四號

送達報告書

送達證書ノ表示	受送達者
東京地方裁判所 昭和七年(を)第一八四號 一、被告富田次郎ニ對スル殺人被告事件ノ昭和八年十月十日午前九時公判期日召喚状　一通 東京控訴院書記課發	富田次郎宛

右之通送達候

東京區裁判所執達吏　村山新吉代理

昭和八年九月四日

市村武雄㊞

書類受領者ノ記名捺印	送達年月日時	送達ノ場所	送達方法
島村孝治㊞	昭和八年九月四日 午後八時　分	東京市牛込區市ヶ谷富久町 市谷刑務所	受送達者不在ニ付事由ヲ辨識セル左ノ者ニ渡シタリ 所長代理看守長島村孝治ニ交付ス 左ノ者正當ノ事由ナクシテ受取ヲ拒ミタルニ付其場ニ差置タリ

〔註七〕 公判期日ヲ定メテ其ノ期日ニ被告人ヲ召喚スル所ノ召喚狀ヲ被告人ニ送達シタト謂フ其ノ送達ノ報告書デアル（刑訴法第三二〇條第一項、第二項、第三項、第八四條、第九九條、第八〇條、民事訴訟法第一六八條、第一七七條）。

第一審ノ部**〔註一〕**及豫審ノ部**〔註七〕**ヲ參照セラレ度イ。

〔註八〕

決定

市ケ谷刑務所在所

殺人被告人　富田次郎

昭和
9.9.30
東京控訴院檢事局
受付

右之者ニ對スル勾留ハ之ヲ繼續スルノ必要アリト認ムルヲ以テ昭和八年十月四日ヨリ其ノ期間ヲ更新ス

昭和八年九月二十八日

東京控訴院第一刑事部

裁判長判事　高野英男㊞

判事　澤村太輔㊞

判事　水上澄二㊞

昭和八年十月二日午后九時分執行
取扱者看守長　小林四郎㊞

〔註八〕　コレハ既ニ幾ツモアツタ勾留更新決定デアル（刑訴法第一一三條、豫審ノ部〔註六〕〔註四〕參照）。トコロガ今迄見テ來タトコロデハコレモ勾留更新決定ト謂フ一ツノ裁判デ、普通書面ニヨル裁判ニ準ジ此ノ決定ノ謄本ヲ被告人ニ送達シテ其ノ裁判ノ效力ヲ發生セシメテ居タ。然ルニ此ノ決定ノ檢事局ノ受付印ヤ欄外ノ記載等カラ見テ此ノ決定自體ヲ勾留狀ト同一視シテ勾留狀ノ執行ト同樣ニ取扱ツタモノデアル（刑訴法第一〇〇條、第一〇三條第二項、第一〇九條第二項）。　コレハ卽チ勾留更新決定ハ最初ノ勾留ノ延長デハアルガ、更ニ二ケ月勾留スルト謂フ恰モ第二回、第三回目ノ勾留狀ヲ發付スルト同樣デ其ノ決定自體ハ本質的ニ勾留狀ノ性質ヲ有スルモノデアルカラ、其ノ決定ハ普通ノ裁判送達ノ例ニヨラズ勾留狀ノ執行トシテ取扱フベキモノダトノ考ヘカラ出タモノデアル。コノ取扱ノ場合ニ於テ被告人カラ其ノ謄本ノ請求ガアレバ交付シナケレバナラナイ（刑訴法第一〇四條）。

〔註九〕

辯護士　谷原賢次

被告人富田次郎ニ對スル殺人被告事件ノ辯護人ニ選任ス

昭和八年十月三日

東京控訴院第一刑事部

裁判長判事　高野英男印

〔註九〕　被告人ハ控訴審ニ於テモ亦私選辯護人ヲ依頼シナイノデ、裁判長カラ辯護人ヲ官選シタモノデアル。コノ點ニ關スル說明ハ第一審公判ノ部〔註三〕ノ說明ヲ見ラレ度イ。」

〔註一〇〕

公判期日請書

被告人　富田次郎

右刑事被告事件公判期日ヲ昭和八年十月十日午前九時ト指定告知相成候ニ付テハ同日時出頭可致此段及御請候也

昭和八年十月三日

右辯護人　谷原賢次㊞

東京控訴院第一刑事部御中

〔註一〇〕　公判期日ニ辯護人ヲ召喚スベキコトハ既ニ説明シタトコロデアツテ其ノ召喚ハ通常召喚狀ヲ發シテ爲スノデアルガ、斯樣ニ期日ノ請書ヲ差出ストソレハ法律上召喚狀ヲ送達スルト同一ノ効力ヲ有スルノデアル（刑訴法第三二〇條第二項、第三項、第八四條第二項）。

〔註一一〕

公判調書

被告人　富田次郎

右ニ對スル殺人被告事件ニ付昭和八年十月十日東京控訴院第一刑事部ニ於テ

裁判長判事　高野英男

判事　澤村太輔

判事　水上澄二

裁判所書記　山田君造

列席ノ上檢事芳村幸夫立會公判ヲ開廷ス

被告人ハ公判廷ニ於テ身體ノ拘束ヲ受ケズ

辯護人谷原賢次出頭ス

裁判長ハ被告ニ對シ訊問スルコト左ノ如シ

問　氏名、年齡、職業、住居、本籍及出生地ハ如何

答　氏名ハ　富田次郎

年齡ハ　二十六年

職業ハ　無　職
住居ハ　東京市品川區北品川町二丁目九百三十六番地
本籍ハ　同市同區南品川町千二百二十番地
出生地ハ　新潟縣中蒲原郡金津村字浦ケ濱
檢　事　ハ
　豫審終結決定書記載ノ通リ被告事件ヲ陳述シタリ
裁判長ハ被告人ニ對シ
　檢事陳述ノ被告事件ヲ告ケ訊問ニ應ズルヤ否ヤヲ問ヒタルニ
被告人ハ
　訊問ニ從ヒ陳述スト述ベタリ
裁判長ハ被告人ニ對シ
問　學校ハ何處迄行ツタカ
答　高等小學一年ヲ出テ神田ノ正則豫備學校ヘ二ケ年行キマシタ　蓄膿症ノ爲退學シマシタ
問　蓄膿症ハ癒ツタカ
答　大體癒リマシタガ未ダ全治シテ居リマセン
問　其ノ外ニ病氣ヲシタ事ハナイカ
答　アリマセン

問　小サイ時ニ頭ヲ打ツタ事ガアルカ

答　七、八歳ノ頃倒レテ後頭部ヲ打ツタ事ガアリマスガ大シタ事ハアリマセンデシタ其ノ外ニハアリマセン

問　被告ノ近イ血族ニ精神病者ガアルカ

答　アリマセン

問　正則豫備學校ヲ退學シテカラハ何ウシテ居タカ

答　田舍デ菓子商ノ手傳ヲシテ居リマシタガ十七歳ノ時ニ東京へ出テ呉服屋ニ奉公ニ行キマシタ

問　處ガ其處デ被告ハ主人ノ物ヲ持チ出シタソウデハナイカ

答　左樣デス　主人方ノ羽織ト反物ヲ一反持チ出シマシタガ其ノ時ハ警察デ勘辨シテ貰ヒマシタ

問　其ノ外ニ警察ノ厄介ニナツタ事ハナイカ

答　アリマス　大正十四年十月頃友達ガ自轉車ヲ持ツテ來マシタカラ私ハ友達ノ自轉車ダト思ツテ乘ツテ居ルト本當ノ持主ニ見付カツテ警察へ連レテ行カレ仔細ヲ話シテ濟ンダ事ガアリマス　尙十八歳ノ頃近所ノ女ノ子ニ惡戲シテ東京少年審判所へ廻サレタコトガアリマス

問　被告ハ施無農學園ニ收容サレタ事ガアルカ

答　大正十五年二月頃カラ昭和五年入營スル迄同學園ニ收容サレテ居リマシタ

問　其處デハ成績ハ良カツタカ

答　良カツタノデス

問　被告ハ赤坂ノ歩兵第一聯隊ニ入營シタカ

答　同聯隊ニ昭和五年一月入營シ昭和六年十一月除隊ニナリ上等兵ニナリマシタ

問　被告ハ在營中重營倉ニ入ツタ事ガアルカ

答　アリマス

問　被告ノ姓ハ元何ト云ツタカ

答　川村ト云ヒマシタ

問　被告ノ實母ハマサ子ト云フノカ

答　左樣デス

問　同人ハ何時死亡シタカ

答　私ガ十歳ノ頃死亡シマシタ

問　父ハ川村平助ト云フノカ

答　左樣デス

問　何ヲシテ居ルノカ

答　大井ノ工場デ木工ヲシテ居リマス

問　被告ノ父平助ハ大正七年六月富田はるト入夫婚姻シ被告ハ父ト共ニ富田家ニ入籍シタノカ

答　左樣デス

問　被告ハ繼母ト仲ガ惡カツタソウダネ

答　左樣デス　私ガ未ダ子供デ繼母ノコトヲ知ラズニ叔母サント呼ンデ居タノガ母ノ氣ニ入ラナカツタ樣デスソシテ十

二歳ノ時ニ父カラ母ニナルノダト云ヒ聽カサレマシタ

問　マサ子ノ位牌ヲはるガ燒キ捨テタト云フコトヲ聞イタカ

答　十三ノ時ニ永田金次郎ト云フ者ノ内儀サンガ父ニ話シテ居ルノヲ聞キマシタ　ソシテ其ノ事ハ其ノ後新潟ノ祖母カラモ聞キ憤慨シテ居リマシタ

問　ソレカラ繼母ハ實母ノ惡口モ云フダカ

答　左樣デス

問　繼母ハ女學校ヲ出タト云フガサウカ

答　自分デハ學問ガアル樣ニ云ヒ教育ノナイモノハ話シテナラヌト云フ樣ナ事ヲ云ツテ居リマシタ

問　はるハ平助ニ無斷デ昭和四年三月十二日同人ノ入夫離婚後はるノ分家屆ヲシタト云フガサウカ

答　知リマセン

問　被告ハ富田家ノ戸主ニナツテ居ルサウダネ

答　ソレハ入營中知リマシタ

問　其ノ際父ガ戸籍上離婚ニナツテ居ルコトヲ知ラナカツタカ

答　其ノ事ハ昭和七年一月二十九日ニ知リマシタ

問　ソレデ平助、はる、被告人等三名ガ相談ノ上昭和七年一月二十九日ニ平助ヲ被告ノ家族トシテ入籍シ次デ同年二月一日はるガ又平助ト婚姻シタコトニ屆出デタノカ

答　左樣デアリマス

問　然シ被告ハソレガ氣ニイラナカツタノデ平助ヲ戸主トシ被告ヲ相續人トスル元通リノ戸籍ニシテ貰ヒ度イト云ツタノカ

答　云ヒマシタ

問　ソレニハ何カ原因ガアツタノカ

答　原因ハアリマセン

問　父親ノ相續ハ被告ニサセナイデ外ノ人ニサセ様ト云フ話ガはるカラ出タコトガアルカ

答　アリマシタ誰レト云フコトハ判リマセンガ外ノ人ニ相續サセルト云ツテ居リマシタ

問　從妹ノよしヲ貰ヒ度イト云フ話ハナカツタカ

答　はるハサウ云フテ居リマシタ

問　繼母ハよしト被告ヲ一緒ニシヨウト云ツタノデ被告ノ父ガ未ダ本當ニ改悛シテ居ルカドウカ判ラナイカラソレヲ確メタ上ニシヨウト云ツテ反對シタノダト云フ事ヲ知ツテ居ルカ

答　知リマセンデシタ　私ハ私ガ相續人ニナルコトヲ邪魔シタノハ繼母ダト思ツテ居リマシタ

問　被告ハ昭和七年三月五日居宅臺所ニ續ク六疊ノ間ニ於テ繼母ト口論シタカ

答　シマシタ

問　ソレハ何時頃カ

答　晝ノ十二時頃デス

問　什フ云フ事カラ繼母ト爭フ様ニナツタノカ

答　母ガ私ニ祖母ノ處ヘ行ツタ方ガ良イト云フノデ又戸籍ノ話ニナリ私ガ父ニ無斷デ戸籍ヲ動カシタ事ヲ責メルト母モ色々ナコトヲ云ツテ私ニクツテ掛リ遂ニ喧嘩ニナツテ母ハ其處ニアツタ鋏ヲ私目掛ケテ投ゲ付テ尙出テ行ケト云ツテ立チ向ツテ來タノデ私ハ同人ヲ突キ倒シマシタ　スルト母ハ興奮シテ立チ上リ私ノ右手甲ニ咬ミ付テ來タノデ私ハ同人ヲ押シ倒シテ手拳デ其ノ顏面ヲ數回毆打シマスト殆ド抵抗力ヲ失ツテ鼻腔カラ血ヲ出シマシタ　私ハ初メハ母ヲ殺ス氣ハナカツタノデスガ其ノ時一層殺シテ終ツタ方ガ良イト思ヒ臺所カラ肉切庖丁ヲ持ツテ來テ母ノ頸部ニ突キ刺シマシタ

問　被告ハ其ノ前ニ繼母ノ咽喉ヲ締メタカ

答　締メマシタ

問　其ノ時ニ殺ス氣ニナツタノデハナイカ

答　サウデハアリマセン

問　臺所カラ刄渡リ四寸餘ノ肉切庖丁ヲ持ツテ來タノカ

答　左樣デス

問　其ノ時ハ殺ス氣デ持ツテ來タノカ

答　左樣デス

問　ソシテはるノ左肩ノ處ニ片膝ヲ疊ニ付ケ右膝ヲ立テ左腕デはるノ右肩ヲ押サヘ左手デ咽喉部ヲ締メ付ケナガラ被告ノ上半身ヲはるノ胸ノ上ニ乘リ掛ル樣ニシテ右手ニ持ツタ肉切庖丁デ首筋ニ力ヲ入レテ突イタノデハナイカ

答　左樣デアリマス

問　豫審デハ斯樣ニ云ツテ居ルガ間違ヒハナイカ

此ノ時裁判長ハ豫審ニ於ケル被告人第一回訊問調書中第十問答乃至第十三問答ヲ讀聞カセタリ

答　其ノ通リ間違アリマセン

問　はるヲ突キ刺シテカラ什ウシタノカ

答　餘リ出血スルノデ氣持ガ惡クナリ母ノ上半身ノ下ヘ新聞紙ヲ敷キ顏ノ方ヘハ座蒲團ヲ冠セマシタ

問　ソレカラ什ウシタノカ

答　新潟ニ行キ祖母ニ相談ショウト思ツテ三十圓許リ金ヲ持ツテ家ヲ出マシタガ新潟ヘ行ツテモ手ガ廻ツテ居ルト思ヒ新潟ヘ行クノヲ止メテ本所ノ安宿ニ泊ツテ居ル所ヲ捕ツタノデアリマス

問　被告方ノ間取リハ此ノ通リカ

此ノ時强制處分ニ於ケル豫審判事作成ノ檢證調書添付第二圖面ヲ示ス

答　此ノ通リデアリマス

問　肉切庖丁ハ之カ

此ノ時昭和七年押第四〇七號ノ十四ヲ示ス

答　左樣デアリマス

問　黑イ手帳ト云フノハ之カ

此ノ時前同號ノ二〇ヲ示ス

答　左樣デアリマス

問　はるガ投ゲ付ケタ鋏ハ之カ

此ノ時前同號ノ一五ヲ示ス

答　之レデス

問　被告ハ父ガ出タ後ハはるト一緒ニ食事ヲシタコトガナイト云フガ左樣カ

答　左樣デス

問　はるハ被告ガ左頸部ヲ刺シタ創ガ原因デ出血ノ爲メ昭和七年三月五日午後一時頃死亡シタト云フ事ダガ知ツテ居ルカ

答　後デ聞イテ知ツテ居リマス

問　被告ハ遺書ヲ置イテ行ツタカ

答　祖母ト相談ノ上自首スルツモリデ書置ヲシマシタ

問　其ノ遺書ト云フノハ之カ

此ノ時前同號ノ一ヲ示ス

答　左樣デアリマス

裁判長ハ證據調ヲ爲ス旨ヲ告ゲ

一、強制處分ニ於ケル

鑑定人　高山忠巳

同　宮本敏男

ニ對スル鑑定人訊問調書
檢證調書
一、鑑定人高山忠巳、宮本敏男作成ノ死體解剖檢査記錄竝ニ鑑定書
一、豫審ニ於ケル
被告人　宮田次郎
證　人　富田平助
永田ミヨ
吉田角三
山口のぶよ
鑑定人　宮野精二
ニ對スル各訊問調書
一、右鑑定人作成ノ鑑定書
一、豫審終結決定書
一、原審ニ於ケル公判準備調書、公判調書
一、本件記錄中ノ戸籍謄本全部
ノ各要旨ヲ告ゲ押收品竝ニ檢證調書添付圖面ハ一々之ヲ示シ其ノ都度被告人ニ對シ意見アリヤ否ヲ問ヒ且利益トナルベキ證據ヲ提出シ得ル旨ヲ告ゲタルニ

被告人ハ

無之ト述ベタリ

裁判長ハ

事實竝證據調濟ノ旨ヲ告ゲタリ

檢事ハ

本件ハ犯罪ノ證明十分ニシテ被告人ハ犯行當時心神耗弱ノ狀態ニアリタルヲ以テ事實ノ認定、法律ノ適用、刑ノ量定等總テ原審同樣ノ判決アルヲ相當トストノ意見ヲ述ベタリ

辯護人ハ

被告人ノ境遇ト心神耗弱ノ點ヲ酌量シ寬大ナル判決アリタキ旨辯論シタリ

裁判長ハ被告人ニ對シ

最終ニ陳述スベキコトアリヤ否ヲ問ヒタルニ

被告人ハ

無之旨述ベタリ

裁判長ハ

辯論ヲ終結シ來ル十月十九日午前九時判決ノ宣告ヲ爲ス旨ヲ告ゲ訴訟關係人ニ出頭ヲ命ジ閉廷シタリ

昭和八年十月十日

東京控訴院第一刑事部

裁判所書記　山田君造印

裁判長判事　高野英男印

〔註一一〕控訴審ノ公判調書モ悉ク第一審ノ公判調書ト同樣デアルカラ（刑訴法四〇七條）、第一審公判ノ部〔註六〕ノ説明ヲ見ラレ度イ。

〔註一二〕

第二回公判調書

被告人　富田次郎

右者ニ對スル殺人被告事件ニ付昭和八年十月十九日東京控訴院第二刑事部ニ於テ

裁判長判事　高野英男
判事　澤村太輔
判事　水上澄二

列席

檢事芳村幸夫　裁判所書記坂井邦三

立會公判ヲ開廷ス

被告人ハ公判ニ於テ身體ノ拘束ヲ受ケズ

辯護人不出頭

裁判長ハ判決ノ宣告ヲ爲ス旨ヲ告ゲ判決主文ヲ朗讀シ同時ニ理由ノ要旨ヲ告ゲ且ツ五日内ニ上告ヲ爲シ得ルコト及上告ノ申立書ハ大審院宛ニテ當院ニ差出スベキ旨ヲ告知シタリ

昭和八年十月十九日

東京控訴院第一刑事部

裁判所書記　坂井邦三 印

裁判長判事　高野英男 印

〔註一二〕　判決言渡期日ニ於ケル公判調書デアル（刑訴法第六〇條第一項、第二項第十三號）。尚第一審公判ノ部〔註七〕ヲ見ラレ度イ。

只控訴審デアルカラ刑事訴訟法第三百六十九條ノ告知ハコノ調書ニ記載セラルル通リ五日内ニ上告ヲ爲シ得ルコト及上告ノ申立書ハ大審院宛ニテ當院ニ差出スベキ旨ヲ告知スルコトトナル次第デアル。

〔註一三〕

昭和八年十月
十九日宣告
裁判所書記
坂井邦三㊞

判決

本籍　東京市品川區南品川町千二百二十番地

住居　東京市品川區北品川町二丁目九百六十三番地　無職

富田次郎

當二十六年

右ノ者ニ對スル殺人被告事件ニ付昭和八年七月十五日東京地方裁判所ガ言渡シタル有罪判決ニ對シ被告人ヨリ適法ナル控訴ノ申立アリタルヲ以テ當院ハ檢事芳村幸夫關與審理ヲ遂ゲ左ノ如ク判決ヲ爲ス

主文

被告人ヲ懲役十五年ニ處ス

訴訟費用ハ全部被告人ノ負擔トス

理由

被告人ハ十歳ニシテ實母マサ子ニ死別シ翌大正七年六月實父川村平助ガ川村家ヲ廢家ノ上富田はるト入夫婚姻ヲ爲スニ及ビ平助ノ長男トシテ共ニ富田家ニ入籍セラレ爾後繼母はるニ養育セラレ居リタルガ其ノ間再三非行ヲ重ネテ遂ニ施無農學園ニ收容セラルルニ至リ後兵役ニ服シ除隊後再ビ實父、繼母ノ許ニ同居シ居リタルモ終始繼母はるトノ折合良カラズ加フルニ同人ガ嚢ニハ被告人ノ實母マサ子ノ位牌ヲ燒キ棄テ又被告人ヲシテ富田家ヲ相續セシムルコトヲ欲セザル爲メ夫平助ニ無斷ニテ昭和四年三月十三日同人ノ入夫離婚及はる自身ノ分家ノ各届出ヲ爲スガ如キ策ヲ弄シテ被告人ヲ單身戸主タラシムル等ノ措置ニ出テタルヲ知リはるニ對シ憤怨ノ情ニ堪ヘザルモノアリシガ其ノ後被告人ノ申出ニヨリ平助、はる及被告人ノ三名相圖リテ昭和七年一月二十九日實父平助ヲ被告人ノ家族トシテ入籍シ次デ同年二月一日はるガ再ビ平助ト婚姻シ右同樣入籍スル旨ノ各届出ヲ爲シタル結果右三名ハ戸籍ヲ同ジクシ從テはるハ再ビ被告人ノ繼母ト爲ルニ至レリ然レドモ未ダ戸籍上平助ヲ戸主トシ自ラ其ノ家族タル長男トシテノ地位ニ在ラザルコトニ不滿ナリシ被告人ハ猶モ繼母はるニ對シ同人ノ前示戸籍面變更ノ專横ヲ責ムルト共ニ舊ノ如ク戸籍ノ訂正ヲ求メテ止マズ之ガ爲メ同人ト口論ヲ重ネ不和ヲ續ケ來リタルトコロ偶々昭和七年三月五日東京市品川區北品川町二丁目九百六十三番地ナル居宅ノ臺所ニ續ク六疊ノ間ニ於テ繼母はるト前示ノ如キ戸籍上ノ事ヨリ約二時間ニ亘リ口論ヲ續ケ午後一時頃ニ及ビ遂ニはるノ仕打ニ憤慨ノ餘リ同人ヲ突キ飛シタルニはるハ其ノ場ニ在リタル鋏ヲ被告人目掛ケテ投ゲ付ケ猶モ立チ向ヒ來リ被告人ノ之ヲ突キ仆スヤ立チ上リテ其ノ右手ノ甲ニ咬ミ付キタル爲メ被告人ハ激怒ノ餘其ノ場ニはるヲ押シ倒シ手拳ヲ以テ其ノ顔面ヲ數回毆打シタルニはるハ「殆ド抵抗力ヲ失ヒ」且其ノ鼻腔等ヨリ出血スルニ至リタルヨリ斯クナリシ上ハ寧ロ之ヲ殺害スルニ如カズト決意シ直チニ臺所ヨリ刄渡四寸餘ノ肉切庖丁ヲ持チ來リ之ヲ右手ニ握リ左手ニテはるノ右肩ヲ押ヘ其ノ左頸部ニ突キ刺シ因テ同人ヲシテ該刺創ニ基ク失血ノ爲メ其ノ頃死亡スルニ至ラシメ以テ自己ノ直系尊屬ヲ殺害シタルモノニシテ被告人ハ右犯行ノ當時心神耗弱ノ狀態ニ在リタルモノトス

證據ヲ案ズルニ判示事實中

一、被告人ガ川村平助及マサ子夫妻ノ長男ニシテ平助ガ川村家ヲ廢家ノ上富田はるト大正七年六月入夫婚姻ヲ爲シ被告人モ共ニ富田家ニ入籍シタル事實昭和四年三月十二日平助ノ入夫離婚及はるノ分家各届出アリ被告人ガ單身戸主ト爲

リタル事實昭和七年一月二十九日平助ガ被告人ノ家族トシテ入籍シ又同年二月一日はるガ再ヒ平助ト婚姻シテ右同樣入籍スル旨ノ各屆出アリ被告人トはるトノ間ニ繼母子關係ヲ生ジ該戶籍關係ハ同年三月五日はる死亡ニ至ル迄變更ナカリシ事實ハ孰レモ本件記錄ニ添付シアル戶主富田次郎ノ戶籍謄本ニ同旨ノ記載アルニ徴シ之ヲ認メ得ベク尚以上ノ事實ニ據リ昭和七年三月五日當時富田はるト被告人トノ間ニ繼母子關係アリタルモノナルコト明カナリ

二、而シテ被告人ヲシテ單身戶主タラシメシ判示事實ガ判示ノ如ク被告人ヲシテ富田家ニ相續人タラシムルコトヲ欲セザルはるノ術策ニ出デタルコトハ富田平助ニ對スル豫審ノ證人訊問調書中同人ノ供述トシテ其ノ旨ノ記載アルニヨリ明カニシテ

三、右昭和七年一月二十九日ノ平助ノ入籍及同年二月一日ノはるノ婚姻入籍ノ各屆出ガ被告人ノ申出ニヨリテ平助、はる及被告人ノ三名相圖リテ爲シタルモノナルコト及被告人ハ未ダ戶籍上平助ヲ戶主トシテ自ラ其ノ家族タル長男トシテノ地位ニ在ラザルコトニ不滿ナリシコトハ證人富田平助ニ對スル豫審ノ證人訊問調書中同人ノ供述トシテ被告人ヨリ自分及はるニ對シ戶籍ヲ元通リニセヨト言ヒテキカザリシ爲メ結局昭和六年十二月被告人ノ除隊後ニ於テ自分等夫婦ハ戶主タルノ被告人ノ家族トシテ入籍シタリ其ノ時ニハ親子三人揃ヒテ代書人ノ處ニ行キ手續ヲシテ貰ヒタリ左樣ニシテモ被告人ハ戶主ハ厭ダ自分ガ戶主トナリ被告人ガ其ノ長男ナリシ昔ノ通リ直シテ呉レト迫リタル旨ノ記載ト右一、ニ於テ認定シタル平助ノ入籍及はるノ婚姻入籍ノ各屆出アリタル事實トヲ綜合シテ之ヲ認メ得ベク尚以上ノ事實ニ徴シ昭和七年三月五日當時被告人ニ於テはるガ自己ノ繼母タルコトヲ識リ居リタルモノト謂フベシ

四、爾餘ノ事實中はるノ死因及死期竝ニ被告人ガ本件犯行當時心神耗弱ノ狀態ニ在リタルトノ點ヲ除ク外ハ凡テ被告人ノ當公廷ニ於ケル判示同旨ノ供述ニ依リ之ヲ認ムルニ足ル

五、はるノ死因及死期ニ付テハ鑑定人高山忠己及同宮本敏男作成ニ係ル富田はるニ對スル死體解剖檢査記錄並ニ鑑定書ト題スル書面中判示同旨ノ鑑定ノ結果ノ記載ニヨリ之ヲ認メ得ベク

六、被告人ガ本件犯行當時心神耗弱ノ狀態ニ在リタリトノ點ハ鑑定人宮野精二作成ニ作ル强盗殺人被告富田次郎精神狀態鑑定書ト題スル書面中被告人ハ昭和七年三月五日本件犯行當時ニハ輕度ノ癡愚兼精神變質ノ基礎狀態ノ上ニ繼母ト口論ノ上平素ノ不快感情怨恨ガ爆發シ感情的ニ可成リ激シ居リ意思ノ制肘ヲ失ヒ是非ノ辨別能力モ可成リ障碍セラレ居リ平素ニ比シ精神機能可成リ著シク不良ナリシ旨ノ鑑定ノ結果ノ記載ニヨリ之ヲ認定ス

仍テ判示事實ハ凡テ其ノ證明アリ

法律ニ照ラスニ被告人ノ判示所爲ハ刑法第二百條ニ該當スルヲ以テ其ノ所定刑中無期懲役刑ヲ選擇シ尙右ハ心神耗弱ノ行爲ナルガ故ニ同法第三十九條第二項第六十八條第二號ニ則リ法定ノ減輕ヲ爲シタル刑期範圍內ニ於テ被告人ヲ懲役十五年ニ處スベク尙訴訟費用ニ付テハ刑事訴訟法第二百三十七條第一項ニ從ヒ全部被告人ヲシテ負擔セシムベキモノトス

仍テ主文ノ如ク判決ヲ爲ス

昭和八年十日十九日

東京控訴院第一刑事部

裁判長判事　高野英男㊞

判事　澤村太輔㊞

判事　水上澄二㊞

〔註一三〕　此ノ控訴審ノ判決ヲ見ルト第一審ノ判決ニ示シタル事實及證據ト大體一致スル樣デアルガ、控訴審ハ刑事訴訟法第四百五條ノ規定ニハ據ラナイデ判決書ヲ作成シタモノデアル。
判決ニ付テハ第一審公判ノ部〔註八〕ヲ見ラレ度イ。」

上告申立書受領通知
㊞
昭和八年十月二十日午后八時受領
市谷受第二〇六一號
㊞

東京控訴院第一刑事部
昭和八年十月二十一日
日記一二八六

〔註一〕

上告申立書

東京市品川區南品川町千二百二十番地
富田次郎

芳村檢事㊞
上告

昭和
8. 10. 21
東京控訴院檢事局
接受

右强盗殺人被告事件ニ付昭和八年十月十九日東京控訴院ニ於テ言渡サレタル公訴判決全部ニ對シ不服ニ付上告申立候

昭和八年十月二十日

右 富田次郎（拇印）

本人ノ拇印タルコトヲ證明ス

市ケ谷刑務所看守 佐藤國吉㊞

大審院長 判事 和田周一殿

〔註一〕　被告人ヨリノ上告ノ申立書デアル（刑訴法第四〇八條、第四一九條、第三九一條、第七三條、第七四條）。尙被告人カラ上告ノ申立ガアツタカラ控訴裁判所ノ裁判所書記ハ對手人タル檢事ニ通知（刑訴法第三九三條）シナケレバナラナイガ、第一審ノ如ク別ニ通知書ナルモノヲ檢事ニ送付シナイデコノ申立書ソノモノヲ直接檢事局ニ送ツテ上告ノアツタコトヲ知ラセ、欄外ニ檢事局ノ接受印ヲ請ケコレヲ返付シテモラウト謂フ方法デ通知シテ居ルノデアル。控訴審ノ部〔註二〕ヲ參照セラレ度イ。

上告ハ地方裁判所又ハ控訴院ガ第二審トシテ爲シタル判決ニ對スル上訴デ、原則トシテ法律點ニ對スル不服アル場合デアルガ（刑訴法第四〇八條、第四〇九條）、只刑事訴訟法第四百十二條乃至第四百十四條ニ規定スル場合ニ於テハ例外トシテ事實點ニ付テモ之ヲ不服トシテ上告ノ理由トスルコトガ出來ルノデアル。尙區裁判所又ハ地方裁判所ニ於テ爲シタル第一審ノ判決ニ對シテモ刑事訴訟法第四百十六條規定ノ如キ法令違背ヲ理由トスルトキハ直ニ上告ヲ爲スコトガ出來ルノデアル（然シコノ場合ノ上告ハ控訴ノ申立ガアツタトキハ其ノ效力ヲ失フガ、但シ控訴ノ取下又ハ控訴棄却ノ裁判ガアツタトキハヤハリ上告ノ效力ヲ續ケル――刑訴法第四一七條）。

上告ノ理由アル場合ハ（イ）法令違反アルトキ（刑訴法第四〇九條）。只法令ニ違反シタコトハアツテモ結局判決ニ影響ヲ及ボサナイコトガ明白デアルトキハ之ヲ上告ノ理由ト爲スコトガ出來ナイ（例ヘバ宣誓セシムベキ證人ニ宣誓ヲ用ヒズシテ訊問シタル場合ノ如キハ不法デアルガ、コノ證人ノ供述又ハ證人ノ訊問調書ヲ證據トシテ判決ニ採ラナケレバ上告ノ理由トハナラナイ、尙昭和三年十月二十六日ノ大審院判決ニ「賭博常習ノ事實ヲ認定スルニ當リ十三年前ノ賭博前科ニ關スル前科調書ノ記載ヲ採テ罪證ニ供スルハ不法ナリト雖モ之ヲ除外スルモ他ノ證據ニ因リ優ニ其ノ事實ヲ認定シ得ルニ於テハ上告ノ理由トナラズ」ト謂フガ如キモアル）。判決ノ實體的ノ方面デアル刑罰法規ノ解釋適用ヲ誤ツタ様ナ場合ハ常ニ上告理由ガアルト謂ハナケレバナラナイガ、法律デハ手續ノ方面デ違反シタモノニ付テ常ニ上告ノ理由ガアルト定メテシマツタ場合ガアルノデアル。ソレハ刑事訴訟法第四百十條列擧ノモノデアル。(ロ)刑ノ量定甚シク不當ナリト思料スベキ顯著ナル事由アルトキ(刑訴法第四一二條)。(ハ)再審ノ請求ヲ爲シ得ベキ場合ニ該ル事由アルトキ(刑訴法第四一三條)。(ニ)重大ナル事實ノ誤認アルコトヲ疑フニ足ルベキ顯著ナル事由アルトキ(刑訴法第四一四條)(以上(ロ)(ハ)(ニ)ノ場合ハ事實點ヲ上告ノ理由ト爲スコトノ出來ル場合デアル)。(ホ)判決後刑ノ廢止又ハ大赦アリタルトキ(刑訴法第四一五條)。

上告ノ提起期間ハ五日デアル(刑訴法第四一八條)。

上告ヲ爲スニハ申立書ヲ原裁判所ニ差出サナケレバナラナイ(刑訴法第四一九條)。

電報ニ依ル上告申立ハ不適法ダト謂フ判例ガアル。昭和七年一月二十七日大審院判決「上告申立書ハ上告申立人自ラ署名捺印シテ之ヲ作成スルコトヲ要セザルハ勿論ナルモ少クトモ申立人ノ作成名義ノ文書ト解シ得ラルルモノナルコトヲ要スルモノト謂ハザルベカラズ、然ルニ電報即電報送達紙ハ私人ノ發信ニ係ル場合ト雖受信局名義ノ公文書ト解スベク發信人名義ノ文書ト解スベカラザルヲ以テ電報ニ依ル上告申立ハ刑事訴訟法第四百十九條ニ所謂申立書ヲ以テ爲シタルモノト解スベカラズ」。

上告ノ申立ニハ其ノ理由ヲ明示シナケレバナラナイガ、然シ其ノ理由ハ上告ヲ申立テルト謂フ此ノ申立書ニハコレヲ記載スル必要ハナク、上告趣意書(刑訴法第四二五條、後出〔註九〕ヲ參照)ナル書面ヲ以テ之ヲ明示スルノデアル。

〔註二〕

訴訟記錄送付書

被告人　富田次郎

右強盗殺人被告事件ニ付上告申立候條訴訟記錄及證據物送付候也

昭和八年十一月一日

東京控訴院第一刑事部

裁判所書記　坂井邦三　印

當院檢事局御中

昭和
8. 1 1. 1
東京控訴院檢事局
接受

〔註二〕　上告ノ申立ガアツタナラ原裁判所タル控訴審ハ其ノ申立ノ方式ヤ期間ナドニ付テ調査シテ、不適法ナラバ決定ヲ以テコノ申立ヲ棄却スルコトガ出來ルノハ第一審裁判所ガ控訴ノ申立アリタル場合ニ同樣ナ處分ヲ爲スコトガ出來ルノト同ジ理由デアル（刑訴法第四二〇條、第三九七條、控訴審ノ部〔註一〕ヲ見ラレ度イ）。

上告ノ申立ノ形式ガ適法デアツタトキニハ控訴審ハ訴訟記錄ヲ上告審ニ送ラナケレバナラナイノデ、其ノ記錄ノ送ラルル順序ハ控訴審ヨリ同廳檢事へ、控訴審ノ檢事ヨリ上告審ノ檢事へ、上告審ノ檢事ヨリ上告審ヘト謂フ順序デアツテ（刑訴法第四二一條）コレハ控訴審ヨリ先ヅ同廳檢事局へ送ルト謂フ送リ状デアル。（控訴審ノ部〔註五〕、後出〔註五〕ヲ參照）。

〔註 三〕

大審院

刑事上告記錄

記錄號	訴名	裁判長	主任受命判事	檢事	書記	上告者區別	趣意書提出最終日	公判期日
八(れ)一七四七號	尊屬殺人	佐伯	菅沼	永田	近松	被告人	一月十九日	二月三日午前十時 月　日午前　時 月　日午前　時 月　日午前　時 月　日午前　時

被告人	辯護人	私訴關係人	私訴代理人
〔勾留〕富田次郎	〔官選〕伊藤信次		

市ヶ谷刑務所在所　富田次郎宛
昭和九年二月三日午前十時公判期日通知
書一通昭和八年十一月九日午後四時郵
便ニ付シタリ
同日大審院第一刑事部
裁判所書記　近　松　清　香㊞

上告趣意書ニ關スル調書

辯護人
法定期間內ニ上告趣意ハ
書ヲ提出セス

法定期間內ニ上告趣意
書ヲ提出セス

檢印
部受付

〔註三〕　大審院ニ事件ガ送付セラレタルトキ大審院ニ於テハ其ノ事件ニ付斯クノ如ク別個ノ表紙ヲ添付スルコトハ長ク裁判所構成法以來行ハレテ居リ、其ノ形式ハモトヨリ大審院ノ事務章程ニ基クモノデアル。尙大審院ノ事務章程ハ大審院自ラ之ヲ定ムルノデアツテ只實施前ニ司法大臣ノ認可ヲ受クルコトヲ要スル丈デアル（裁判所構成法第一二五條第三項）。

尙コノ表紙裏面ノ記入ハ刑事訴訟法第四百二十二條ノ通知ノアリタルコトヲ證明スルモノデアル（後出〔註八〕ヲ参照）。

八年(を)第三八八號

上訴記錄送付票

件名	尊屬殺人
公私訴ノ別	公訴
第二審裁判所	東京控訴院
宣告ノ日	昭和八年十月十九日
上訴申立ヲ爲シタル日	昭和八年十月二十日
上訴申立ヲ對手人ニ通知シタル日	同月二十一日

上訴申立人氏名	上訴對手人氏名
被告人　富田次郎　勾留	檢事

拘留ノ日	昭和七年四月四日　勾留 昭和八年十月四日ヨリ更新	釋放ノ日及事由	
記錄員數	壹　册	證據物	當局保管
參考記錄員數	壹　册（檢證調書） 四　册（參考記錄）	訴訟費用金額	

昭和八年十一月六日

東京控訴院檢事局　印

〔註四〕前〔註二〕ニ於ケル如ク控訴裁判所ヨリ同廳檢事ニ記錄ガ送クラレ、更ニ原裁判所檢事ヨリ上告裁判所檢事ニ記錄ヲ送付スルノ送付票デアル（刑訴法第四二一條）。尚控訴審ノ部〔註六〕ノ書式ノ出所ヲ參照セラレ度イ。

八（れ）第一七四七號

〔註　五〕

勾留

富田次郎

右尊屬殺人事件上告記錄刑事訴訟法第四百二十一條ニ依リ及送付候也

昭和八年十一月六日

檢事總長　佐竹恒雄㊞

大審院長　和田周一殿

〔註五〕　上告審ノ檢事ヨリ上告審ヘ訴訟記錄ヲ送付スルト謂フ送リ状デアル（刑訴法第四二一條、尙前〔註二〕ヲ
レ度イ）。

〔註六〕

主任検事㊞

昭和八年十一月二十七日午前九時執行
執行　看守長　森谷美登喜㊞

昭和八年（れ）第一七四七號

勾留期間更新決定

市ヶ谷刑務所在所

被告人　富田次郎

右強盗殺人被告事件ニ付昭和八年四月四日爲シタル勾留ハ之ヲ繼續スルノ必要アリト認ム依テ昭和八年十二月四日ヨリ勾留期間ヲ更新ス

昭和八年十一月二十五日

大審院第一刑事部

裁判長判事　佐伯利夫㊞

判事　管沼龍吉㊞

昭和
8. 12. 1
大審院検事局
受付

判事　木下　宏　印

判事　宇田重雄　印

判事　花輪一郎　印

〔註六〕　勾留更新決定デアル。欄外ノ記入等ヨリ見テコレ亦コノ決定自體ヲ勾留狀ニ準ジテ執行シタルモノデアル（控訴審ノ部〔註八〕ヲ見ラレ度イ）。

〔註　七〕　　　辯護士　伊藤信次

昭和八年(れ)第一七四七號被告人富田次郎ニ對スル尊屬殺人被告事件辯護人ニ選任ス

昭和八年十一月三十日

大審院第一刑事部

裁判長判事　佐伯利夫㊞

〔註七〕　官選辯護人選任書デアル（刑訴法第三三四條、第三三五條、第四五五條、第四三〇條、第四三一條、第四三三條）。

上告裁判所ハ辯護士ニ非ザル者ヲ辯護人ニ選任スルコトハ出來ナイ（刑訴法第四三〇條、尚第一審公判ノ部〔註三〕ヲ參照）。

ソレカラ又被告人ノ爲ニスル辯論ハ辯護人デナケレバ之ヲ爲スコトガ出來ナイノデ、ツマリ被告人自分ノ爲ニ自身ト雖モ法廷ニ立テ辯論ヲ爲スコトガ出來ナイノデアル。只被告事件ニ付テ事實ノ審理ヲ爲ス樣ナ事ニナレバ被告人モ補佐人等モ法廷ニ出テ辯論ヲ爲スコトトナルノデアル（刑訴法第四三一條）。

送達報告書

一職第二七九二號一

送達書類ノ表示

大審院 昭和八年(れ)第一七四七號
一、被告富田次郎ニ對スル尊屬殺人被告事件ニ付昭和九年二月三日午前十時ノ公判期日召喚狀 一通 選任辭令添付

大審院書記課發

受送達者

辯護人 伊藤信次宛

書類受領者ノ記名捺印

伊藤信次

送達ノ年月日時

昭和八年十二月十九日午前九時十分

送達ノ場所

麻布區宮村町

送達方法

受送達者不在ニ付事理ヲ辨識セル左ノ者ニ渡シタリ

左ノ者正當ノ事理ナクシテ受取ヲ拒ミタルニ付其場ニ差置キタリ

右之通送達候也

昭和八年十二月十九日

東京區裁判所執達吏 鈴野 太助代理

工藤八郎㊞

〔註八〕　上告裁判所ハ公判期日ヲ定メテ遲クトモコノ最初ニ定メタル公判期日ノ五十日前ニ其ノ期日ヲ上告申立人及其ノ相手方（此ノ場合ハ相手方ハ檢事）ニ通知スルノデアル。此ノ通知ハ所謂發信主義デ通知サヘシテ置ケバヨイノデアル（前〔註三〕ノ表紙裏面ニ其ノ通知ノ證明ガアルノヲ見ラレ度イ）。最初ニ公判期日ヲ定ムル前ニ辯護人ノ選任ガアッタナラ此ノ通知ハ辯護人ニ之ヲ爲スノデアル（刑訴法第四二二條）。此ノ送達報告書ハ公判期日ニ對スル召喚狀ト選任辭令トヲ送達シタソノ送達證書デアル（刑訴法第四五五條、第三二〇條、第八四條、第九九條）。法律ニ依リ辯護人ヲ要スル場合又ハ決定ニ依リ辯護人ヲ附シタル場合ノ外ハ辯護人ノ出頭ナクトモ亦辯護人ノ選任ナクトモ判決ガ出來ルノデアルガ（刑訴法第四三三條）（別件上告審ノ部〔註八〕參照）、辯護人ヲ要スル場合又ハ決定ニ依リ辯護人ヲ附シタル場合（刑訴法第三三四條、第三三五條）辯護人ナクシテハ公判期日ノ辯論ガ出來ナイカラ召喚狀ヲ送達スルコトトナルノデアル。召喚狀ヲ發スレバ最早重ネテ通知ノ要ハナイ。

尙本件デ見ルト此ノ官選辯護人ニ召喚狀ヲ出シタノハ十二月十九日デ公判期日ハ二月三日デアルカラ五十日ノ期間ハナイノデアルガ、コレハ被告人カラ辯護人ヲ選任シテ來ナイカラ裁判所ハ必要辯護デアル爲官選辯護ヲ選任シタノデ、其ノ際ハ既ニ公判期日モ指定シテアルガ故ニ、事實上官選辯護人ニ上告趣意書ヲ出シ得ル豫猶（刑訴法第四二三條）ヲ存シテ置ケバ必ズシモ五十日ノ期間前ニ召喚狀ヲ發スルコトヲ要シナイト解シテ差支ヘナイ（尤モ官選辯護人ハ既ニ被告人カラ上告趣意書ヲ提出シテ居タラ法廷ニ出頭シテ辯論スル義務ハ勿論アルガ、必ズ辯護人トシテノ上告趣意書ヲモ提出スルノ義務ガアルカドウカニ多少ノ疑ガアル）。

〔郵便提出〕

〔註九〕

大審院刑事部受付
1部
昭和 9.1.15日
(れ)1747
日記53號

上告趣意書

被告人　富田次郎

右被告人ノ御院昭和八年(れ)第一七四七號尊屬殺人事件ノ上告趣意書

上告理由

第一點　原判決ハ其ノ量刑ニ於テ顯著ナル不當アルモノト思料ス

按ズルニ原審裁判所ハ被告人ノ犯罪當時ニ於ケル精神鑑定ノ結果被告人ハ當時精神耗弱者ナリシ事實ヲ認容シタルハ記錄上明ナリ

而モ本件犯罪ノ構成ハ被害者タル繼母富田はるノ誘發的動作ニ起因スル處大ナル事實モ原審ニ於ケル證人ノ證言ニ依リ明白ナルハ是又記錄ニ依リ推知ニ難カラズ

然ルニ原審裁判所ハ量刑ヲ爲スニ當リ無期刑ヲ選擇シ精神耗弱者タルノ法律ニ依ル減刑而已ニ止メ被害者ノ誘發的動作即チ被害者ノ過失ノ大ナル換言スレバ被告人ノ免責ニ重要按件タル此ノ事實ヲ遺脫シタルハ失當ヲ免レズ是ニ依リテ觀レバ原審判決ハ其ノ量刑ニ顯著ナル不當アリト謂ハザルベカラズ

以上

右趣意書及提出候也

昭和九年一月十五日

被告人　富田次郎

右弁護人

弁護士　伊藤信次㊞

大審院第一刑事部

裁判長判事　佐伯利夫殿

上告趣意書受領通知
昭和七年一月十五日 午后三時受領
市谷受第一八號
㊞ ㊞

〔註九〕

大審院
9.1.15
宿直受付

大審院刑事部受付
1　部
昭和9.1.16日
1747
日記第63號

上告趣意書

富田次郎

私幼少ノ頃ヨリ被害者繼母ト折合悪ク其ノ原因ハ被害者繼母ガ私ニ對シ眞愛ヲ以テ接シテ呉レズ私ニ對シ精神的ニ虐待シタト思ハレル事ガ數多クアリマシタ　其ノ爲ニ私ハ心中被害者ニ對シ憤懣ヲ抱イテ居リマシタ殊ニ被害者ガ私ノ實母ノ位牌ヲ燒キ捨テタ事其レモ父ニ無斷デシタ事ハ私トシテ心持良クアリマセンデシタ　其レニ被害者繼母ガ父ニ無斷デ私ノ戸籍面ヲ移動サセタリシタ事等私トシテ最モ不滿ナ事デアリマシタ　私ガ被害者繼母ヲ殺害シタ當日モ被害者ガ私ニ對シ鋏ヲ投ゲ付ケ私ヲ罵ロシ私ヲ家カラ追出ス態度ニ出マシタカラ私ハ憤慨ノアマリ被害者繼母ヲ殺害シテシマツタ次第デアリマス　ヨロシク御調ベ御願ヲ致シマス懲役十五年ハ不服デアリマス

昭和九年一月十五日

右被告人　富田次郎（拇印）

本人ノ拇印タルコトヲ證明ス

市谷刑務所看守　高橋豊吉㊞

大審院第一刑事部御中

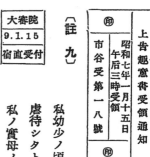

〔註九〕　一ハ辯護人カラノ上告趣意書デアリ、一ハ被告人カラノ上告趣意書デアル（刑訴法第四二三條）。

上告趣意書ハ遲クトモ最初ニ定メタル公判期日ノ十五日前ニ上告裁判所ニ差出サナケレバナラナイ（刑訴法第四二三條、上告趣意書ノ欄外ニ受付印ヲ以テ何日ニ差出サレタカヲ明瞭ニシテ居ルノデアル）。若シ此ノ期間內ニ差出サナイト裁判所ハ檢事ノ意見ヲ聽イテ上告棄却ノ決定ヲスル（刑訴法四二七條）。

上告裁判所ガ上告趣意書ヲ受取ツタトキハ速ニ其ノ謄本ヲ相手方ニ送達シナケレバナラヌ（刑訴法第四二六條）。

上告ノ相手方ガハヤハリ前同期間內ニ附帶上告ヲ爲スコトガ出來ル（刑訴法第四二四條、附帶上告ハ上告趣意書ヲ差出ス丈デ改メテ附帶上告申立書ヲ出スノ要ガナイ、附帶上告ハ附帶控訴ト其ノ性質ヲ同ジウスルモノデアル、控訴審ノ部〔註一〕ノ附帶控訴ノ說明ヲ參照セラレ度イ）。

上告ノ相手方ハ上告趣意書ノ謄本ノ送達ヲ受ケタル日カラ十日內ニ答辯書ヲ上告裁判所ニ差出スコトガ出來ル。若シ檢事ガ相手方デアルトキハ檢事ハ重要ト認ムル上告ノ理由ガアツタナラ答辯書ヲ差出スノデアル。上告裁判所ガ答辯書ヲ受取ツタトキハ速ニ其ノ謄本ヲ上告申立人ニ送達シナケレバナラヌ。上告申立人ガ辯護人ヲ選任シタトキハ其ノ送達ハ辯護人ニ之ヲ爲スノデアル（刑訴法第四二八條）。

裁判長ハ場合ニヨツテ部員ヲシテ上告申立書、上告趣意書及答辯書ヲ檢閱シテ報告書ヲ作ラセルコトモ出來ル（刑訴法第四二九條）。

上告趣意書ニハ上告ノ理由ヲ明示シナケレバナラヌガ（刑訴法第四二五條第一項）（イ）訴訟手續ガ法令ニ違反スルコトヲ上告理由トスル場合ニハ其ノ違反ニ關スル事實ヲ表示シナケレバナラヌ（刑訴法第四二五條第二項）、例ヘバ判決ニ採用シテアル證據書類ヲ讀聞ケテ適法ナル證據調ヲシテ居ラヌト謂フ樣ニ主張スルコトデアル。（ロ）量刑ノ不當

（刑訴法第四一二條）事實ノ誤認（刑訴法第四一四條）ヲ上告ノ理由トスル場合ニハ訴訴記錄及原裁判所ニ於テ取調ベタル證據ニ現ハレナイ事實ヲ援用スルコトハ出來ナイ（刑訴法第四二五條第三項）。（ハ）再審請求ノ事由（刑訴法第四一三條）ヲ上告ノ理由トスル場合ニハ事實ヲ表示スル上ニ其ノ證據迄モ差出サナケレバナラナイ（刑訴法第四二五條第四項）。

〔註一〇〕

主任検事㊞

昭和八年(れ)第一七四七號

勾留期間更新決定

市谷刑務所在所

被告人　富田次郎

昭和 9.1.31
大審院検事局
受付

右強盗殺人被告事件ニ付昭和七年四月四日爲シタル勾留ハ之ヲ繼續スルノ必要アリト認メ依テ昭和九年二月四日ヨリ勾留期間ヲ更新ス

昭和九年一月二十七日

大審院第一刑事部

裁判長判事　佐伯利夫㊞

判事　菅沼龍吉㊞

判事　木下宏㊞

判事　宇田重雄㊞

判事　花輪一郎㊞

昭和九年一月三十日午后四時三十分執行

執行看守長　星野作哉㊞

〔註一〇〕 大審院モ亦控訴院ト同樣ニ勾留更新決定ハ勾留更新決定ト云フ裁判ノ裁判書ノ謄本ヲ送達シテ其ノ裁判ノ告知ヲスルト云フ觀念デナクシテ、更新決定モ亦勾留狀ニ準ジテ之ヲ執行スベキモノトノ取扱ニ出ヅルモノデアル（控訴審ノ部〔註八〕ヲ見ラレ度イ）。

〔註一一〕

公判調書

昭和九年二月三日大審院第一刑事部法廷ニ於テ

裁判長判事　佐伯利夫
判事　菅沼龍吉
判事　木下宏
判事　田中義雄
判事　花輪一郎
檢事　永田秀雄
裁判所書記　近松清香

列席

被告人富田次郎ニ對スル尊屬殺人被告事件ノ上告ヲ審判セリ

本件ノ審判ハ之ヲ公行シタリ

辯護人伊藤信次出頭

辯護人ハ

上告趣意書ニ基キ上告理由ヲ辯明シタリ

檢事ハ

本件上告論旨ハ總テ理由ナキモノト思料スル旨意見ヲ述ベタリ

裁判長ハ來ル二月十四日午前十時裁判ヲ宣告ス可キ旨ヲ告ゲ閉廷シタリ

昭和九年二月三日

於大審院第一刑事部

裁判所書記　近松清香㊞

裁判長判事　佐伯利夫㊞

（註一一）　上告審ノ公判期日ニハ若シ報告書（刑訴法第四二九條）ガ作ラレテ居ツタナラ、先ヅ受命判事ガ其ノ報告書ノ朗讀ヲ爲シ（本件ニ於テハ別段コレヲ作成シタ形跡ハナイ）、ソレカラ檢事及辯護人ハ上告趣意書ニ基イテ辯論ヲスルノデアルカラ（刑訴法第四三二條）、公判調書ハ其ノ事柄ヲ記載スルニ止マルノデアル（第一審ヤ控訴審ノ樣ニ被告人ノ訊問ヲ始メ事實ノ審理ハ特別ノ場合デナケレバ無イノデアルカラ――刑訴法第四三一條――公判調書ノ記載事項ニモ自ラ差異ノアルコト謂フヲ俟タナイ所デアル）。

上告裁判所ハ上告趣意書ニ包含セラレタル事項ニ限ツテ調査ヲ爲スノガ原則デアルガ（刑訴法第四三四條第一項）、（イ）裁判所ノ管轄、公訴ノ受理及判決ニ依テ定マツタ事實ニ對スル法令ノ適用ノ當否（刑訴法第四三四條第二項）。（ロ）判決後ニ於ケル刑ノ廢止、變更又ハ大赦ニ關スル事項（刑訴法第四三四條第二項）。（ハ）第二審判決ニ對スル上告事件ニ付テハ量刑不當（刑訴法第四一二條）、再審原由（刑訴法第四一三條）、事實誤認（刑訴法第四一四條）ガアルカナイカ（刑訴法第四三四條第三項）ニ付テハ何レノ場合モ職權ヲ以テ調査スルコトガ出來ル。

調査ヲスルノニハ原則トシテ判決自體カラ之ヲ調査スルノデアルガ、裁判所ノ管轄、公訴ノ受理及訴訟手續並再審ノ原由（刑訴法第四一三條）ノ有無ニ付テハ其ノ事實ノ取調ガ出來ルノデアツテ（刑訴法第四三五條第一項）、コノ取調ハ部員ヲシテ之ヲ爲サシメ又ハ豫審判事若ハ區裁判所判事ニ之ヲ囑託スルコトガ出來ルシ、命ヲ受ケタ受命判事及囑託サレタ受託判事ハ豫審判事ノ權限ト同一ノ權ヲ有スルノデアル（刑訴法第四三五條第二項）。受命判事又ハ受託判事ガ必要ト認メタトキハ檢事及辯護人ヲシテコノ取調ニ立會ハシムルコトガ出來ル（刑訴法第四三五條第三項）。受命判事又ハ受託判事ハ取調ノ結果ニ付テ報告ヲシナケレバナラナイ（刑訴法第四三五條第四項）。

調査ノ順序カラ言フト第一審判決ニ對スル上告事件ニ付テハ（刑訴法第四一六條）上告趣意書ニ包含スルトコロノ法令違反又ハ判決後ノ刑ノ廢止、變更、大赦ノ有無並ニ職權調査事項タル管轄、公訴ノ受理、法令適用ノ當否、判決後ノ刑ノ廢止、變更、大赦ノ有無ノ調査ヲ爲シタルトキハ直ニ判決ヲ爲スノデアル（刑訴法第四三六條）。

第二審判決ニ對スル上告事件ニ付テハ先ヅ上告ノ理由トナルベキ法令及判決後刑ノ廢止、變更、大赦ノ有無ニ付テ調査ヲ爲シタル後量刑不當、再審原由、事實誤認ヲ調査スルノデアルガ（刑訴法第四三七條、第四四一條）、（イ）不法ニ管轄若ハ管轄違ヲ認メ又ハ不法ニ公訴ヲ受理シ若ハ棄却シタルコトヲ理由トシテ原判決ヲ破毀スベキ場合ニハ他ノ事項ヲ調査セズシテ直ニ判決ヲ爲シ(刑訴法第四三八條)、(ロ)事實ノ確定ニハ影響ヲ及ボサナイガ、然シ法令ノ違反アルコトヲ理由トシ(例ヘバ時效ニカカツテ居ルト謂フガ如キ場合)又ハ判決後ニ刑ノ廢止、大赦アリタルコトヲ理由トシテ原判決ヲ破毀シ無罪又ハ免訴ノ言渡ヲ爲スベキ場合ニ於テ、檢事カラ再審原由、事實誤認ニ因ル上告ガナイトキニハ他ノ事項ヲ調査シナイデ直ニ判決ヲ爲シ(刑訴法第四三九條)、(ハ)事實ノ確定ニ影響ヲ及ボスベキ法令ノ違反ヲ理由トシテ原判決ヲ破毀スベキモノト認ムルトキハ決定ヲ以テ事實ノ審理ヲ爲スベキ旨ヲ言渡ス(刑訴法第四四〇條)ノデアル。

斯クノ如クニシテ上告裁判所ガ結局事實ノ審理ヲ爲ス場合ハ此ノ刑事訴訟法第四百四十條ノ場合ト、量刑不當、再審原由、事實誤認ノ事由アリト認メタ(刑訴法第四四三條)トキデアルガ、コノ刑事訴訟法第四百四十三條ノ場合ニ於テハ檢事ノ意見ヲ聽イテ其ノ事實審理開始ノ決定ヲ爲スノデアル。

事實ノ審理ト謂フノト前ニ述ベタ事實ノ取調(刑訴法第四三五條)トハ違フノデアツテ、事實ノ審理ハ公判廷デ爲スノガ本則デアルガ、若シ公判廷デ取調ベルコトガ不便ダト考ヘラレル樣ナ事柄ノ取調ハ部員ヲシテ之ヲ爲サシメ又ハ區裁判所判事ヤ豫審判事ニ囑託スルコトモ出來ル。コノ場合受命判事ヤ受託判事ハ豫審判事ノ權限ト同一ノ權ヲ有シ、又必要ニ應ジテハ檢事ヤ辯護人ヲ其ノ取調ニ立會ハシメルコトモ出來ルシ、ソレカラ受命判事ヤ受託判事ハ取調ノ結果ニ付テ報告ヲ爲サナケレバナラナイ(刑訴法第四四四條)。

被告事件ニ付テ事實ノ審理ヲ爲ス場合ノ公判ノ取調ニ關シテハ控訴審ノ公判ニ關スル規定ヲ準用セラレテ居ル(刑訴法第四五五條)。

〔註一二〕

公判調書

被告人　富田次郎

右尊属殺人被告事件ニ付昭和九年二月十四日大審院第一刑事部公開法廷ニ於テ

裁判長判事　佐伯利夫
判事　井上安太郎
判事　木下宏
判事　田中義雄
判事　花輪一郎
檢事　永田秀雄
裁判所書記　近松清香

列席裁判長ハ判決ノ宣告ヲ爲シタリ

昭和九年二月十四日

於大審院第一刑事部

裁判所書記　近松清香㊞

裁判長判事　佐伯利夫㊞

〔註一二〕判決言渡期日ニ於ケル公判調書デアル（刑訴法第六〇條第二項十三號）（控訴審ノ部〔註一二〕第一審公判ノ部〔註七〕ヲ參照）。

上告審ノ判決ニ對シテハ最早不服ヲ訴フル途ナキヲ以テ、刑事訴訟法第三百六十九條ノ如キ告知ノナキコト勿論デアル。

〔註一三〕

昭和八年(れ)第一七四七號

訴訟記録返還書

富田次郎

右尊屬殺人被告事件終局候ニ付本院判決謄本相添訴訟記録及返還候也

昭和九年二月十五日

大審院第一刑事部

裁判所書記　近松清香　印

大審院檢事局御中

〔註一三〕上告裁判所ヨリ事件ガ終了シタルヲ以テ判決ノ謄本ヲ添ヘテ同廳檢事局ヘ記錄ヲ返還スル其ノ返還狀デアル。

舊刑事訴訟法ニハ其ノ第二百四十九條ニ「上訴完結ノ後其ノ訴訟記錄ハ上訴審ニ於テ爲シタル裁判ノ謄本ト共ニ第一審裁判所ニ之ヲ返還ス可シ」ト謂フ規定ガアツタガ、訴ガ終了シタナラバ訴ヲ起シタル廳ニ其ノ記錄ガ戻ルコトニナルノハ理ノ當然デアリ、ソウシテ記錄ヲ送付スル際ニ刑事訴訟法第三百九十八條ヤ第四百二十一條ノ規定ガアルカラ、返還ノ場合ニハ最早裁判所ヲ通ズル必要ナク、コレニ準ジテ順次ニ下級ノ檢事局ニ戻ルコトモ自明ノ理デアルカラ現行法ニハコノ記錄返還ノ場合ノ規定ヲオカナカツタノデアル。(尚後出〔註一五〕ヲ參照)。

尚裁判ノ執行ニ關聯シテ居ルコトデアルガ、一体上告棄却ニナレバ結局執行スベキ裁判ノ實体ハ下級裁判所卽チ本件デハ控訴院ノ判決ヲ執行スルコトニナリ、其ノ場合ニ於テハ大審院ノ檢事ガ執行ヲ指揮スルノデアルガ(刑訴法第五三五條)・　慣例トシテハ大審院ノ檢事ハ大審院ニ於テ新ニ事實審理ヲ爲シテ言渡シタル裁判ダケヲ執行シテ、斯樣ニ上告棄却ノ如キ場合ハ控訴院檢事ニ直ニ上告棄却トナリタルコトヲ通知シ執行ヲ指揮スベキコトヲ命ジテ居ルノデアル(舊刑事訴訟法第三百二十條、刑ノ執行ハ其ノ刑ヲ言渡シタル裁判所ノ檢事又ハ上告裁判所ヨリ命ヲ受ケタル裁判所ノ檢事ノ指揮ニ因リ之ヲ爲ス可シ刑ノ執行ノ停止ニ付亦同シ)(以下略)。

然シ本來ナラ上告棄却ヤ上訴取下ニヨツテ下級裁判所ノ檢事ガ其ノ執行指揮ヲ爲スノハ訴訟記錄ガ下級裁判所ニ在ルトキニ出來ルコトトナルノデアツテ(刑訴法第五三五條第二項但書)、(一旦上告ヲ爲シテ未ダ記錄ガ上告裁判所ヘ來ナイ間ニ上告ガ取下ゲラレル樣ナコトガ往々アル)右ノ慣例ヲ現行法ニ理由ヅケルトキハドウシテモ此ノ刑事訴訟法第五百三十五條但書ニ因リタルモノト解スルノ外ナク、從テ訴訟記錄ノ返還ヲ待ツテ記錄ノ在ルコトヲ前提トシテ刑ノ執行ヲ指揮スルト謂フ筋合ニナルノデアルガ、實際ノ取扱ハ控訴院檢事局ハ便宜豫メ上告事件ニ付テハ控訴裁判所ヨリ判決謄本ヲ二通貰ヒ受ケテ置キ、一通ハ他日ノ執行ヲ豫想シテ之ニ備フル爲ニ、他ノ一通ハ他日上告審ヨリ記錄ガ返ヘサレコノ記錄ヲ又下級檢事局ニ返還スルトキノ添付用ノ爲ニ用意シ居ルヲ以テ、記錄ナキモ執行ニハ差支ヘナイノデアル（又裁判執行ハ刑訴法第五二條、第五三六條ヨリ觀テ記錄ノ存在ヲ必要トハシナイノデアルガ、刑訴法第五三五條第二項ニ於テ大審院檢事ノ指揮ニ因ラシムル以上ハコノ記錄存在ヲ前提トスルモノナルコトニ理由ヲオクノ說明ニヨラザルヲ得ナイ）。

只コノ記錄返還ニ添付スルノ判決書ノ謄本ハ訴ノ終了シタルヲ以テ訴ノ最後ノ目的トナツタコノ判決ノ寫ヲ記錄ニ添フルト謂フ仕末カラノ事デアツテ、上告審ノ判決ガ言渡サレルヤ直ニ確定シ其ノ裁判ノ執行ニ移ル爲メノ裁判書ノ謄本又ハ抄本ハ前記ノ如ク豫メ用意シ置クカ、然ラズンバ速ニ指揮スベキ檢事ニ之ヲ送付シナケレバナラナイ（刑訴法第五二條、第五三五條）。

拘禁サレテ居ル被告人ノ刑期ハ裁判確定ノ日ヨリ起算スルノデアルカラ（刑法第二三條）、確定ト同時ニ刑ノ執行ニ移ルノガ本則デアルガ、確定ト執行トノ間ニ多少ノ日數アルコトモ避ケガタイ所デアル、然シ常ニ刑期ハ確定ノ日ヨリ通算スルモノデアルカラ執行カ遲レタカラトテ被告人ニトツテハ毫モ不利益ニハナラナイ。

〔註一四〕

昭和九年二月十四日 宣告
裁判所書記 近松清香㊞

昭和八年(れ)第一七四七號

判決書

本籍 東京市品川區南品川町千二百二十番地
住居 同市同區北品川町二丁目九百六十三番地 無職

富田次郎
當二十七年

右尊屬殺人被告事件ニ付昭和八年十月十九日東京控訴院ニ於テ言渡シタル判決ニ對シ被告人ハ上告ヲ爲シタリ因テ判決スルコト左ノ如シ

本件上告ハ之ヲ棄却ス

理由

辯護人伊藤信次上告趣意書原判決ハ其ノ量刑ニ於テ顯著ナル不當アルモノト思料ス按スルニ原審裁判所ハ被告人ノ犯罪當時ニ於ケル精神鑑定ノ結果被告人ハ當時精神耗弱者ナリシ事實ヲ認容シタルハ記錄上明カナリ而モ本件犯罪ノ構成ハ被害者タル繼母富田はるノ誘發的動作ニ起因スル處大ナルノ事實ハ原審ニ於ケル證人ノ證言ニ依リ明白ナルハ是又記錄ニ依リ推知ニ難カラズ然ルニ原審裁判所ハ量刑ヲ爲スニ當リ無期刑ヲ選擇シ精神耗弱者タルノ法律ニ依リ減刑而已ニ止メ被害者ノ誘發的動作即チ被害者ノ過失ノ大ナル換言スレハ被告人ノ免責ニ重要案件タル此ノ事實ヲ遺脫シタルハ失當

タルヲ免レス是ニ依リテ之ヲ觀レバ原審判決ハ其ノ量刑ニ顯著ナル不當アリト謂ハサルヘカラスト云ヒ被告人上告趣意書私ハ幼少ノ頃ヨリ被害者(繼母)ト折合惡ク其ノ原因ハ被害者繼母カ私ニ對シ眞實ヲ以テ接シテ呉レス私ニ對シ精神的ニ虐待シタト思ハレル事カ數多ク有リマシタ其ノ爲ニ私ハ心中被害者ニ對シ憤懣ヲ抱イテ居リマシタ殊ニ被害者カ私ノ實母ノ位牌ヲ燒キ捨テタル事其モ父ニ無斷ニシタ事ハ私トシテ心持良クアリマセンテシタ其レニ被害者繼母カ父ニ無斷テ私ノ戸籍面ヲ移動サセタリシタ事等私トシテ最モ不滿ナ事テアリマシタ私カ被害者繼母ヲ殺害シタ當日モ被害者カ私ニ對シ鍬ヲ投ケ付ケ私ヲ惡口シ私ヲ家カラ追出ス態度ニ出マシタカラ私ハ憤慨ノアマリ被害者繼母ヲ殺害シマシタ次第テアリマス宜敷ク御願ヒ致シマス徴役十五年ハ不服テアリマスト云フニアレトモ記錄ヲ精査シ犯情其ノ他諸般ノ事情ヲ斟酌スルモ原判決ノ刑ノ量定甚シク不當ナリト思料スヘキ顯著ナル事由アリト認メ難キヲ以テ論旨ハ孰レモ理由ナシ右ノ理由ナルヲ以テ刑事訴訟法第四百四十六條ニ依リ主文ノ如ク判決ス

檢事永田秀雄關與

昭和九年二月十四日

大審院第一刑事部

裁判長判事　佐伯利夫

判事　菅沼龍吉

判事　木下宏

判事　田中義雄

判事　花輪一郎

右謄本也

昭和九年二月十五日

大審院第一刑事部

裁判所書記　近松清香 印

〔註一四〕　判決書ノ謄本デアル（刑訴法七〇條）（前〔註一三〕ニ於テ説明シタ樣ニ記錄ヲ返還スルノニ添付シテ送ル謄本デアツテモトヨリ原本ノ作成ヲ前提トシテノ謄本デアル）。

判決書方式ニ付テハ刑事訴訟法第六十六條、第六十七條、第六十八條、第六十九條、第七十一條、第七十二條（第一審公判ノ部〔註七〕ノコノ裁判書ニ關スル部分ヲ參照セラレ度イ）ニ從フベキコト勿論デアル。

判決ノ內容ニ付テモ主文ト理由ノアルコトハ言フ迄モナイコトデアルガ（刑訴法第四九條、第五一條）其ノ理由ノ內容ニ付テハ若シ事實ノ審理ヲ爲シタル場合ニ於テ有罪ノ言渡ヲ爲ス樣ナ場合ニハ、事實ノ摘示ヤ證據ニヨル説明ヤ法令適用等ノアルコト第一審ヤ控訴審ノ判決ト同様トナル（刑訴法第四五五條、第四〇七條、第四〇五條、第三六〇條）ノデアルガ、ソウデナケレバ問題トセラレタル其ノ上告理由ニ付テ判斷ヲ下セバソレデ足リルコトニナルノデ、法律ハ尚判決書ニハ上告ノ趣意及重要ナル答辯ノ要旨ヲ記載スベシト規定シテ居ル（刑訴法第四五三條）。

上告審ニ於ケル裁判ノ種類ハ

（一）上告棄却ノ決定（刑訴法第四二七條）。

（二）上告棄却ノ判決。（イ）刑事訴訟法第四百四十五條、（ロ）刑事訴訟法第四百四十六條、第四百四十二條（上告趣意書ニ掲ゲタモノニ付テハ理由ハナイト認メタ場合デモ職權調査事項中ノアルモノニ付テ判決ヲ破毀シナケレバナラヌ樣ナ場合モアリ得ルノデ、カカルトキハモトヨリ棄却ノ判決ハ出來ナイ）。

（三）破毀ノ判決（上告ガ適法デ且理由ノアルトキニ言渡ス判決デアル、（イ）破毀差戻、（ロ）破毀移送ヲ除キ、（ハ）及（ニ）ノ場合ヲ破毀自判ノ場合ト謂フテ居ル）。（イ）差戻ノ判決（刑訴法第四四九條）（第一審、第二審共ニ不法ノ言渡ヲ爲シテ居ルト認メタ場合ニハ直接第一審ヘ差戻スコトモ出來ルノデアル）。（ロ）移送ノ判決（刑訴法第四五〇條）、（ハ）公訴棄却ノ判決（刑訴法第四四八條、第三六四條）、（ニ）被告事件ノ實体ニ就テ爲ス判決（刑訴法第四四八條）、（1）第四百三十九條、（2）第四百四十條、（3）第四百四十三條。

（四）公訴棄却ノ決定（刑訴法第四五四條）、原裁判所ガ刑事訴訟法第四百六條ニ依ツテ公訴棄却ノ決定ヲ爲スベキ場合ニ之ヲ爲サナカツタトキニ爲ストコロノ裁判デアル。

控訴完結票

件名	殺人
被告人	富田次郎
執行ノ日	昭和九年二月二十二日
押收物處分	處分濟
記錄員數	壹冊 參考記錄四冊 檢證調書一冊
還付先	東京地方裁判所檢事局

昭和九年三月二十九日

東京控訴院檢事局

印

東京地方裁判所
接受
9.3.29
第15022號
檢事局

〔註一五〕 大審院檢事局ヨリ控訴院檢事局ニ記錄ガ返還サレ、控訴院檢事局ハ執行其ノ他ノ處分ヲ了シタルコトヲ示シテ更ニ記錄ヲ第一審檢事局ニ還付スルコトヲ明カニシタルモノデアツテ、第一審檢事局ハ亦接受印ヲ押シテ之ヲ受取リタルコトヲ示シテ居ル（前〔註一三〕ヲ參照）。

尙參考トシテ

○舊刑事訴訟法第二百四十九條「上訴完結ノ後其ノ訴訟記錄ハ上訴審ニ於テ爲シタル裁判ノ謄本ト共ニ第一審裁判所ニ之ヲ返還スベシ」。

○明治二十四年四月 司刑甲第一六五號訓令（地方裁判所檢事正、區裁判所檢事）「刑事訴訟法第二百四十九條ニ依リ上告裁判ヨリ訴訟記錄返還ノ節ハ必ズ第二審裁判所ヲ經由シテ第一審裁判所ヘ返還スベキ旨各控訴院檢事長及大審院檢事總長ヘ訓令セリ」。

○明治二十四年五月 司記甲第一四五二五號訓令控訴裁判所カ刑ノ執行ヲ爲シタル時執行月日ヲ明ニシ記錄ヲ一審裁判所ニ返還スベキ件 檢事局。（大審院ヲ除ク）

「控訴裁判所ニ於テ刑ノ執行ヲ爲スベキトキハ其ノ控訴審ニ於テ確定セシト上告審ニ於テ確定セシトヲ問ハズ罰金科料ナレバ完納（又ハ換刑言渡）ノ後體刑ナレバ執行指揮ノ後其ノ月日ヲ明ニシ第一審裁判所ニ訴訟記錄ヲ返還スベシ」

○大正十二年十二月二十七日刑第一〇三四一號刑事局長通牒。「判決及訴訟記錄ノ保存廳」

問 舊法第二百十一條及第二百四十九條ニ規定スル判決及記錄ノ保存ハ新法ノ下ニ於テハ何レノ裁判所ニ於テ之ヲ爲スベキカ（廣島檢事長）

答 從來ノ例ニ依ル

東京區裁判所檢事局

記錄號	件名	主任	押收番號	保存
昭和九年 檢第二一六九號	警察犯處罰令違反	檢事　中林檢事		始期　昭和　年　月　日
昭和九年(は)第三一號		豫審　判事		終期　昭和　年　月　日
昭和　年第　號		豫審　書記		
		公判　村山判事		
		公判　城田書記		

勾留又ハ釋放	被告人	私訴原告	辯護人
正式	山下福雄		

開延日
月　日
月　日
月　日
月　日
月　日
月　日

第一審

事件薄 ㊞

體刑執行 ㊞

徵收金
- 罰金科料 ㊞
- 追徵金
- 訴訟費用

逮捕狀 ㊞

押收物 ㊞

犯罪票 ㊞

保存 ㊞

上訴審

事件薄 ㊞

體刑執行

徵收金
- 罰金科料 ㊞
- 追徵金 ㊞
- 訴訟費用 ㊞

逮捕狀 ㊞

押收物 ㊞

犯罪票 ㊞

保存 ㊞

〔註一〕

正式裁判請求書類送付書

警察犯處罰令違反　山下福雄

右頭書被告事件ニ付正式裁判ノ請求アリタルニ因リ別紙目錄ノ通リ訴訟記錄及送付候也

昭和八年二月十六日

東京區裁判所檢事局

檢事　中林峰吉㊞

東京區裁判所御中

東京區裁判所
刑事掛
昭和 9.2.17
第　　號

〔註一〕違警罪即決言渡ニ對シテ正式ノ裁判ヲ請求（違警罪即決例第三條）シタトキニハ、事件ハ當然裁判所ニ繫屬スルカラ檢事カラ公訴提起ト謂フコトハヅイ。事件ハ當然ニ繫屬スルガ、書類ハ先ツ申立書ハ警察署ニ差出サレ（同例第五條）、申立ヲ受ケタル警察ハ書類ヲ違警罪裁判所（區裁判所ノコト、刑法施行法第三〇條）檢察官ニ送致スルコトニナツテ居ルカラ（同例第六條）、書類ノ送致ヲ受ケタル檢事局ハ之ヲ裁判所ニ送付シナケレバナラナイ。

参　考

○違警罪裁判所ニ關スル起訴及時效中斷ノ件。（明治三十二年五月二十日記第二四一一號奈良地方裁判所檢事正問合）

問　一、違警罪即決言渡ニ對シ正式裁判ヲ請求シ警察署ヨリ檢事局ヘ其書類ノ送付アリタル場合ニ於テ檢事ハ新ナル起訴ノ手續ヲ爲スベキモノナルヤ又ハ單ニ裁判所ニ書類ヲ送付スルノミニテ別段ノ手續ヲ爲スベキモノニ非ルヤ

二、若シ起訴ノ手續ヲ爲スベキモノニ非ストスレバ本件ハ已ニ起訴アリタルモノナルヤ若起訴アリタルモノトスレバ其ノ公訴ハ如何ナル手續ニ因リ起リタルモノナリヤ

三、若シ又起訴ナキモノトスレバ本件ノ時效ハ如何ナル手續ノ履行ニ因テ最先ニ中斷セラルルヤ即チ正式裁判ノ爲メ被告人ニ對シ呼出狀ヲ發シタル時ナルヤ

右ハ目下差掛リタル事件有之候間至急何分ノ御回答ヲ煩シ度及問合候也

追テ御回答ノ節ニハ法律上ノ理由モ併セテ御明示有之度此段申添候

答　本月二十日記第二四一一號ヲ以テ違警罪正式裁判ニ關スル起訴及時效中斷ノ疑義ニ付御問合ノ趣了承右ハ左ノ通思考致候（明治三十二年六月三十一日民刑甲第一一七號民刑局長回答）

一、違警罪即決言渡ニ對シ正式裁判ヲ請求シタルトキハ公訴ハ其ノ正式裁判ヲ請求シタルトキニ於テ成立スベキモ

ノナルヲ以テ其ノ書類ノ送致ヲ受ケタル檢事ハ單ニ裁判所ヘ書類ヲ送付スルノミニテ別段起訴ノ手續ヲ爲スニ及バザルベシ

二、前項ニテ了解セラルベシ

三、時效ハ正式裁判ノ爲メ被告人ニ對シ呼出狀ヲ發シタリトキヲ以テ中斷セラルベシ

○大正三年十月三十日大審院判決（要旨）

正式裁判ノ請求ハ被告人ヨリ直接ニ之ヲ區裁判所ニ爲スベキモノナルヲ以テ其ノ請求アリタル事件ハ全然公訴ノ提起ナキニ拘ラズ特種ノ訴訟行爲ニ依リ公訴事件トシテ直ニ區裁判所ニ繫屬シタルモノトス

〔註二〕

（第一號淺象司第三九五六號）

正式裁判請求事件送致書

住所　淺草區田原町五四番地
東京府平民
乙種自動車運轉手　山下福雄
當三十三年

處罰條項　警察犯處罰令第二條第十二號該當
（刑）　科料金貳圓

右頭書ノ通卽決言渡シタル處正式裁判請求候ニ付一件書類送致候也

昭和九年二月十五日

淺草象潟警察署長
警視廳警視　森山十郎㊞

東京區裁判所
檢事　鈴本彦一殿

留置ノ日時	釋放ノ日時	假納金又ハ保證金 數額	假納金又ハ保證金 處置	備考
昭和　年　月　日　時　分	昭和　年　月　日　時　分	保證金 假納金　圓		

〔註二〕　違警罪即決例第六條

昭和七年三月十八日警視廳訓令、即決處分手續第四條、「正式裁判ノ請求アリタルトキハ受理ノ日時ヲ申立書ノ餘白ニ記載シタル上一件記錄ニ第七號樣式ノ正式裁判請求事件送致書ヲ附シ管轄區裁判所檢事ニ送致スベシ但シ被告人、被告人ノ法定代理人、保佐人又ハ配偶者ニ非ザル者ヨリノ請求ト認メラルルトキハ其ノ旨送致書備考欄ニ記入スベシ」

（樣式畧）

〔註　三〕　昭和八年科第二四八四號

違警罪言渡ニ對スル正式裁判請求書

一、被告人　山下福雄

一、事件名　自動車取締令違反

一、言渡日　昭和九年一月二十九日

一、言渡官　淺草象潟警察署長

一、罰名金額　科料貳圓ニ處ス

右不完納ノ時ハ二日間勞役場ニ留置ス

右ノ通違警罪ノ言渡ヲ受ケ候處不服ニ付正式裁判相受度此段申立候也

昭和九年二月十二日

右被告人　山下福雄㊞

東京區裁判所御中

六

2月12日
收第935號
淺草象潟警察署

〔註三〕　違警罪卽決例第三條

○大正十五年五月十五日大審院判決（要旨）

「違警罪卽決言渡ニ對シ委任代理人ノ爲シタル正式裁判ノ請求ハ不適法ナリ」

○大正三年三月二十三日大審院判決（要旨）

「違警罪ノ卽決言渡ニ對シ正式裁判ヲ請求スルトキハ卽決處分ハ直ニ其ノ效力ヲ失ヒ其ノ請求ヲ受ケタル裁判所ハ通常ノ手續ニ從ヒ裁判ヲ爲スベキモノニシテ刑ノ量定モ亦其ノ專權ニ屬スルモノナレバ卽決處分ヨリ重キ刑ヲ言渡スヲ妨ゲズ」

〔註　四〕

科料貳圓相成可然哉㊞

報告書

被疑者住所身分職業氏名生年月日	東京市淺草區田原町五四番地　東京府平民 第五一七〇〇號 乙種自動車運轉手　山下福雄 當三十二年 昭和五年八月九日受附
犯罪年月日時場所及其事實	昭和八年十二月二十九日午後九時五十分頃淺草區北田原町四番地先通路公衆ノ自由ニ交通シ得ルベキ街路ニ於テ乘用自動第二六〇九〇號ヲ濫リニ駐車場以外ニ停車シ客待ヲ爲シ一般交通妨害トナルベキ行爲ヲ爲ス
證憑	
法令適條	警察犯處罰令第二條第十二號

右報告候也

昭和八年十二月三十日

淺草象潟警察署

巡査　山口伊輔㊞

淺草象潟警察署長

警視　森山十郎殿

〔註四〕　刑事訴訟法第二百四十九條

司法警察職務規範第二十七條　司法警察吏又ハ其ノ職務ヲ行フ者犯罪アリト思料スルトキハ直ニ司法警察官又ハ其ノ職務ヲ行フ者ニ報告シテ指揮ヲ請フベシ但シ豫メ捜査ノ命令アリタル場合ハ必要ナル捜査ヲ爲シタル上遲滯ナク其ノ旨ヲ報告スベシ

昭和七年三月十八日警視廳訓令、即決處分手續

第一條　拘留科料ニ該ル罪ニ付報告スル場合ハ第一號樣式ノ報告ニ依ルベシ加重減輕其ノ他特種ノ情狀アルトキハ其ノ事由ヲ記載シタル書面ヲ添付スベシ（樣式畧）

〔註五〕

科第二四八四號

言渡書缺席正本

淺草區田原町五四番地　東京府平民

乙種自動車運轉手　山下福雄

當三十三年

右昭和八年十二月二十九日午後九時五十分頃公衆ノ自由ニ交通シ得ル淺草區北田原町四番地先道路ニ於テ乘用自動車二六〇九〇號ヲ濫リニ停車シ一般交通ノ妨害トナルベキ行爲ヲ爲シタルハ警察犯處罰令第二條第十二號ニ該當スルヲ以テ同條ニ依リ科料金貳圓ニ處ス

本刑確定後十日內ニ完納セザルトキハ刑法第十八條第二項ニ依リ二日間勞役場ニ留置ス

此言渡ニ付正式裁判ヲ請求スルコトヲ得ルハ言渡書送達アリタル後五日內トス

昭和九年一月二十九日

淺草象潟警察署長

警視廳警視　森山十郎㊞

送達書

一、一月二十九日即決言渡書　一通

右山下福雄當送達スベキモノ也

昭和九年一月二十九日

淺草象潟警察署

送達月日時	二月十日午后三時
送達ノ場所	淺草區田原町五十四番地
受取人氏名	山下福雄㊞
送達シ能ハザリシ理由	
送達受託署	下谷坂本警察署
取扱者職氏名	下谷坂本警察署勤務　巡査　吉村金次㊞

〔註五〕 違警罪即決例第四條（畧）

昭和七年三月十八日警視廳訓令、即決處分手續

第二條　即決言渡書ハ其ノ區別ニ從ヒ第二號又ハ第三號樣式ニ依リ作成シ對席ノ場合ニ在リテハ之ヲ讀聞カセ缺席ノ場合ニ在リテハ其ノ正本ヲ第四號樣式又ハ第五號樣式ニ依リ作成シ巡査ヲシテ送達セシムベシ（樣式畧）

〔註六〕 前〔註五〕ニ於テ說明セル如ク本件言渡ハ缺席ノ儘言渡シタルモノデアルカラ其ノ正本ヲ巡査ヲシテ送達セシメタモノデアル。

昭和七年三月十八日警視廳訓令、即決處分手續

第三條　言渡書送達ハ第六號樣式ノ送達書ヲ以テ被告人又ハ其ノ住居ニ於テ同居ノ成長シタル家族若ハ雇主ニ被告人法人ナルトキハ理事、業務ヲ執行スル社員又ハ其ノ他ノ代表者ニ之ヲ爲シ送達書ニ所定ノ事項ヲ記載シ受領印ヲ徵スベシ但被告人死亡、所在不明、移轉其ノ他ノ事由ニ依リ送達シ能ハザルトキハ其ノ旨朱書スベシ（第六樣式畧）

送達報告書

送達書類ノ表示

東京區裁判所　昭和九年(ロ)等三二一號

一、被告山下福雄ニ對スル警察犯處罰令違反被告事件ニ件昭和九年三月三日午前十時公判期日召喚状　一通

東京區裁判所　書記課發

受送達者

山下福雄宛

書類受領者ノ記名捺印

依頼ニ依リ當職之ヲ代書ス
山下福雄

送達ノ年月日時

昭和九年二月十九日午前九時五分

送達ノ場所

淺草區田原町五四

送達方法

受送達者不在ニ付事理ヲ辨識セル左ノ者ニ渡シタリ

左ノ者正當ノ事理ナクシテ受取ヲ拒ミタルニ付其場ニ差置キタリ

右之通送達候也

東京區裁判所執達吏　木村玄助代理

昭和九年二月十九日

森山福松㊞

職第六號

〔註二〕

公判調書

被告人　山下福雄

右警察犯處罰令違反被告事件ニ付昭和九年三月三日東京區裁判所ニ於テ

判事　村山次郎

裁判所書記　城田清次

列席ノ上檢事中林峰吉立會公判ヲ開廷ス

被告人ハ公判廷ニ於テ身體ノ拘束ヲ受ケズ

判事ハ被告人ニ對シ訊問スルコト左ノ如シ

問　氏名、年齢、職業、住居、本籍及出生地ハ如何

答　氏名ハ　山下福雄

年齢ハ　當三十三年

職業ハ　自動車運轉手

住居ハ　東京市淺草區田原町五十四番地

本籍　東京市澁谷區下通リ二丁目十八番地

出生地ハ　同所

検事ハ
卽決言渡書記載ノ犯罪事實ニ基キ公訴事實ヲ陳述シタリ
判事ハ被告人ニ對シ
右公訴事實ノ要旨ヲ告ゲ被告事件ニ付陳述スベキコトアリヤ否ヲ問ヒタルニ
被告人ハ
事實異ナル旨答ヘタリ
判事ハ被告人ニ對シ
問　前科ハ
答　昭和三年頃無免許運轉ヲシタ爲罰金ニ處セラレタ事ガアリマスガ詳細ハ忘レマシタ
問　學校ハ
答　尋常小學校ヲ卒業シマシタ
問　自動車運轉手ニナツタノハ何時カ
答　昭和五年八月四日フオード及ホイベツトノ運轉免許ヲ受ケマシタ
問　現在ハ何處ニ雇ハレテ居ルカ
答　事件當時ヨリ現在ニ於テモ田中榮太郎方ニ雇ハレテ居リマス
問　給料ハ
答　歩合制度デアリマス月四十圓内外ニナリマス

問　昭和八年十二月二十九日午後九時五十分頃淺草區北田原町四番地先道路ニ於テ乘用自動車二六〇九〇號ヲ停車シタ事ハ如何

答　停車シタ事ハ間違アリマセンガ交通ノ妨害ハ致シマセンソレハ其處デ客ヲ降シタ許リデシタ

問　何處カラ客ヲ乘セテ來タノカ

答　銀座カラ淺草公園迄ト云フ約束デ子供ヲ入レテ四人ノ客ヲ乘車セシメ淺草松竹座前デ良イト云フノデ一丁程先ヘ行ツテ右ニ曲ツテ反對ニ降車セシメタ際巡査ニ捕リマシタ

問　淺草區北田原町四番地先トハ電車通リデハナイノカ

答　ソウデハアリマセン

問　然ラバ其ノ際ノ事ヲ述ベヨ

答　田原町市電停留所ヨリ松竹座ノ方ニ行キマシタ

客ハ松竹座ノ前デ降シテ呉レト云ヒマシタガ右廻轉禁ズノ立札ガアリマシテ右廻轉シテ松竹座ノ前ニ行ク事ハ出來マセンノデ松竹座ヨリ三ツ目ノ横丁ノ處迄進行シ其處ハ右廻轉シテモヨイ處ナノデ右廻轉シテ更ニ右ニ廻リ卽チ反對方向ニ廻轉シ直チニ停止シタノデスソシテ客ヲ降ロシタ處巡査ガ來テ斯樣ナ場所ヘ停車シテハイケナイト申シマシテ今回ノ科料ニナツタノデ私ハ其ノ場所ハ客ヲ降ス爲ニ停車シテモ良イ場所ト思ヒマス　巡査ハ横丁ノ方ニ自動車ノ後車部ガ出テ居ルカラ交通ノ妨害ニナルト申シマツタガ停車シタ間ハ一寸ノ間デ當時アマリ交通頻繁デハアリマセンデシタカラ交通ノ妨害ニナルトハ思ヒマセンデシタ

問　九時五十分頃ハ活動寫眞ノ終ル頃デ人通リハ多ク交通ノ妨害ニナルノデハナイカ

答　否人違リハアマリアリマセンデシタ

判事ハ裁判所書記ヲシテ左ノ書類ヲ讀聞カセ

報告書

其ノ都度意見ヲ問ヒ且ツ利益ノ證憑ヲ差出シ得ベキ旨ヲ告ゲタルニ

被告人ハ

無之旨答ヘタリ

判事ハ職權ヲ以テ證人トシテ山口伊輔ヲ喚問スル旨ヲ告ゲ次回公判期日ヲ來ル三月十五日午前十時ト指定シ訴訟關係人ニ出頭ヲ命ジ閉廷シタリ

昭和九年三月三日

東京區裁判所

裁判所書記　城田清次㊞

判事　村山次郎㊞

送達報告書

送達書類ノ表示	受送達者
東京區裁判所 昭和九年(ロ)第三一號 一、被告山下福雄ニ對スル警察犯處罰令違反被告事件ノ昭和九年三月十五日午前十時ノ證人召喚狀　一通 東京區裁判所 書記課發	山口伊輔宛

書類受領者ノ記名捺印	送達ノ年月日時	送達ノ場所	送達方法			
大場與次 印	昭和九年三月六日午前十時五分	淺草區象潟警察署內	受送達者不在ニ付事理ヲ辨識セル左ノ者ニ渡シタリ	受付 警部補 大場與次	左ノ者正當ノ事理ナクシテ受取ヲ拒ミタルニ付其場ニ差置キタリ	

右之通送達候也

東京區裁判所執達吏　木村玄助代理

昭和九年三月六日

森山福松 印

〔註 四〕

第二回公判調書

被告人 山下福雄

右警察犯處罰令違反被告事件ニ付昭和九年三月十五日東京區裁判所ニ於テ第一回公判調書ヲ作成シタルト同一ノ判事裁判所書記列席ノ上檢事森山則三立會公判ヲ開廷ス

被告人ハ公判廷ニ於テ身體ノ拘束ヲ受ケズ

證人山口伊輔出頭ス

判事ハ前回ニ引續キ審理スル旨ヲ告ゲ

被告人ニ對シ

問 前回ニ述ベタ事ニ付キ言ヒ直ス點ハナイカ

答 アリマス

夫レハ本日出頭シタ證人ヲ見テ前回ニ申述ベタ事ハ間違ツテ居ル事ニ氣付キマシタ 卽チ本件デ問題ニナツテ居ル事ハ私ガ松竹座ノ先デ自動車ヲ止メタ事デハナク北田原町四番地先卽チ田原町市電停留所カラ雷門市電停留所ニ至ル電車通リノ北側鮨屋横丁ノトコロデ自動車ヲ止メタ事デアル事ニ氣付キマシタ

昭和八年十二月二十九日午後九時五十分頃ニ右ノ場所デ客ヲ降ロシテ停車シタ事ハ間違アリマセンガ客ヲ降ロスト同時ニ巡査ニ叱責サレタノデアリマス

問 松竹座ノ先ニ停車シタ事件ハ如何ナツタノカ

答　何トモナリマセン其ノ事件ハ此ノ事件ノ直前ニ起ツタ事デス
問　此ノ時ハ何處カラ客ヲ乘セテ來タノカ
答　本所駒形橋デ客ヲ乘セマシタ
問　北田原町四番地先ニ停車スル迄ノ道順ハ
答　駒形橋カラ田原町ニ出ル道ヲ來マシテ夫レカラ鮨屋横丁ト電車道ヲ距テテ反對ニアル横丁ヲ進行シ電車通リヲ出テ軌道ヲ横斷シテ直チニ停車シタノデス

當時少々雨ガ降ツテ居リ乘客ハ鮨屋横丁迄行クノダガ草履ダカラ其處迄ヤツテ吳レト云フノデ電車軌道ヲ横斷シテカラ停車シタ譯デスガ停車スルトキモ交通ノ妨害ニナラヌ樣停車シタノデス
問　其ノ際巡査ニ捕ツタト云フノカ
答　左樣デス停車シ客ヲ降シ未ダ金ノ勘定ノ終ラナイ內ニ巡査ガ來テ免許證ヲ見セロト云ツテ今回ノ科料ニナツタノデアリマス

次ニ判事ハ證人山口伊輔ヲ入廷セシメ訊問スルコト左ノ如シ
問　氏名、年齡、職業及住居ハ
答　氏名ハ　山口伊輔
　年齡ハ　當四十三年
　職業ハ　警視廳巡査
　住居ハ　荒川區千住町六丁目二十七番地

判事ハ刑事訴訟法第二百一條ノ規定ニ該當スルモノナリヤ否ヲ取調ベタルニ之ニ該當セザルコトヲ認メ僞證ノ罰ヲ告ゲ宣誓ヲ爲サシメタリ

判事ハ證人ニ對シ

問　昭和八年十二月二十九日午後九時五十分頃ハ何ヲシテ居タカ

答　淺草區北田原町四番地先附近ニ於テ臨時交通整理ヲシテ居リマシタ

問　證人ハ被告人山下福雄ヲ知ツテ居ルカ

答　十二月二十九日午後九時五十分頃北田原町四番地先ニ乘用車第二六〇九〇號ヲ停車シ交通ノ妨害ヲシタノデ其ノ際取調テ知ツテ居リマス

問　何分位停車シテ居タカ

答　私ハ停車シタ所ヲ見ナイノデ何分カハ判キリ申上ラレマセンガ當時私ハ雨ヲ避ケル爲家臺店ノ軒下デ他ノ違反者ヲ調ベテ居リマシタガ一寸見ルト被告人ガ客ヲ待ツ風ヲシテ停車シテ居ルノデ私ハ調ベヲ終ヘテカラ走ツテ行ツテ被告人ヲ調ベタノデスソレ迄三、四分ハ停車シテ居タ樣ニ思ヒマス

問　被告人ハ客ヲ降シテ直グ證人ニ捕ツタト云ウテ居ルガ

答　左樣ナ事ハアリマセン

問　被告人ガ停車シタ道路ハ電車通リカ

答　左樣デス　ソシテ鮨屋横丁カラ出テ來ル人デ相當交通頻繁ナ處デス

問　被告人ノ自動車ガ停車スル迄何處カラ來タカ見タカ

答　見マセン　停ツテ居タノヲ見マシタ

問　被告人ノ停車シタ個所ハ横斷步道ノ標示ガアルカ

答　アリマセン

問　斯樣ナ場所デハ客ヲ降ス爲ニ停車シテハイケナイノ

答　公園附近ニ於テハ駐車場以外ニ於テ客ノ乘降ノ爲メニモ停車スル事ヲ禁ジテ居リマスカラ被告人ガ停車シタ場所ハ客ノ降車ノ爲ニモ停車シテハイケナイ處デス

判事ハ證人訊問終了ノ旨ヲ告ゲ被告人ニ對シ右證言ニ付意見辯解アリヤ否ヲ問ヒタルニ被告人ハ

先程私ガ述タ通リ私ハ交通妨害ニナラヌ程度ニ停車シ停車後直ニ叱責ヲ受ケタモノデ證人ノ云フガ如ク三、四分停車シ客待チヲシテ居タ樣ナ事ハ絕對ニアリマセン

ト答ヘタリ

判事ハ事實竝證據調終了ノ旨ヲ告ゲタリ

檢事ハ

事實及法律適用ニ付左ノ如ク意見ヲ陳述シタリ

本件ハ其ノ證明充分ナルヲ以テ被告人ニ對シ卽決言渡書記載通リ科料金貳圓ニ處スルヲ相當トス

判事ハ

被告人ニ對シ意見及最終ノ陳述ナキカ否ヲ問ヒタルニ

被告人ハ

無之旨答ヘタリ

判事ハ辯論ヲ終結シ來ル三月二十日午前十時判決ノ宣告ヲ爲ス旨ヲ告ゲ訴訟關係人ニ出頭ヲ命ジ閉廷シタリ

昭和九年三月十五日

東京區裁判所

裁判所書記　城田清次 印

判事　村山次郎 印

〔註五〕

宣誓書

良心ニ從ヒ眞實ヲ述ヘ何事ヲモ默秘セス又何事ヲモ附加サセルコトヲ誓フ

證人　山口伊輔 印

〔註六〕

請求書（日當旅費）

被告人　山下福雄

右警察犯處罰令違反被告事件ノ證人トシテ昭和九年三月十五日出頭致候日當給與相成度及請求候也

（住所）　淺草象潟警察署內

（氏名）　山口伊輔　印

昭和九年三月十五日

東京區裁判所御中

左記金額ヲ給與ス

昭和九年三月十五日（係官印）印

一、金參圓五拾錢也

內譯

金參圓五拾錢　日當一日分

前書ノ金額領收候也

昭和九年三月十五日

右　山口伊輔　印

〔註 七〕

第三回公判調書

被告人　山下福雄

右警察犯處罰令違反被告事件ニ付昭和九年三月二十日東京區裁判所ニ於テ第一回公判調書ニ記載シタルト同一ノ判事裁判所書記列席ノ上檢事中林峯吉立會公判ヲ開廷ス

被告人ハ公判廷ニ於テ身體ノ拘束ヲ受ケズ

判事ハ判決ノ宣告ヲ爲ス旨ヲ告ゲ判決主文ヲ朗讀シ同時ニ理由ノ要旨ヲ告ゲ且上訴期間及上訴申立書ヲ差出スベキ裁判所ヲ告知シタリ

昭和九年三月二十日

東京區裁判所

裁判所書記　城田清次㊞

判事　村山次郎㊞

〔註八〕

判決

本籍　東京市澁谷區下通リ二丁目十八番地

住居　同　市淺草區田原町五十四番地

自動車運轉手

山下福雄

當三十三年

昭和九年三月二十日
宣告
裁判所書記　城田清次㊞

右ノ者ニ對スル警察犯處罰令違反被告事件ニ付當裁判所ハ檢事森田則三關與ノ上審理ヲ遂ゲ判決ヲ爲スコト左ノ如シ

主文

被告人ヲ科料貳圓ニ處ス

右科料ヲ完納スルコト能ハザルトキハ二日間被告人ヲ勞役場ニ留置ス

訴訟費用ハ全部被告人ノ負擔トス

理由

被告人ハ昭和八年十二月二十九日午後九時五十分頃公衆ノ自由ニ交通シ得ル東京市淺草區北田原町四番地先道路ニ於テ乘用自動車第二六〇九〇號ヲ濫ニ停車シ一般交通ノ妨害ト爲ルベキ行爲ヲ爲シタルモノナリ

右判示事實ハ證人山口伊輔ノ當公廷ニ於ケル判示同趣旨ノ供述ニ依リ之ヲ認ム

法律ニ照スニ被告人ノ判示所爲ハ警察犯處罰令第二條第十二號ニ該當スルヲ以テ所定刑中科料刑ヲ選擇シ其ノ所定金額

ノ範圍内ニ於テ被告人ヲ科料貳圓ニ處シ右科料ヲ完納スルコト能ハザルトキハ刑法第十八條ニ依リ二日間被告人ヲ勞役場ニ留置スベク訴訟費用ハ刑事訴訟法第二百三十七條第一項ニ則リ全部被告人ヲシテ負擔セシムベキモノトス

仍テ主文ノ如ク判決ヲ爲ス

昭和九年三月二十日

東京區裁判所

判事 村山次郎 印

〔註一〕 刑事訴訟法第三百二十條、第八十四條、第九十九條、第八十條、民事訴訟法第百六十二條、第百六十九條（尤モ本件ノ場合ニ於テハ刑訴法第七十六條ニ依ツテ送達ヲ爲スコトモ出來ルノデアル）。

〔註二〕 別件第一審公判〔註六〕ヲ參照。

尚本公判調書末尾ニ「判事ハ職權ヲ以テ證人トシテ云々」トアルハ刑事訴訟法第三百二十四條、第三百四十四條第二項ニ則ツタモノデアル。

〔註三〕 證人ニ對スル召喚狀ヲ送達シタコトノ報告書デアル（刑訴法第一九二條、第八四條、第九九條、第八四條、第八〇條、民訴法第一六二條、第一六四條、第一六九條、第一七七條）。

〔註四〕 別件第一審公判〔註六〕ヲ參照。

尙本公判期日ニ於テハ第一回公判期日ニ續イテ被告人ニ對シ若干ノ訊問ガ行ハレ續イテ證人訊問ガ行ハレテ居ル。證人訊問ニ付テハ別件豫審ノ部〔註九〕ヲ參照セラレ度イ。尙公判期日ニ於ケル證人訊問ハ別ニ證人訊問調書ナルモノヲ作成セズ公判調書中ニ其ノ訊問ヲ記載スルコト（刑訴法第六〇條第二項第七號、第五六條第二項）モ既ニ說明シタトコロデアル。

〔註五〕　別件豫審ノ部〔註一〇〕ヲ參照。

〔註六〕　別件豫審ノ部〔註一一〕ヲ參照。

〔註七〕　別件第一審公判ノ部〔註七〕ヲ參照。

〔註八〕　別件第一審公判ノ部〔註八〕ヲ參照。

尙コノ判決ハ區裁判所ノ判決デアルカラ上訴ノ申立ナキ場合又ハ判決宣告ノ日ヨリ七日內ニ判決書ノ謄本ノ請求ナキ場合ニハ判決主文竝ニ罪トナルベキ事實ノ要旨及適用シタル罰條ヲ公判調書ニ記載サセテ之ヲ以テ判決書ニ代ヘルコトガ出來ル（刑訴法第三六一條）コトモ既ニ說明シタトコロデアル。本件ニ於テハ控訴ノ申立ガアツタカラ結局判決書ヲ作成シナケレバナラナイノデアルガ、判事ハオソラク被告人ノ辯論ノ趣旨ヨリ必ズヤ控訴ヲ申立テルデアラウト豫想シテ被告人ガ控訴ヲ申立テルヤ否ヤニ關係ナク初メヨリ判決書ヲ作成シタモノデアラウ。

九（ロ）三一號

〔註一〕

東京區裁判所
刑事掛
昭和9.3.20
第　　號

控訴申立通知書

被告人　山下福雄

右警察犯處罰令違反被告事件ニ付昭和九年三月二十日當區裁判所ノ宣告シタル判決ニ對シ被告人ヨリ昭和九年三月二十日控訴ノ申立有之候條及通知候也

昭和九年三月二十日

東京區裁判所

裁判所書記　城田清次㊞

檢事鈴木彥一殿

東京區裁判所
檢事局
第6219號
接受
9—3—20

〔註二〕

控訴申立

被告人　山下福雄

東京區裁判所
四刑掛
9.3.20
接受
第　號

右者ニ對スル刑事被告事件ニ付昭和九年三月二十日東京區裁判所ニ於テ科料貳圓ノ有罪判決ノ言渡有之候處右ハ全部不服ニ付茲ニ控訴申立候也

昭和九年三月二十日

被告人　山　下　福　雄（拇印）

東京地方裁判所長殿

四月二十六日午前九時ノ公判期日ヲ合式ノ帳薄ニ依リ四月十九日檢事局ニ通知シタリ
裁判所書記　井　上　晴　吉㊞

〔註 三〕

東京區裁判所
書記課
昭和9.4.6受付
第　　號

控訴一件表

昭和七年(ロ)第三一號	
被告事件	警察犯處罰令違反
控訴申立人氏名	被告人 山下福雄
控訴對手人氏名	檢事 鈴本彦一
控訴申立書ヲ差出シタル月日	三月二十日
控訴申立ノ旨ヲ對手人ニ通知シタル月日	同月同日
若シ日附遲延シタル時ハ其理由	
豫審書類	
公判書類	一冊
公判始末書	三通
公判言渡書	一通
控訴申立書	一通
豫納書	
證憑書類	

昭和七年四月六日

東京區裁判所

裁判所書記 城田清次 印

東京區裁判所
檢事局
第8216號
接受
9—4—8

〔註四〕

東京地方裁判所
9. 4. 1 6
第五刑事部

東京地方裁判所
5 部
昭和9,4.14受付
9（リ）
第145號

上訴記録送付票

件名	警察犯處罰令違反
公私訴ノ別	公訴
第一審裁判所	東京區裁判所
宣告月日	昭和九年三月二十日
上訴申立ヲ爲シタル月日	昭和九年三月二十日
上訴申立ヲ對手人ニ通知シタル月日	昭和九年三月二十日

上訴申立人氏名	上訴對手人氏名
被告人 山下福雄	檢事 鈴本彦一

東京地方裁判所
宿直
9.4.1 3
第11723號
接受
檢事局

拘留ノ日	
記録員數	壹　冊
参考記録員數	

釋放ノ日及事由	
證據物	
訴訟費用金額	

昭和九年四月十三日

東京區裁判所檢事局

印

送達報告書

送達書類ノ表示

東京地方裁判所 昭和九年(り)第一四五號

一、被告山下福雄ニ對スル警察犯處罰令違反被告事件ノ昭和九年四月二十六日午前九時ノ公判期日召喚狀 一通

東京地方裁判所 書記課 發

受送達者

山下福雄宛

書類受領者ノ記名捺印

山下福雄㊞

送達ノ年月日時

昭和九年四月二十四日午後七時二十分

送達ノ場所

淺草區田原町五四

送達方法

受送達者不在ニ付事理ヲ辨識セル左ノ者ニ渡シタリ

左ノ者正當ノ事理ナクシテ受取ヲ拒ミタルニ付其場ニ差置キタリ

右之通送達候也

昭和九年四月二十四日

東京區裁判所執達吏 木村玄助代理

森田源次 印

職第八六號

〔註 六〕

公判調書

被告人 山下福雄

右警察犯處罰令違反被告事件ニ付昭和九年四月二十六日東京地方裁判所第五刑事部法廷ニ於テ

裁判長判事 小山龍二

判事 野村愼治

判事 中島健次

裁判所書記 中澤敏夫

列席ノ上檢事堀江忠雄立會公判ヲ開廷ス

被告人ハ公判廷ニ於テ身體ノ拘束ヲ受ケズ

裁判長ハ被告人ニ對シ訊問スルコト左ノ如シ

問 氏名、年齡、職業、住居、本籍及出生地ハ如何

答 氏名ハ 山下福雄

年齡ハ 當三十三年

職業ハ 自動車運轉手

住居ハ 東京市淺草區田原町五十四番地

本籍地ハ　東京市澁谷區下通リ十八番地
出生地ハ　同　所
問　被告ハ昭和九年三月二十日東京區裁判所ニ於テ警察犯處罰令違反ニヨリ有罪ノ判決ヲ受ケタカ
答　左樣デス
問　控訴ノ理由ハ
答　象潟警察署ノ山口巡査ノ處分ガ不當ト思ヒマシタノデ正式裁判ヲ申立テマシタガ原審デハ右巡査ノ證言ヲ認メタノデ有罪トナリマシタガ山口巡査ノ處置ガ正義人道ニ基クモノデアレバ私トシテハ有罪トナツテモ不服ハアリマセンガ餘リニ當ヲ得ナイノデ控訴シタノデアリマス
裁判長ハ
被告人ニ對スル警察犯處罰令違反被告事件ニ付審理スル旨ヲ告ゲタリ
檢事ハ
即決言渡書記載ノ犯罪事實通リ公訴事實ヲ陳述シタリ
裁判長ハ被告人ニ對シ
檢事ノ陳述シタルト同一ノ公訴事實ヲ告ゲ事件ニ付陳述スベキコトアリヤ否ヲ問ヒタルニ
被告人ハ
答　私ハ御訊ネノ通リノ日時場所ニ於テ自動車ヲ停止シタ事ハ相違アリマセンガ事實交通ノ妨害ニナツテ居ルナラバ巡査カラ注意スベキデアルノニ其ノ注意ヲシナカツタ事デアリマス

問　昭和八年十二月二十九日午後九時五十分頃淺草區北田原町四番地先道路ニ第二六〇九〇號ノ乘用自動車ヲ停止シタ事ハ如何

答　ソレハ間違アリマセン

問　其ノ時ハ何處カラ客ヲ乘セテ來タノカ

答　其ノ日ハ雨ノ降ツタ晩デ駒形橋ノ附近ノ所デ客ヲ乘セ田原町ノすし屋横丁ヘ行キマシタガ運轉手モ矢張リ商人デアル以上客ニ對シテ感謝スル氣持カラ或ハ人道近ク迄車ヲ持ツテ居タカモ知レマセン

問　此ノ場所ハ四ツ角デハナイノダネ

答　すし屋横丁カラ電車通リヘ出ル所デス

問　其處ヘ自動車ヲ停メテ客ヲ降シタノカ

答　左樣デス

問　被告ガ自動車ヲ停メタ所ハ實ハ自動車ヲ止メテハ不可ヌ處デハナイノカ

答　左樣ナ場所デハアリマセン

巡査ノ云フトコロニ依ルト停車場以外ノ處デハ車ヲ停メテハ不可ヌト申シマシタ

問　被告ハ其處ガ停車ヲ禁止サレテ居ル場所デアル事ヲ知ツテ居タカ

答　知リマセン

問　然シ其ノ場所ガ交通頻繁ナ所デアル事ヲ知ツテ居ツタカ

答　左樣デス横丁ノ出入口デスカラ交通ノ頻繁ナ事ハ判ツテ居リマシタ

問　被告ハ左樣ナ場所ニ停車シテ居レバ交通ノ妨害ニナルトハ思ハナカツタカ

答　私ハ左樣デハナイト思ヒマス停車シテ差支ナイト思ヒマス

問　被告ガ自動車ヲ止メテカラ巡査ガ咎メタカ

答　私ガ車ヲ止メテ左ノ扉ヲ開イテ客ヲ降スカ降サヌ中ニ右側カラ巡査ガ來テ免許證ヲ出セト云フノデ私ガ何カ訊ネル事ガアルナラ中ニ這入ツテ下サイト云ツテ其處デ若干爭ヒマシタ

問　被告ハ客ヲ降シテカラモ車ヲ停メタ儘客待ヲシテ居タノデハナイカ

答　ソレハ違ヒマス左樣ナ事ハ絶對ニアリマセン

問　被告ハ其處デ降シタ客カラ賃金ヲ貰ツタカ

答　ソレハ客ヲ乘セテ直グ貰ヒマシタ

問　客ヲ降シテカラデハナイカ

答　左樣デハアリマセン

問　被告ハ前ニ處分ヲ受ケタ事ガアルカ

答　アリマス　五年程前ニ他ノ商賣デ儲ケテ自動車ヲ買ツテ働カウト思ヒ無免許運轉デ處分ヲ受ケマシタ

問　學歷ハ如何

答　小學校ヲ卒業シマシタ

問　自動車運轉手ニナツタノハ何時カ

答　昭和五年八月四日デアリマス

問　本件當時ハ何處ニ雇ハレテ居タカ
答　田中榮次郎方ニ雇ハレテ居リマシタ
問　給料ハ
答　月收四十圓内外デアリマス
問　妻子ハアルカ
答　アリマセン
裁判長ハ證據トシテ
一、巡査山口伊輔作成ニ係ル報告書
一、原審各公判調書
ノ各要旨ヲ告ゲ其ノ都度被告人ノ意見ヲ問ヒ且利益トナルベキ證據ヲ提出シ得ベキ旨ヲ告ゲタリ
被告人ハ
答　山口巡査ノ陳述ガ違ツテ居リマスカラモウ一度山口巡査ヲ證人トシテ御調ヲ願ヒマス
ト申請シタリ
檢事ハ
必要ナキ旨意見ヲ述ベタリ
裁判長ハ會議ノ上
被告人申請ニ係ル證人ハ其ノ必要ナキモノト認メ却下スル旨決定ヲ宣シタル後

事實竝證據調終了ノ旨ヲ告ゲタリ

檢事ハ

事實竝法律適用ニ付意見ヲ陳述シ本件公訴事實ハ其ノ證明十分ナルヲ以テ相當法條適用ノ上被告人ニ對シテハ科料貳圓ヲ相當トスト求刑シタリ

裁判長ハ被告人ニ對シ

最終ニ陳述スベキ事アリヤ否ヤヲ問ヒタルニ

被告人ハ

答　私ハアノ場合自分ノ良心ノ判斷ニ依ツテ行動シテ居タノデアツテ巡査ガ交通整理ヲスル立場ニアルモノナラバ交通ノ邪魔ニナルモノナラ注意シテ吳レタラ良イト思ヒマス左樣スレバ斯樣ニ罪ヲ被ル樣ナ事ハナカツタノデス

裁判長ハ

辯論ヲ終結シ來ル四月三十日午前九時判決ノ宣告ヲ爲ス旨ヲ告ゲ訴訟關係人ニ出頭ヲ命ジ閉廷シタリ

昭和九年四月二十六日

東京地方裁判所第五刑事部

裁判所書記　中澤敏夫㊞

裁判長判事　小山龍二㊞

〔註 七〕

第二回公判調書

被告人 山下福雄

右警察犯處罰令違反被告事件ニ付昭和九年四月三十日東京地方裁判所第五刑事部法廷ニ於テ

裁判長判事 小山龍二

判事 野村愼治

判事 中島健次

裁判所書記 井上晴吉

列席ノ上檢事田村議雄立會公判ヲ開廷ス

被告人ハ公判廷ニ於テ身體ノ拘束ヲ受ケズ

裁判長ハ判決ノ宣告ヲ爲ス旨ヲ告ゲ判決主文ヲ朗讀シ同時ニ理由ノ要旨ヲ告ゲ且上訴期間及上訴申立書ヲ差出スベキ裁判所ヲ告知シタリ

昭和九年四月三十日

東京地方裁判所第五刑事部

裁判所書記 井上晴吉㊞

裁判長判事 小山龍二㊞

昭和九年四月三十日
裁判所書記
井上　晴吉　㊞

〔註八〕

判決

本籍　東京市澁谷區下通リ二丁目十八番地
住居　同市淺草區田原町五十四番地

自動車運轉手
山下福雄
當三十三年

右ノ者ニ對スル警察犯處罰令違反被告事件ニ付昭和九年三月二十日東京區裁判所ガ言渡シタル有罪判決ニ對シ被告人ヨリ適法ナル控訴申立アリタルヲ以テ當裁判所ハ檢事堀江忠雄關與ノ上更ニ審理ヲ遂ゲ判決スルコト左ノ如シ

主文

被告人ヲ科料貳圓ニ處ス
右科料ヲ完納スルコト能ハザルトキハ二日間被告人ヲ勞役場ニ留置ス
訴訟費用ハ被告人ノ負擔トス

理由

被告人ハ昭和八年十二月二十九日午後九時五十分頃公衆ノ自由ニ交通シ得ル東京市淺草區北田原町四番地先道路ニ於テ乘用自動車第二六〇九〇號ヲ濫ニ停車シ一般ノ交通ノ妨害トナルベキ行爲ヲ爲シタルモノナリ

右事實ハ
（イ）被告人ノ當公廷ニ於ケル「自分ハ自動車運轉手ナルガ乘用自動車第二六〇九〇號ヲ運轉シ之ヲ判示同時場所ニ停メタルコトアルガ同所ハ所謂鮨屋横丁ノ角ニテ人通リ頻繁ナル所ナル」旨ノ供述ト
（ロ）原審第二回公判調書中證人山口伊輔ノ「自分ハ警視廳ノ巡査ニテ象潟警察署ニ勤務シ居ルモノナルガ昭和八年十二月二十九日午後九時五十分頃淺草區北田原町四番地先附近ニ於テ臨時ニ交通整理ヲ爲シ居リタリ當時ノ私ハ雨ヲ避ケル爲メ屋臺店ノ軒下デ他ノ違反者ヲ調ベ居タル處被告人ハ乘用自動車第二六〇九〇號ヲ停車シ客ヲ待ツ樣ニシテ居ルノヲ見受ケタルヨリ私ハ右ノ調ベヲ終ヘテ走リ行キテ被告人ヲ調ベタルガソレ迄三、四分ハ停車シ居タル樣ニ思ハル被告人ガ客ヲ降シタル處ヲ直ニ捕ヘ調ベタルコトナシ被告人ガ停車シタル道路ハ電車通ニシテ鮨屋横丁ヨリ出テ來ル所デ相當交通頻繁ナル所ナル」旨ノ供述記載ト
ヲ綜合シテ之ヲ認ムルニ十分ナレバ其ノ證明アリクルモノトス
法律ニ照スニ被告人ノ判示所爲ハ警察犯處罰令第二條第十二號ニ該當スルヲ以テ其ノ所定刑中科料刑ヲ選擇シ其ノ定ムル範圍內ニ於テ被告人ヲ科料貳圓ニ處シ右科料ヲ完納スルコト能ハザルトキハ刑法第十八條ニ則リ二日間被告人ヲ勞役場ニ留置スベク訴訟費用ハ刑事訴訟法第二百三十七條第一項ニ依リ被告人ヲシテ負擔セシムベキモノトス
仍テ主文ノ如ク判決ス

昭和九年四月三十日

東京地方裁判所刑事第五部

裁判長判事　小山龍二　印

判事　野村愼治㊞

判事　中島健次㊞

〔註一〕　別件控訴審ノ部〔註二〕ヲ參照。

〔註二〕　別件控訴審ノ部〔註一〕ヲ參照。

〔註三〕　別件控訴審ノ部〔註五〕ヲ參照。

（尤モ斯ノ如キ表ハ別件デハ作成シテナカツタガ、カクノ如キ表ト爲シテ送付スルノ送リ狀ニ代ヘルノハ便宜デアリ且種々ノ關係ガ甚ダ明瞭ニナツテ適當ナ事務ノ處理デアル）。

〔註四〕　別件控訴審ノ部〔註六〕ヲ參照。

〔註五〕　別件控訴審ノ部〔註七〕ヲ參照。

（尤モ一ハ勾留セラレテ居ル在監者ニ對スル送達デアリ、一ハ不勾留ノ所謂在宅者ニ對スル送達デアル。在監者ニ對スル送達ハ監獄ノ長ニ送達スルヲ以テ足ル（刑訴法八〇條、民訴法第一六八條）コトモ既ニ說明シタ所デアル）。

〔註六〕　別件控訴審ノ部〔註一一〕第一審公判ノ部〔註六〕ヲ參照。

本件公判調書ノ終リ頃ニ被告人ヨリ證人ノ申請アリ、裁判所ガ之ニ對シ檢事ノ意見ヲキキ之ヲ却下シタコトノ記載ガアルガ、コレハ刑事訴訟法第三百四十四條ニ則ツタモノデアル。尙同法第四十八條第二項、第四十九條（證人申請却下ノ決定ニ對シ不服ノ申立テノ出來ザルコトハ刑訴法第四五六條、第四五七條ニヨリテ明カナルコト既ニ說明シタトコロデアル）刑事訴訟法第五十條、第六十六條ノ規定ニ據ツタモノデアル。

〔註七〕別件控訴審ノ部〔註一二〕第一審公判ノ部〔註七〕ヲ參照。

〔註八〕別件控訴審ノ部〔註一三〕第一審公判ノ部〔註八〕ヲ參照。

〔註一〕

東京地方裁判所
事件係
9.4.30
接受
検事局

上告申立通知書

被告人　山下福雄

右警察犯處罰令違反被告事件ニ付昭和九年四月三十日當廳ノ宣告シタル判決ニ對シ右被告人ヨリ昭和九年四月三十日上告ノ申立有之候條及通知候也

昭和九年四月三十日

東京地方裁判所第五刑事部

裁判所書記　井上晴吉㊞

同廳檢事　林重男殿

〔註 二〕

上告申立書

東京市淺草區田原町五十四番地

被告人 山下福雄

當三十三年

東京地方裁判所
五部
昭和 9.4.30 受付
9(り)
第145號

右者警察犯處罰令違反被告事件ニ付昭和九年四月三十日東京地方裁判所ニ於テ言渡サレタル有罪判決ニ對シ全部不服ニ付上告申立候也

昭和九年四月三十日

被告人 山下福雄㊞

大審院長 和田周一殿

〔註 三〕

四八

東京地方裁判所
受付
9. 6. 1 7
第3 3 9 2號
檢事局

訴訟記錄送付書

被告人 山下福雄

右警察犯處罰令違反被告事件ニ付上告申立候條訴訟記錄及證據物送付候也

昭和九年六月十七日

東京地方裁判所第五刑事部

裁判所書記 井上晴吉 印

同廳檢事局御中

大審院

刑事上告記録

記録號	訴名	裁判長	主任受命判事	検事	書記	上告者區別	趣意書提出最終日	公判期日
九年(れ)第七二七號	警察犯處罰令違反	小林	山田	三田	永井	被告人	八月十三日	八月二十八日午前十時 月日午前時 月日午前時 月日午前時 月日午前時

被告人	辯護人	私訴關係人	私訴代理人
山下福雄			

上告趣意書ニ關スル調査

辯護人　　　　ハ

決定期間內ニ上告趣意書提出セス

決定期間內ニ上告趣意書提出セス

檢印	部	
	受付	

原審判決書肩書住居

山下福雄宛昭和九年八月二十八日午前十時公

判期日通知書　壹通

右昭和九年七月一日午後四時郵便ニ付シタリ

同日大審院第三刑事部

裁判所書記　永井　　憲㊞

〔註五〕

昭和
9.6.21
大審院檢事局
受付

上訴記録送付票

件名	公私訴ノ別	第二審裁判所	宣告ノ日	上訴申立ヲ為シタル日	上訴申立ヲ對手人ニ通知シタル日
警察犯處罰令違反	公訴	東京地方裁判所	昭和九年四月三十日	昭和九年四月三十日	昭和九年四月三十日

上訴申立人氏名	上訴對手人氏名
被告人 山下福雄 科料貳圓 二日間勞役場留置	檢事正

拘留ノ日	
記錄員數	壹冊
參考記錄員數	
釋放ノ日及事由	
證據物	
訴訟費用金額	

昭和九年六月二十一日

東京地方裁判所檢事局

印

〔註六〕

九（れ）第七二七號

山下福雄

右警察犯處罰令違反事件上告記錄刑事訴訟法第四百二十一條ニ依リ及送付候也

昭和九年六月二十一日

檢事總長　佐竹恒雄　印

大審院長　和田周一殿

〔註七〕

大審院刑事部受付
3　部
昭和9.8.13日
727
日記8442號

上告趣意書

東京市淺草區田原町五十四番地
上告人　山下福雄

右警察犯處罰令違反事件ニ付東京地方裁判所ニ於テ言渡サレタル控訴判決ニ對シ曩ニ上告申立ヲ致シ候ニ付其ノ趣意書ヲ提出致候

上告趣意

一、控訴審ニ於ケル本件判決ハ上告人ガ區域內駐車場以外ニ於テ客ヲ降車セシメ且其ノ場所ニ於テ三分間程モ客待ヲ爲シ居リタル旨ノ證人山口巡査ノ證言ヲ採用シテ上告人ニ自動車取締ニ關スル警視廳ノ注意事項ニ違反シタルモノナルガ故之ヲ處罰スベキモノナリトノ第一審判決ヲ是認シ上告人ノ控訴申立ヲ棄却セラレタルモノナレドモ元來警視廳注意事項中ニハ區域內駐車場以外ニ於テ客ヲ乘車セシムルコトヲ得ザル規定（注意事項第十四）ヲ存スレドモ乘客ヲ降車セシムルコトヲ得ザル旨ノ規定存セザルモノナルガ故第一審ニ於ケル證人山口巡査ノ證言ハ法律ニ何等ノ根據ナキ陳述ナルノミナラズ上告人ガ其ノ場所ニ於テ尙三分間モ客待ヲ爲シ居リタルガ如キ陳述ナルモ上告人ハ斯ル行爲ニ出デタル事實毫モ無之候

而シテ駐車場以外ニ於テ客ヲ降車セシムルコトヲ得ザルモノトスレバ乘客ハ之レガ爲メニ駐車スベキ區域內駐車場マデ無用ノ乘車ヲ爲シ居ラザレバ降車スルコトヲ得ザル結果（縱令駐車場ガ數丁離レタル場所ナルト雖モ）トナリ非常ナル不便ヲ蒙ムルコトトナリテ斯ル不合理ノ事柄ガ一般ニ是認セラルベキ何等理由ノ存スルモノニアラズト思料致候

一、之ヲ要スルニ控訴審ニ於ケル判決ハ法律上何等根據ナキ不法ノ證人ノ證言ヲ採用シテ處斷シタル第一審ノ判決ヲ是認シテ上告人ノ控訴申立ヲ棄却シタルハ違法ノ判決タルモノト思料致候

右ノ次第ナルニ付茲ニ相當ノ御判決ヲ受クル爲上告ノ申立ヲ爲シタル次第ニ有之候

昭和九年八月十三日

右上告人　山下福雄㊞

大審院第三刑事部御中

〔註 八〕

公判調書

昭和九年八月二十八日大審院第三刑事部法廷ニ於テ

裁判長判事　小林清雄
判事　高橋要三郎
判事　山田一郎
判事　加藤明郎
判事　服部義雄
檢事　三田伍郎
裁判所書記　永井憲

列席

被告人山下福雄ニ對スル警察犯處罰令違反被告事件ノ上告ヲ審判セリ
本件ノ審判ハ之ヲ公行シタリ
檢事ハ
　本件上告論旨ハ總テ理由ナキモノト思料スル旨意見ヲ述ベタリ
裁判長ハ來ル九月四日午前十時裁判ヲ宣告ス可キ旨ヲ告ゲタリ

　昭和九年八月二十八日

於大審院第三刑事部
裁判所書記　永井憲 印
裁判長判事　小林清雄 印

〔註 九〕

公判調書

被告人　山下福雄

右警察犯處罰令違反被告事件ニ付昭和九年九月四日大審院第三刑事部公開法廷ニ於テ

裁判長判事　小林清雄
判事　高橋要三郎
判事　山田一郎
判事　加藤明郎
判事　服部義雄
檢事　原田辰次
裁判所書記　永井憲

列席裁判長ハ判決ノ宣告ヲ爲シタリ

昭和九年九月四日

於大審院第三刑事部

裁判所書記　永井憲㊞
裁判長判事　小林清雄㊞

〔註一〇〕

昭和九年(れ)第七二七號

訴訟記錄返還書

山下福雄

右警察犯處罰令違反事件終局候ニ付本院判決謄本相添訴訟記錄及返還候也

昭和七年九月六日

大審院第三刑事部

裁判所書記　永井　憲 印

大審院檢事局御中

〔註一一〕

昭和九年九月四日宣告
裁判所書記　永井　憲㊞

昭和九年(れ)第七二七號

判決書

本籍　東京市澁谷區下通リ十八番地
住居　同市淺草區田原町五十四番地
自動車運轉手
山下福雄
明治三十五年八月二十日生

右警察犯處罰令違反被告事件ニ付昭和九年四月三十日東京地方裁判所ニ於テ言渡シタル第二審判決ニ對シ被告人ハ上告ヲ爲シタリ因テ判決スルコト左ノ如シ

本件上告ハ之ヲ棄却ス

理由

被告人上告趣意書一、控訴審ニ於ケル本件判決ハ上告人カ區域內駐車場以外ニ於テ客ヲ降車セシメ且其ノ場所ニ於テ三分間程モ客待ヲ爲シ居リタル旨ノ證人山口巡査ノ證言ヲ採用シテ上告人ニ自動車取締規則ニ關スル警視廳ノ注意事項ニ違反シタルモノナルカ故之ヲ處罰スヘキモノナリトノ第一審判決ヲ是認シ上告人ノ控訴申立ヲ棄却セラレタルモノナレトモ元來警視廳注意事項中ニハ區域內駐車場以外ニ於テ客ヲ乘車セシムルコトヲ得サル規定(注意事項第十四)ハ存スレトモ乘客ヲ降車セシムルコトヲ得サル旨ノ規定存セサルモノナルカ故第一審ニ於ケル證人山口巡査ノ證言ハ法律上何等ノ根據ナキ陳述ナルノミナラス上告人カ其ノ場所ニ於テ尙三分間モ客待ヲ爲シ居リタルカ如キ陳述ナルモ上告人ハ斯ル行爲ニ出テタル事實毫モ無之候而シテ駐車場以外ニ於テ客ヲ降車セシムルコトヲ得サルモノトセハ乘客ハ之カ爲ニ駐車スヘキ區域駐車場マテ無用ノ乘車ヲ爲シ居ラサレハ降車スルコトヲ得サル結果（縱令駐車場カ數町ヲ離レタル場所ナルトキト雖）トナリ非常ナル不便ヲ蒙ムルコトトナリテ斯ル不合理ノ事柄カ一般ニ是認セラルヘキ何等ノ理由ノ存スルモノニアラスト思料致候一、之ヲ要スルニ控訴審ニ於ケル判決ハ法律上何等根據ナキ不法ノ證人ノ證言ヲ採用シテ處斷セラレタル第一審ノ判決ヲ是認シテ上告人ノ控訴申立ヲ棄却シタルハ違法ノ判決タルモノト思料致候右ノ次第ナルニ付玆ニ相當ノ御判決ヲ受クル爲上告ノ申立ヲ爲シタル儀ニ有之候ト云フニ在レトモ證據ノ證明力ハ判事ノ自由ナル判斷ニ任セラルル所ナルノミナラス原判決ノ擧示スル證據ニ依レハ優ニ判示交通妨害ノ事實ヲ認定スルニ足リ記錄ニ徵スルモ事實ノ誤認ヲ疑フニ足ルヘキ顯著ナル事由アルヲ認メス論旨ハ理由ナシ

右ノ理由ナルヲ以テ刑事訴訟法第四百四十六條ニ則リ主文ノ如ク判決ス

檢事　三田伍郎關與

昭和九年九月四日

大審院第三刑事部

裁判長判事　小林清雄

判事　高橋要三郎

判事　山田一郎

判事　加藤明郎

判事　服部義雄

右謄本也

昭和九年九月四日

大審院第三刑事部

裁判所書記　永井　憲㊞

〔註一二〕

昭和九年四月三十日二審判決
九（リ）第一四五號

本件處分ノ結果報告相成度候

大審院 日記 第二四三〇號
檢事局 記錄 九(れ)第七二七號

被告人　山下福雄

右警察犯處罰令違反上告事件本院ニ於テ昭和九年九月四日上告棄却ノ判決有之候條相當ノ處分可有之候也

昭和九年九月四日

檢事總長　佐竹恒雄㊞

東京地方裁判所檢事正　杉山道也殿

〔註一三〕

發第五九三八號

控訴完結票

件名	警察犯處罰令違反
被告人	山下福雄
執行ノ日	昭和　年　月　日
押收物ノ處分	
記録員數	壹冊
還付先	東京區裁判所檢事局

昭和九年九月十五日

東京地方裁判所檢事局

印

東京區裁判所
檢事局
第29254號
接受
9—9—16

〔註一〕別件控訴審ノ部〔註二〕、上告審ノ部〔註一〕ヲ參照。

〔註二〕　別件上告審ノ部〔註一〕ヲ參照。

〔註三〕　別件上告審ノ部〔註二〕ヲ參照。

〔註四〕　別件上告審ノ部〔註三〕ヲ參照。

〔註五〕　別件上告審ノ部〔註四〕ヲ參照。

〔註六〕　別件上告審ノ部〔註五〕ヲ參照。

〔註七〕　別件上告審ノ部〔註九〕ヲ參照。

〔註八〕　別件上告審ノ部〔註一一〕ヲ參照。

本件ニ付テハ被告人側カラ別ニ辯護人ノ選任ガナク、又事件ハ法律上辯護人ヲ要スル事件デモナケレバ、決定ヲ以テ辯護人ヲ付スルモノト認ムベキ事件デモナイノダカラ（刑訴法第三三四條、第三三五條）檢事ノミノ陳述ヲ聽キテ判決ヲ爲スベキ次第デアル（刑訴法第四三三條）。（別件上告審ノ部〔註八〕ノ說明ヲモ見ラレ度イ）。

〔註九〕　別件上告審ノ部〔註一二〕ヲ參照。

〔註一〇〕　別件上告審ノ部〔註一三〕ヲ參照。

〔註一一〕　別件上告審ノ部〔註一四〕ヲ參照。

〔註一二〕　上告棄却ノ判決ガアツタノデ結局控訴審タル東京地方裁判所ノ判決ヲ執行スル場合デアルカラ、上訴裁判所ノ檢事タル大審院檢事ガ其ノ執行ヲ指揮スルノガ本則デアルガ、慣例ニ從ツテ（別件上告審ノ部〔註一三〕ヲ參照セラレ度イ）下級裁判所檢事タル東京地方裁判所檢事ニ其ノ執行ノ指揮ヲ爲サシムル爲ノ命令ヲ爲シテ居ルモノデアル。

〔註一三〕　別件上告審ノ部〔註一五〕ヲ參照。

昭和十年二月十日印刷
昭和十年二月十五日發行

註釋刑事記錄

定價三圓

版權所有

編著者　潮道佐

發行者　東京市神田區神保町三丁目二十九番地
山田直次郎

印刷者　東京市四谷區本村町四番地
鈴木芳太郎

印刷所　東京市四谷區本村町四番地
玄眞社印刷所

發行所　東京市神田區神保町三丁目二十九番地
立興社
振替東京五〇三五八番
電話九段三〇四六番

註釋刑事記錄　　　　**日本立法資料全集　別巻　1207**

平成30年10月20日　　復刻版第１刷発行

編著者　潮　　道　佐

発行者　今　井　　貴
　　　　渡　辺　左　近

発行所　信　山　社　出　版

〒113-0033　東京都文京区本郷６－２－９－102
モンテベルデ第２東大正門前
電　話　03（3818）1019
ＦＡＸ　03（3818）0344
郵便振替　00140-2-367777（信山社販売）

Printed in Japan.

制作／（株）信山社，印刷・製本／松澤印刷・日進堂

ISBN 978-4-7972-7324-3 C3332

別巻　巻数順一覧【950 ～ 981 巻】

巻数	書　名	編・著者	ISBN	本体価格
950	実地応用町村制質疑録	野田藤吉郎、國吉拓郎	ISBN978-4-7972-6656-6	22,000 円
951	市町村議員必携	川瀬周次、田中迪三	ISBN978-4-7972-6657-3	40,000 円
952	増補 町村制執務備考 全	増澤鐵、飯島篤雄	ISBN978-4-7972-6658-0	46,000 円
953	郡区町村編制法 府県会規則 地方税規則 三法綱論	小笠原美治	ISBN978-4-7972-6659-7	28,000 円
954	郡区町村編制 府県会規則 地方税規則 新法例纂 追加地方諸要則	柳澤武運三	ISBN978-4-7972-6660-3	21,000 円
955	地方革新講話	西内天行	ISBN978-4-7972-6921-5	40,000 円
956	市町村名辞典	杉野耕三郎	ISBN978-4-7972-6922-2	38,000 円
957	市町村吏員提要〔第三版〕	田邊好一	ISBN978-4-7972-6923-9	60,000 円
958	帝国市町村便覧	大西林五郎	ISBN978-4-7972-6924-6	57,000 円
959	最近検定 市町村名鑑 附 官国幣社 及 諸学校所在地一覧	藤澤衛彦、伊東順彦、増田穆、関惣右衛門	ISBN978-4-7972-6925-3	64,000 円
960	鼇頭対照 市町村制解釈 附 理由書 及 参考諸布達	伊藤寿	ISBN978-4-7972-6926-0	40,000 円
961	市町村制釈義 完　附 市町村制理由	水越成章	ISBN978-4-7972-6927-7	36,000 円
962	府県郡市町村 模範治績　附 耕地整理法 産業組合法 附属法令	荻野千之助	ISBN978-4-7972-6928-4	74,000 円
963	市町村大字読方名彙〔大正十四年度版〕	小川琢治	ISBN978-4-7972-6929-1	60,000 円
964	町村会議員選挙要覧	津田東璋	ISBN978-4-7972-6930-7	34,000 円
965	市制町村制 及 府県制　附 普通選挙法	法律研究会	ISBN978-4-7972-6931-4	30,000 円
966	市制町村制註釈 完　附 市制町村制理由〔明治21年初版〕	角田真平、山田正賢	ISBN978-4-7972-6932-1	46,000 円
967	市町村制詳解 全　附 市町村制理由	元田肇、加藤政之助、日鼻豊作	ISBN978-4-7972-6933-8	47,000 円
968	区町村会議要覧 全	阪田辨之助	ISBN978-4-7972-6934-5	28,000 円
969	実用 町村制市制事務提要	河邨貞山、島村文耕	ISBN978-4-7972-6935-2	46,000 円
970	新旧対照 市制町村制正文〔第三版〕	自治館編輯局	ISBN978-4-7972-6936-9	28,000 円
971	細密調査 市町村便覧(三府 四十三県 北海道 樺太 台湾 朝鮮 関東州)　附 分類官公衙公私学校銀行所在地一覧表	白山榮一郎、森田公美	ISBN978-4-7972-6937-6	88,000 円
972	正文 市制町村制 並 附属法規	法曹閣	ISBN978-4-7972-6938-3	21,000 円
973	台湾朝鮮関東州 全国市町村便覧 各学校所在地〔第一分冊〕	長谷川好太郎	ISBN978-4-7972-6939-0	58,000 円
974	台湾朝鮮関東州 全国市町村便覧 各学校所在地〔第二分冊〕	長谷川好太郎	ISBN978-4-7972-6940-6	58,000 円
975	合巻 佛蘭西邑法・和蘭邑法・皇国郡区町村編成法	箕作麟祥、大井憲太郎、神田孝平	ISBN978-4-7972-6941-3	28,000 円
976	自治之模範	江木翼	ISBN978-4-7972-6942-0	60,000 円
977	地方制度実例総覧〔明治36年初版〕	金田謙	ISBN978-4-7972-6943-7	48,000 円
978	市町村民 自治読本	武藤榮治郎	ISBN978-4-7972-6944-4	22,000 円
979	町村制詳解　附 市制及町村制理由	相澤富蔵	ISBN978-4-7972-6945-1	28,000 円
980	改正 市町村制 並 附属法規	楠綾雄	ISBN978-4-7972-6946-8	28,000 円
981	改正 市制 及 町村制〔訂正10版〕	山野金蔵	ISBN978-4-7972-6947-5	28,000 円

別巻　巻数順一覧【915～949巻】

巻数	書　名	編・著者	ISBN	本体価格
915	改正 新旧対照市町村一覧	鍾美堂	ISBN978-4-7972-6621-4	78,000円
916	東京市会先例彙輯	後藤新平、桐島像一、八田五三	ISBN978-4-7972-6622-1	65,000円
917	改正 地方制度解説〔第六版〕	狭間茂	ISBN978-4-7972-6623-8	67,000円
918	改正 地方制度通義	荒川五郎	ISBN978-4-7972-6624-5	75,000円
919	町村制市制全書 完	中嶋廣蔵	ISBN978-4-7972-6625-2	80,000円
920	自治新制 市町村会法要談 全	田中重策	ISBN978-4-7972-6626-9	22,000円
921	郡市町村吏員 収税実務要書	荻野千之助	ISBN978-4-7972-6627-6	21,000円
922	町村至宝	桂虎次郎	ISBN978-4-7972-6628-3	36,000円
923	地方制度通 全	上山満之進	ISBN978-4-7972-6629-0	60,000円
924	帝国議会府県会郡会市町村会議員必携 附関係法規 第1分冊	太田峯三郎、林田亀太郎、小原新三	ISBN978-4-7972-6630-6	46,000円
925	帝国議会府県会郡会市町村会議員必携 附関係法規 第2分冊	太田峯三郎、林田亀太郎、小原新三	ISBN978-4-7972-6631-3	62,000円
926	市町村是	野田千太郎	ISBN978-4-7972-6632-0	21,000円
927	市町村執務要覧 全 第1分冊	大成館編輯局	ISBN978-4-7972-6633-7	60,000円
928	市町村執務要覧 全 第2分冊	大成館編輯局	ISBN978-4-7972-6634-4	58,000円
929	府県会規則大全 附 裁定録	朝倉達三、若林友之	ISBN978-4-7972-6635-1	28,000円
930	地方自治の手引	前田宇治郎	ISBN978-4-7972-6636-8	28,000円
931	改正 市制町村制と衆議院議員選挙法	服部喜太郎	ISBN978-4-7972-6637-5	28,000円
932	市町村国税事務取扱手続	広島財務研究会	ISBN978-4-7972-6638-2	34,000円
933	地方自治制要義 全	末松偕一郎	ISBN978-4-7972-6639-9	57,000円
934	市町村特別税之栞	三邊長治、水谷平吉	ISBN978-4-7972-6640-5	24,000円
935	英国地方制度 及 税法	良保両氏、水野遵	ISBN978-4-7972-6641-2	34,000円
936	英国地方制度 及 税法	髙橋達	ISBN978-4-7972-6642-9	20,000円
937	日本法典全書 第一編 府県制郡制註釈	上條慎蔵、坪谷善四郎	ISBN978-4-7972-6643-6	58,000円
938	判例挿入 自治法規全集 全	池田繁太郎	ISBN978-4-7972-6644-3	82,000円
939	比較研究 自治之精髄	水野錬太郎	ISBN978-4-7972-6645-0	22,000円
940	傍訓註釈 市制町村制 並ニ 理由書〔第三版〕	筒井時治	ISBN978-4-7972-6646-7	46,000円
941	以呂波引町村便覧	田山宗堯	ISBN978-4-7972-6647-4	37,000円
942	町村制執務要録 全	鷹巣清二郎	ISBN978-4-7972-6648-1	46,000円
943	地方自治 及 振興策	床次竹二郎	ISBN978-4-7972-6649-8	30,000円
944	地方自治講話	田中四郎左衛門	ISBN978-4-7972-6650-4	36,000円
945	地方施設改良 訓諭演説集〔第六版〕	鹽川玉江	ISBN978-4-7972-6651-1	40,000円
946	帝国地方自治団体発達史〔第三版〕	佐藤亀齢	ISBN978-4-7972-6652-8	48,000円
947	農村自治	小橋一太	ISBN978-4-7972-6653-5	34,000円
948	国税 地方税 市町村税 滞納処分法問答	竹尾高堅	ISBN978-4-7972-6654-2	28,000円
949	市町村役場実用 完	福井淳	ISBN978-4-7972-6655-9	40,000円

別巻　巻数順一覧【878～914巻】

巻数	書　名	編・著者	ISBN	本体価格
878	明治史第六編 政黨史	博文館編輯局	ISBN978-4-7972-7180-5	42,000円
879	日本政黨發達史 全〔第一分冊〕	上野熊藏	ISBN978-4-7972-7181-2	50,000円
880	日本政黨發達史 全〔第二分冊〕	上野熊藏	ISBN978-4-7972-7182-9	50,000円
881	政党論	梶原保人	ISBN978-4-7972-7184-3	30,000円
882	獨逸新民法商法正文	古川五郎、山口弘一	ISBN978-4-7972-7185-0	90,000円
883	日本民法鼇頭對比獨逸民法	荒波正隆	ISBN978-4-7972-7186-7	40,000円
884	泰西立憲國政治攬要	荒井泰治	ISBN978-4-7972-7187-4	30,000円
885	改正衆議院議員選擧法釋義 全	福岡伯、横田左仲	ISBN978-4-7972-7188-1	42,000円
886	改正衆議院議員選擧法釋義 附 改正貴族院令,治安維持法	犀川長作、犀川久平	ISBN978-4-7972-7189-8	33,000円
887	公民必携 選擧法規ト判決例	大浦兼武、平沼騏一郎、木下友三郎、清水澄、三浦數平	ISBN978-4-7972-7190-4	96,000円
888	衆議院議員選擧法輯覽	司法省刑事局	ISBN978-4-7972-7191-1	53,000円
889	行政司法選擧判例總覽―行政救濟と其手續―	澤田竹治郎・川崎秀男	ISBN978-4-7972-7192-8	72,000円
890	日本親族相續法義解 全	髙橋捨六・堀田馬三	ISBN978-4-7972-7193-5	45,000円
891	普通選擧文書集成	山中秀男・岩本溫良	ISBN978-4-7972-7194-2	85,000円
892	普選の勝者 代議士月旦	大石末吉	ISBN978-4-7972-7195-9	60,000円
893	刑法註釋 巻一～巻四(上巻)	村田保	ISBN978-4-7972-7196-6	58,000円
894	刑法註釋 巻五～巻八(下巻)	村田保	ISBN978-4-7972-7197-3	50,000円
895	治罪法註釋 巻一～巻四(上巻)	村田保	ISBN978-4-7972-7198-0	50,000円
896	治罪法註釋 巻五～巻八(下巻)	村田保	ISBN978-4-7972-7198-0	50,000円
897	議會選擧法	カール・ブラウニアス、國政研究科會	ISBN978-4-7972-7201-7	42,000円
901	鼇頭註釈 町村制　附 理由 全	八乙女盛次、片野続	ISBN978-4-7972-6607-8	28,000円
902	改正 市制町村制　附 改正要義	田山宗堯	ISBN978-4-7972-6608-5	28,000円
903	増補訂正 町村制詳解〔第十五版〕	長峰安三郎、三浦通太、野田千太郎	ISBN978-4-7972-6609-2	52,000円
904	市制町村制 並 理由書　附 直接間接税類別及実施手続	高崎修助	ISBN978-4-7972-6610-8	20,000円
905	町村制要義	河野正義	ISBN978-4-7972-6611-5	28,000円
906	改正 市制町村制義解〔帝國地方行政学会〕	川村芳次	ISBN978-4-7972-6612-2	60,000円
907	市制町村制 及 関係法令〔第三版〕	野田千太郎	ISBN978-4-7972-6613-9	35,000円
908	市町村新旧対照一覧	中村芳松	ISBN978-4-7972-6614-6	38,000円
909	改正 府県郡制問答講義	木内英雄	ISBN978-4-7972-6615-3	28,000円
910	地方自治提要 全　附 諸届願書式 日用規則抄録	木村時義、吉武則久	ISBN978-4-7972-6616-0	56,000円
911	訂正増補 市町村制問答詳解　附 理由及追輯	福井淳	ISBN978-4-7972-6617-7	70,000円
912	改正 府県制郡制註釈〔第三版〕	福井淳	ISBN978-4-7972-6618-4	34,000円
913	地方制度実例総覧〔第七版〕	自治館編輯局	ISBN978-4-7972-6619-1	78,000円
914	英国地方政治論	ジョージ・チャールズ・ブロドリック、久米金彌	ISBN978-4-7972-6620-7	30,000円

巻数	書　名	編・著者	ISBN	本体価格
843	法律汎論	熊谷直太	ISBN978-4-7972-7141-6	40,000 円
844	英國國會選擧訴願判決例 全	オマリー、ハードカッスル、サンタース	ISBN978-4-7972-7142-3	80,000 円
845	衆議院議員選擧法改正理由書 完	内務省	ISBN978-4-7972-7143-0	40,000 円
846	戆齋法律論文集	森作太郎	ISBN978-4-7972-7144-7	45,000 円
847	雨山遺稾	渡邉輝之助	ISBN978-4-7972-7145-4	70,000 円
848	法曹紙屑籠	鷺城逸史	ISBN978-4-7972-7146-1	54,000 円
849	法例彙纂 民法之部 第一篇	史官	ISBN978-4-7972-7147-8	66,000 円
850	法例彙纂 民法之部 第二篇〔第一分冊〕	史官	ISBN978-4-7972-7148-5	55,000 円
851	法例彙纂 民法之部 第二篇〔第二分冊〕	史官	ISBN978-4-7972-7149-2	75,000 円
852	法例彙纂 商法之部〔第一分冊〕	史官	ISBN978-4-7972-7150-8	70,000 円
853	法例彙纂 商法之部〔第二分冊〕	史官	ISBN978-4-7972-7151-5	75,000 円
854	法例彙纂 訴訟法之部〔第一分冊〕	史官	ISBN978-4-7972-7152-2	60,000 円
855	法例彙纂 訴訟法之部〔第二分冊〕	史官	ISBN978-4-7972-7153-9	48,000 円
856	法例彙纂 懲罰則之部	史官	ISBN978-4-7972-7154-6	58,000 円
857	法例彙纂 第二版 民法之部〔第一分冊〕	史官	ISBN978-4-7972-7155-3	70,000 円
858	法例彙纂 第二版 民法之部〔第二分冊〕	史官	ISBN978-4-7972-7156-0	70,000 円
859	法例彙纂 第二版 商法之部・訴訟法之部〔第一分冊〕	太政官記録掛	ISBN978-4-7972-7157-7	72,000 円
860	法例彙纂 第二版 商法之部・訴訟法之部〔第二分冊〕	太政官記録掛	ISBN978-4-7972-7158-4	40,000 円
861	法令彙纂 第三版 民法之部〔第一分冊〕	太政官記録掛	ISBN978-4-7972-7159-1	54,000 円
862	法令彙纂 第三版 民法之部〔第二分冊〕	太政官記録掛	ISBN978-4-7972-7160-7	54,000 円
863	現行法律規則全書（上）	小笠原美治、井田鐘次郎	ISBN978-4-7972-7162-1	50,000 円
864	現行法律規則全書（下）	小笠原美治、井田鐘次郎	ISBN978-4-7972-7163-8	53,000 円
865	國民法制通論 上巻・下巻	仁保龜松	ISBN978-4-7972-7165-2	56,000 円
866	刑法註釋	磯部四郎、小笠原美治	ISBN978-4-7972-7166-9	85,000 円
867	治罪法註釋	磯部四郎、小笠原美治	ISBN978-4-7972-7167-6	70,000 円
868	政法哲學 前編	ハーバート・スペンサー、濱野定四郎、渡邊治	ISBN978-4-7972-7168-3	45,000 円
869	政法哲學 後編	ハーバート・スペンサー、濱野定四郎、渡邊治	ISBN978-4-7972-7169-0	45,000 円
870	佛國商法復説 第壹篇自第壹巻至第七巻	リウヒエール、商法編纂局	ISBN978-4-7972-7171-3	75,000 円
871	佛國商法復説 第壹篇第八巻	リウヒエール、商法編纂局	ISBN978-4-7972-7172-0	45,000 円
872	佛國商法復説 自第二篇至第四篇	リウヒエール、商法編纂局	ISBN978-4-7972-7173-7	70,000 円
873	佛國商法復説 書式之部	リウヒエール、商法編纂局	ISBN978-4-7972-7174-4	40,000 円
874	代言試驗問題擬判録 全 附録明治法律學校民刑問題及答案	熊野敏三、宮城浩蔵 河野和三郎、岡義男	ISBN978-4-7972-7176-8	35,000 円
875	各國官吏試驗法類集 上・下	内閣	ISBN978-4-7972-7177-5	54,000 円
876	商業規篇	矢野亨	ISBN978-4-7972-7178-2	53,000 円
877	民法実用法典 全	福田一覺	ISBN978-4-7972-7179-9	45,000 円

別巻　巻数順一覧【810～842巻】

巻数	書　名	編・著者	ISBN	本体価格
810	訓點法國律例 民律 上巻	鄭永寧	ISBN978-4-7972-7105-8	50,000円
811	訓點法國律例 民律 中巻	鄭永寧	ISBN978-4-7972-7106-5	50,000円
812	訓點法國律例 民律 下巻	鄭永寧	ISBN978-4-7972-7107-2	60,000円
813	訓點法國律例 民律指掌	鄭永寧	ISBN978-4-7972-7108-9	58,000円
814	訓點法國律例 貿易定律・園林則律	鄭永寧	ISBN978-4-7972-7109-6	60,000円
815	民事訴訟法 完	本多康直	ISBN978-4-7972-7111-9	65,000円
816	物権法(第一部)完	西川一男	ISBN978-4-7972-7112-6	45,000円
817	物権法(第二部)完	馬場愿治	ISBN978-4-7972-7113-3	35,000円
818	商法五十課 全	アーサー・B・クラーク、本多孫四郎	ISBN978-4-7972-7115-7	38,000円
819	英米商法律原論 契約之部及流通券之部	岡山兼吉、淺井勝	ISBN978-4-7972-7116-4	38,000円
820	英國組合法 完	サー・フレデリック・ポロック、榊原幾久若	ISBN978-4-7972-7117-1	30,000円
821	自治論 一名人民ノ自由 巻之上・巻之下	リーバー、林董	ISBN978-4-7972-7118-8	55,000円
822	自治論纂 全一册	獨逸學協會	ISBN978-4-7972-7119-5	50,000円
823	憲法彙纂	古屋宗作、鹿島秀麿	ISBN978-4-7972-7120-1	35,000円
824	國會汎論	ブルンチュリー、石津可輔、讃井逸三	ISBN978-4-7972-7121-8	30,000円
825	威氏法學通論	エスクバック、渡邊輝之助、神山亨太郎	ISBN978-4-7972-7122-5	35,000円
826	萬國憲法 全	高田早苗、坪谷善四郎	ISBN978-4-7972-7123-2	50,000円
827	綱目代議政體	J・S・ミル、上田充	ISBN978-4-7972-7124-9	40,000円
828	法學通論	山田喜之助	ISBN978-4-7972-7125-6	30,000円
829	法學通論 完	島田俊雄、溝上與三郎	ISBN978-4-7972-7126-3	35,000円
830	自由之權利 一名自由之理 全	J・S・ミル、高橋正次郎	ISBN978-4-7972-7127-0	38,000円
831	歐洲代議政體起原史 第一册・第二册／代議政體原論 完	ギゾー、漆間眞學、藤田四郎、アンドリー、山口松五郎	ISBN978-4-7972-7128-7	100,000円
832	代議政體 全	J・S・ミル、前橋孝義	ISBN978-4-7972-7129-4	55,000円
833	民約論	J・J・ルソー、田中弘義、服部徳	ISBN978-4-7972-7130-0	40,000円
834	歐米政黨沿革史總論	藤田四郎	ISBN978-4-7972-7131-7	30,000円
835	内外政黨事情・日本政黨事情 完	中村義三、大久保常吉	ISBN978-4-7972-7132-4	35,000円
836	議會及政黨論	菊池學而	ISBN978-4-7972-7133-1	35,000円
837	各國之政黨 全〔第1分冊〕	外務省政務局	ISBN978-4-7972-7134-8	70,000円
838	各國之政黨 全〔第2分冊〕	外務省政務局	ISBN978-4-7972-7135-5	60,000円
839	大日本政黨史 全	若林淸、尾崎行雄、箕浦勝人、加藤恒忠	ISBN978-4-7972-7137-9	63,000円
840	民約論	ルソー、藤田浪人	ISBN978-4-7972-7138-6	30,000円
841	人權宣告辯妄・政治眞論一名主權辯妄	ベンサム、草野宣隆、藤田四郎	ISBN978-4-7972-7139-3	40,000円
842	法制講義 全	赤司鷹一郎	ISBN978-4-7972-7140-9	30,000円

別巻　巻数順一覧【776～809巻】

巻数	書　名	編・著者	ISBN	本体価格
776	改正 府県制郡制釈義〔第三版〕	坪谷善四郎	ISBN978-4-7972-6602-3	35,000 円
777	新旧対照 市制町村制 及 理由〔第九版〕	荒川五郎	ISBN978-4-7972-6603-0	28,000 円
778	改正 市町村制講義	法典研究会	ISBN978-4-7972-6604-7	38,000 円
779	改正 市制町村制講義 附 施行諸規則 及 市町村事務摘要	樋山廣業	ISBN978-4-7972-6605-4	58,000 円
780	改正 市制町村制義解	行政法研究会、藤田謙堂	ISBN978-4-7972-6606-1	60,000 円
781	今時獨逸帝國要典 前篇	C・モレイン、今村有隣	ISBN978-4-7972-6425-8	45,000 円
782	各國上院紀要	元老院	ISBN978-4-7972-6426-5	35,000 円
783	泰西國法論	シモン・ヒッセリング、津田真一郎	ISBN978-4-7972-6427-2	40,000 円
784	律例權衡便覽 自第一冊至第五冊	村田保	ISBN978-4-7972-6428-9	100,000 円
785	檢察事務要件彙纂	平松照忠	ISBN978-4-7972-6429-6	45,000 円
786	治罪法比鑑 完	福鎌芳隆	ISBN978-4-7972-6430-2	65,000 円
787	治罪法註解	立野胤政	ISBN978-4-7972-6431-9	56,000 円
788	佛國民法契約篇講義 全	玉乃世履、磯部四郎	ISBN978-4-7972-6432-6	40,000 円
789	民法疏義 物權之部	鶴丈一郎、手塚太郎	ISBN978-4-7972-6433-3	90,000 円
790	民法疏義 人權之部	鶴丈一郎	ISBN978-4-7972-6434-0	100,000 円
791	民法疏義 取得篇	鶴丈一郎	ISBN978-4-7972-6435-7	80,000 円
792	民法疏義 擔保篇	鶴丈一郎	ISBN978-4-7972-6436-4	90,000 円
793	民法疏義 證據篇	鶴丈一郎	ISBN978-4-7972-6437-1	50,000 円
794	法學通論	奥田義人	ISBN978-4-7972-6439-5	100,000 円
795	法律ト宗教トノ關係	名尾玄乘	ISBN978-4-7972-6440-1	55,000 円
796	英國國會政治	アルフユース・トッド、 スペンサー・ヲルポール、 林田龜太郎、岸清一	ISBN978-4-7972-6441-8	65,000 円
797	比較國會論	齊藤隆夫	ISBN978-4-7972-6442-5	30,000 円
798	改正衆議院議員選擧法論	島田俊雄	ISBN978-4-7972-6443-2	30,000 円
799	改正衆議院議員選擧法釋義	林田龜太郎	ISBN978-4-7972-6444-9	50,000 円
800	改正衆議院議員選擧法正解	武田貞之助、井上密	ISBN978-4-7972-6445-6	30,000 円
801	佛國法律提要 全	箕作麟祥、大井憲太郎	ISBN978-4-7972-6446-3	100,000 円
802	佛國政典	ドラクルチー、 大井憲太郎、箕作麟祥	ISBN978-4-7972-6447-0	120,000 円
803	社會行政法論 全	H・リョースレル、江木衷	ISBN978-4-7972-6448-7	100,000 円
804	英國財産法講義	三宅恒徳	ISBN978-4-7972-6449-4	60,000 円
805	國家論 全	ブルンチュリー、 平田東助、平塚定二郎	ISBN978-4-7972-7100-3	50,000 円
806	日本議會現法 完	増尾種時	ISBN978-4-7972-7101-0	45,000 円
807	法學通論 一名法學初歩 全	P・ナミュール、河地金代、 河村善益、薩埵正邦	ISBN978-4-7972-7102-7	53,000 円
808	訓點法國律例 刑名定範 巻一巻二 完	鄭永寧	ISBN978-4-7972-7103-4	40,000 円
809	訓點法國律例 刑律從巻 一至巻四 完	鄭永寧	ISBN978-4-7972-7104-1	30,000 円

別巻　巻数順一覧【741 ～ 775 巻】

巻数	書　名	編・著者	ISBN	本体価格
741	改正 市町村制詳解	相馬昌三、菊池武夫	ISBN978-4-7972-6491-3	38,000 円
742	註釈の市制と町村制　附 普通選挙法	法律研究会	ISBN978-4-7972-6492-0	60,000 円
743	新旧対照 市制町村制 並 附属法規〔改訂二十七版〕	良書普及会	ISBN978-4-7972-6493-7	36,000 円
744	改訂増補 市制町村制実例総覧 第１分冊	田中廣太郎、良書普及会	ISBN978-4-7972-6494-4	60,000 円
745	改訂増補 市制町村制実例総覧 第２分冊	田中廣太郎、良書普及会	ISBN978-4-7972-6495-1	68,000 円
746	実例判例 市制町村制釈義〔昭和十年改正版〕	梶康郎	ISBN978-4-7972-6496-8	57,000 円
747	市制町村制義解　附 理由〔第五版〕	櫻井一久	ISBN978-4-7972-6497-5	47,000 円
748	実地応用町村制問答〔第二版〕	市町村雑誌社	ISBN978-4-7972-6498-2	46,000 円
749	傍訓註釈 日本市制町村制 及 理由書	柳澤武運三	ISBN978-4-7972-6575-0	28,000 円
750	鼇頭註釈 市町村制俗解　附 理由書〔増補第五版〕	清水亮三	ISBN978-4-7972-6576-7	28,000 円
751	市町村制質問録	片貝正晉	ISBN978-4-7972-6577-4	28,000 円
752	実用詳解町村制 全	夏目洗藏	ISBN978-4-7972-6578-1	28,000 円
753	新旧対照 改正 市制町村制新釈　附 施行細則及執務條規	佐藤貞雄	ISBN978-4-7972-6579-8	42,000 円
754	市制町村制講義	樋山廣業	ISBN978-4-7972-6580-4	46,000 円
755	改正 市制町村制講義〔第十版〕	秋野沆	ISBN978-4-7972-6581-1	42,000 円
756	註釈の市制と町村制 市制町村制施行令他関連法収録[昭和4年4月版]	法律研究会	ISBN978-4-7972-6582-8	58,000 円
757	実例判例 市制町村制釈義〔第四版〕	梶康郎	ISBN978-4-7972-6583-5	48,000 円
758	改正 市制町村制解説	狭間茂、土谷覺太郎	ISBN978-4-7972-6584-2	59,000 円
759	市町村制註解 完	若林市太郎	ISBN978-4-7972-6585-9	22,000 円
760	町村制実用 完	新田貞橘、鶴田嘉内	ISBN978-4-7972-6586-6	56,000 円
761	町村制精解 完　附 理由 及 問答録	中目孝太郎、磯谷郡爾、高田早苗、両角彦六、高木守三郎	ISBN978-4-7972-6587-3	35,000 円
762	改正 町村制詳解〔第十三版〕	長峰安三郎、三浦通太、野田千太郎	ISBN978-4-7972-6588-0	54,000 円
763	加除自在 参照条文　附 市制町村制　附 関係法規	矢島和三郎	ISBN978-4-7972-6589-7	60,000 円
764	改正版 市制町村制並ニ府県制及ビ重要関係法令	法制堂出版	ISBN978-4-7972-6590-3	39,000 円
765	改正版 註釈の市制と町村制 最近の改正を含む	法制堂出版	ISBN978-4-7972-6591-0	58,000 円
766	鼇頭註釈 市町村制俗解　附 理由書〔第二版〕	清水亮三	ISBN978-4-7972-6592-7	25,000 円
767	理由挿入 市町村制俗解〔第三版増補訂正〕	上村秀昇	ISBN978-4-7972-6593-4	28,000 円
768	府県制郡制註釈	田島彦四郎	ISBN978-4-7972-6594-1	40,000 円
769	市制町村制傍訓 完　附 市制町村制理由〔第四版〕	内山正如	ISBN978-4-7972-6595-8	18,000 円
770	市制町村制釈義	壁谷可六、上野太一郎	ISBN978-4-7972-6596-5	38,000 円
771	市制町村制詳解 全　附 理由書	杉谷庸	ISBN978-4-7972-6597-2	21,000 円
772	鼇頭傍訓 市制町村制註釈 及 理由書	山内正利	ISBN978-4-7972-6598-9	28,000 円
773	町村制要覧 全	浅井元、古谷省三郎	ISBN978-4-7972-6599-6	38,000 円
774	府県制郡制釈義 全〔第三版〕	栗本勇之助、森惣之祐	ISBN978-4-7972-6600-9	35,000 円
775	市制町村制釈義	坪谷善四郎	ISBN978-4-7972-6601-6	39,000 円